10 THESEN GEGEN EGROSS EUROPA

Herrn
Dr. Dietrich Derbolav
herzlich
von
Wolfgang Hingst

9. 7. 1997

WOLFGANG HINGST

10 THESEN GEGEN EGROSS EUROPA

Ein Essay wider den Größenwahn

Mit Illustrationen von Klaus Pitter

Orac
WIEN · MÜNCHEN · ZÜRICH

Anmerkung:
Täglich wächst die Flut von Informationen zum Thema Europa. Täglich ändert die Geschichte ihr Erscheinungsbild – gemäß der alten Grundformel „Alles fließt". Zwischen Redaktionsschluß im Juni und Erscheinen dieses Buches im September 1992 liegen zwei Monate voller Überraschungen und Verwandlungen, die aus technischen Gründen nicht mehr berücksichtigt werden konnten. Für den Leser bietet sich eine reizvolle Gelegenheit, die Ereignisse in diesem Zeitraum im Zusammenhang mit den hier vertretenen Thesen zu prüfen.

2. Auflage 1992

ISBN 3-7015-0278-1

Gestaltung des Schutzumschlages: Gerti Gnan
Lektorat: Barbara Köszegi Natter
Satz: Zehetner Ges. m. b. H., A-2105 Oberrohrbach
Druck und Bindung: Wiener Verlag, Himberg bei Wien
Gedruckt auf chlorfrei gebleichtem Papier

Inhalt

Vorwort

Trittst du auf des Tigers Schwanz,
tu es behutsam und mit Contenance!

Chinesisch-österreichische Lebensweisheit

Europa taucht aus dem Mittelmeer auf, aus dem Südosten. Seine ersten Zellen sind die asiatisch-afrikanisch beeinflußten griechischen Stadtstaaten. Der Makedonier Alexander will es im 4. Jahrhundert vor Christus mit den älteren Kulturzentren in Vorderasien, Ägypten und Indien vermischen. Er zerschlägt das Persische Großreich, reißt die „Weltherrschaft" an sich. Aber Europa wird daraus nicht, es bleibt ein Stück Asien. Erstmals greift der Größenwahn von Europa aus nach der Welt: Expansion und Macht, Masse und Macht verschmelzen und bestimmen die Politik bis heute.
Dann übernehmen die Römer die griechisch-asiatische, die griechisch-phönizische Infrastruktur und errichten darauf das erste, auch den Westen und Norden umfassende, europäische Imperium. Es ist ein Mittelmeereuropa, schließt Ägypten und Nordafrika mit ein. Nach dem Zerfall dieses Großreiches bleibt der Osten asiatisch, geht in das türkische Imperium über. Der Westen kristallisiert sich zunächst um die starke Mittelachse Deutschland-Italien, um dann im Reich Karls V., im letzten Höhepunkt, sich gleichzeitig nach Westen zu verschieben, den Kolonialstaaten Spanien, Portugal und England Platz machend – und dem von Europa aus kolonisierten Amerika.
Der Österreicher Adolf Hitler, das Gegenteil von einem Weltbürger, versucht noch einmal „Kontinental"-Europa von der Mitte, von Deutschland aus, an die Macht zu bringen. Er wird vom Nachfolger Ostroms, von Rußland, und vom Nachfolger Westroms, von Amerika, zermalmt. Hitler hatte schon während der Haft auf der Festung Landsberg mit „Mein Kampf" den Deutschen ins Stammbuch geschrieben, Europa dulde nur eine einzige Militärmacht, eine einzige „Kontinentalmacht". Nicht aus Kolonien komme Deutschlands Stärke, sondern aus europäischem Boden. Die Nationalsozialisten wollen eine europäische Großraumwirtschaft durch eine „Neuordnung" des alten Kontinents aufbauen. Diese Ideologie stimmt wörtlich mit jener der heutigen Europäischen Gemeinschaft überein. Die Interessen der Großindustrie und des Großkapitals sind immer die gleichen. In

einem zentralistisch geführten, monolithischen Block sind die Ressourcen an Rohstoffen und Arbeitskraft leichter auszubeuten.
Dieses Einheitseuropa wäre beinahe 50 Jahre früher Realität geworden. Hätte Japan sich im Juli 1941 entschlossen, gegen die Sowjetunion Krieg zu führen, „hätten die Deutschen den Krieg gewinnen können“, schreibt der amerikanische Historiker ungarischer Herkunft, John Lukacs: Anfang Oktober 1941 hätte „ein einziges Fallschirmjägerregiment Moskau einnehmen können“. Großeuropa einschließlich Rußland war zum Greifen nahe, aber die Deutschen schätzten die Lage falsch ein.
Das Ergebnis des Größenwahns der „Mittelmächte“ war die Teilung Europas, seine politische Kastration für fast 50 Jahre. [1]*
Jalta: Das war die Aufteilung der Welt zwischen Ost und West, ein von Rußland besetztes Osteuropa und ein von den Vereinigten Staaten beherrschtes Westeuropa, ein durch einen „Eisernen Vorhang“ auseinandergerissenes, durch Beton, Stacheldraht, Minen und Selbstschußapparate, durch eine endlose Kette von Wachtürmen auseinandergeschnittenes Europa. Während die USA und die Sowjetunion einander mit atomarer Overkill-Kriegswirtschaft, „Eroberung des Weltraums“ und Vorbereitung des „Krieges der Sterne“ totrüsteten, konnten die westeuropäischen Staaten, vor allem die Bundesrepublik Deutschland, in aller Ruhe das Resultat des Zweiten Weltkriegs rückgängig machen. Die EG ist die Revanche Europas für seine totale Entmachtung 1945. Auch Japan, das eine ähnliche Entwicklung wie Europa hinter sich hat, setzt seine ökonomische Macht zunehmend für den Kampf um die Weltherrschaft ein.
Seit den römischen Kaisern, die sich selbst vergöttlichten, haben alle Potentaten sich als Gottgesandte verstanden. Woodrow Wilson sagt zu einem Freund: „Vergessen Sie nicht, daß es Gott war, der mich zum Präsidenten der Vereinigten Staaten bestimmt hat!“ Adolf Hitler versteht sich von der „Vorsehung“ zum „größten Befreier der Menschheit“ berufen. Seit dem Ersten Weltkrieg teilen „Großmächte“ den Planeten untereinander auf, als sei er ihr Eigentum. Nikita Chruschtschow will dem Globus die Weltrevolution mit dem Schuh einhämmern (und mit Atomraketen auf Kuba). [2] George Bush fühlt sich als Chef der einzigen Supermacht der Erde. François Mitterrand rettet Europa als neue Jungfrau von Orleans.
Jetzt, nach dem Zusammenbruch der Sowjetunion, verbündet sich blinder Größenwahn mit verbissener Restauration und hirnlosem

* Anmerkungen am Ende des Buches

Neonationalismus. Das Irrationale sucht die offene Feldschlacht mit der Vernunft. Auch Europa droht in den Totentanz hineingerissen zu werden. Der Fall der Mauer hat Kräfte freigesetzt, so unheimlich wie der im Märchen von einem armen Bauernsohn aus der Flasche befreite Geist, der niemand anderer ist als der zur Strafe eingeschlossene „großmächtige Mercurius". Dieser Mercurius ist, wie C. G. Jung in „Symbolik des Geistes" schreibt, ein „wahrer Trickster", ein „ungebärdiger Geist": „Wer mich losläßt, dem muß ich den Hals brechen." Erst muß er durch List wieder in die Flasche, dann wird er „manierlich" und bringt sogar Reichtum.
Reichtum kommt nur zustande, wenn Inflation gemieden wird. Alles Maßlose führt auf Dauer nicht zu Reichtum. Die ganze Welt ist der Gigantomanie, diesem Spiegelbild des Größenwahns, verfallen. Alles wird, losgelöst von der Vorstellungskraft, nur noch in „Mega" und Milliarden gemessen. Perverse Mengen angehäuften Kapitals bringen monumentale Sinnlosigkeiten hervor, Monstren, wie die Expo in Sevilla, wo das von der EG hochgepäppelte Spanien „als Folge von Größenwahn" [3] an die fünf Milliarden Dollar verpulvert, oder wie das weltgrößte Wasserkraftwerk am Jangtse, dessen Stau die Zwangsumsiedlung von einer Million Chinesen zur Folge hat, oder der „Euro-Tunnel" unter dem Ärmelkanal, der, nachdem über 24 Milliarden DM verbaut wurden, vor dem Ruin steht.
Maßlosigkeit in Politik, Ökonomie und Architektur entsprechen krankhaften psychischen Zuständen. Der Größenwahn, die Megalomanie, ist nach der medizinischen Definition ein Wahn mit pathologischer Ich-Überschätzung und Geltungssucht, ein geschlossenes System von Wahnideen. Besonders anfällig sind Menschen, deren Beziehungsgefüge aus dem Lot ist, die kein mit der Vernunft rückgekoppeltes Maßsystem entwickelt haben, kein Bewußtsein, daß der einzelne nur ein Sandkorn ist in der Wüste, daß die Erde nur ein Sandkorn ist im Weltall, und daß das Weltall nur ein Sandkorn ist . . .
„Wach auf, geh hin zum Butt, ich will werden wie der liebe Gott . . . Wenn ich nicht die Sonne und den Mond aufgehen lassen kann – das kann ich nicht aushalten und ich habe keine ruhige Stunde mehr . . ." So reißt „sine Fru, de Ilsebill" den Fischer aus dem Schlaf, nachdem sie der geheimnisvolle Butt aus dem Meer gerade zum Papst gemacht hat. Grimms Märchen vom Fischer und seiner Frau ist so lehrreich wie das vom „Geist in der Flasche". Es handelt vom Größenwahn. Wer der absoluten Gier und Maßlosigkeit verfällt, will am Ende Gott werden. Die vorläufig letzte Entwicklung ist der Eingriff der Gentechniker in die Erbsubstanz im Zellkern, um die Natur und den

Menschen zu „verbessern“, um neue Menschen und Geschöpfe zu „machen“, der Griff von Konzernherren und Politikern nach einer neuen, zentralen Weltordnung nach ihren Wertmaßstäben.
Der Größenwahn der Politiker korrespondiert mit den Wahnvorstellungen der Masse. Größenwahn ist ansteckend. Auch Wissenschaft und Kunst leisten immer brav ihren Beitrag. Edward Teller und Andrei Sacharow haben die Wasserstoffbombe gebaut. Ludwig van Beethoven widmet, wenn auch später getilgt, seine „Eroica“ Napoleon. Richard Wagner schreibt verfrüht die Filmmusik zum „Dritten Reich“. Kaum sind die Lenin-Kolosse im Osten demontiert, werden im Westen die Restaurationsgiganten montiert: Ein reicher Verleger läßt in Koblenz, am „Deutschen Eck“ zwischen Rhein und Mosel, für drei Millionen Mark das Reiterstandbild Kaiser Wilhelms I. wiedererrichten, das ein amerikanischer Panzerkanonier in den letzten Kriegstagen vom 22 Meter hohen Sockel fetzte. Der Bronzeklumpen ist 14 Meter hoch und 50 Tonnen schwer, das größte Reiterstandbild der Welt. Eine „Provinzposse“ [5]? Sicher, aber auch der wieder nationalistische Größenwahn.
Wer den Lauf der Geschichte unvoreingenommen betrachtet, kann sich des Eindrucks nicht erwehren, daß es im Prinzip immer ums gleiche geht: um die Ansammlung von Macht durch Masse, durch größtmögliche Expansion. Die dem zugrundeliegenden Vorstellungen gleichen den „Größenideen der Paralytiker“, wie sie Elias Canetti in „Masse und Macht“ beschrieben hat, die gekennzeichnet sind durch maßlose Höhen-, Schnelligkeits- und Wachstumstendenzen: „Je teurer etwas ist, je höher der ausgesetzte Preis, je mehr von Tausendern dabei die Rede ist, um so mehr reizt es ihn. Das Geld hat wieder seinen alten Massencharakter. Es nimmt sprunghaft und mit größter Beschleunigung zu, gleich ist man bei der Million angelangt; einmal erreicht, spielen Millionen dann die ausschlaggebende Rolle. Die Bedeutung des Wortes hat etwas Schillerndes, es bezieht sich auf Menschen so gut wie auf Geldeinheiten. Die wichtigste Eigenschaft der Masse, ihr Drang zu wachsen, hat sich auch dem Gelde mitgeteilt. Der Große schaltet und waltet in Millionen.“
Überall auf Erden werken heute entsetzlich emsig solche Paralytiker in Politik und Wirtschaft. Endlich wollen sie die Spitze der Pyramide der Pyramiden sein, endlich Chef der Ober-Supermacht, endlich Manager des globalen Machtmonopols, endlich an die Weltherrschaft kommen. Noch nie waren die Chancen so günstig. In seinem „Großen Diktator“ hat Charlie Chaplin gezeigt, wie ratlos sie wären, würden sie die Weltkugel wirklich in die Hand bekommen. Ratlos und skrupellos.

10 Thesen gegen Großeuropa

These 1 Europa ist nicht „europareif"

Die EG hat ihr eigenes Haus nicht unter Kontrolle. Die aktuelle Situation in der „Gemeinschaft" ist geprägt von Uneinigkeit in der Außen- und Sicherheitspolitik und Unfähigkeit im Krisenmanagement. Das zeigen unter anderem die Hilflosigkeit im jugoslawischen Bürgerkrieg, die zahlreichen ungelösten Nationalitätenprobleme und die wirtschaftliche Verödung von Randregionen. Die meisten EG-Staaten entsprechen nicht den Kriterien der in Maastricht beschlossenen Währungsunion. Es besteht kaum Aussicht, daß sich das ändert.

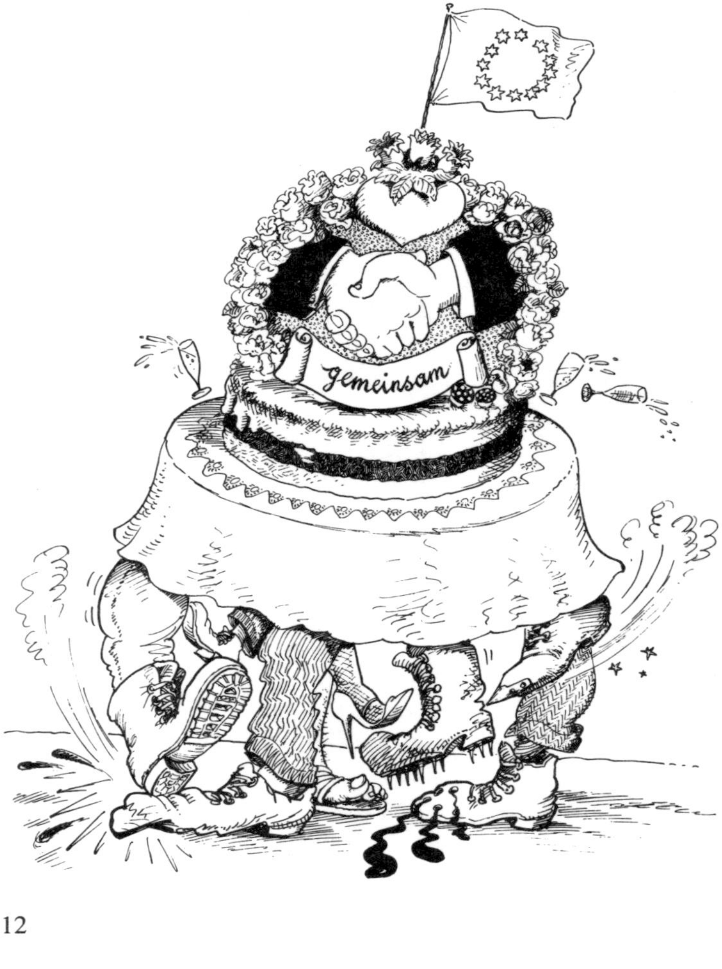

Zu erwarten, daß die EG Probleme lösen könnte, die einzelne Nationalstaaten nicht bewältigen, ist ebenso naiv wie selbsttäuschend. Im Gegenteil, die Probleme werden meist noch verschärft, denn die EG hat selbst genug Schwierigkeiten. Der Binnenmarkt ab 1993 stößt in einen Raum voller Gegensätze: Finanzstarke Länder wie die Bundesrepublik und Frankreich, die zusammen fast die Hälfte des europäischen Sozialproduktes erwirtschaften, stehen Zwergen wie Griechenland, Portugal und Irland gegenüber, die es miteinander gerade auf ein paar Prozent bringen. Die Arbeitslosenquoten schwanken zwischen zwei und 17 Prozent, die Inflationsraten zwischen 2,5 und 17,8 Prozent. Ein portugiesischer Arbeiter erhält ein Siebtel jenes Stundenlohnes, den ein dänischer verdient!

Die Europhorie könnte in Europhobie umschlagen, hieß es schon 1989 in der *Zeit*: „Statt den Wettbewerb zu fördern, könnte der Binnenmarkt ebensogut zu einer Exklusivveranstaltung der Großindustrie entarten. Bei der befürchteten Konzentrationsbewegung würden Verbraucher und Mittelstand auf der Strecke bleiben. Denn die Schwachen haben keine Lobby in Brüssel. Weil dort auch die Gewerkschaften nur wenig Einfluß haben, drohen mühsam errungene Arbeitnehmerrechte zerstört zu werden. Damit ist der soziale Frieden in den Mitgliedsländern in Gefahr. Ihre Sozialsysteme stehen zur Disposition. Kommt alles wie geplant, könnte die Verlagerung von nationalen Kompetenzen in einem Zentralismus mit unkontrollierbarer Bürokratie enden . . . Ein erstes Opfer steht schon fest: die Umweltpolitik." Diese Analyse ist 1992 voll aufgegangen. Und auch die Zukunft wird sie bestätigen.

Auch eine von 15 Wissenschaftlern 1988 in Wien präsentierte Studie des Beirats für gesellschafts-, wirtschafts- und umweltpolitische Alternativen läßt für die europäische Regional- und Raumpolitik nur pessimistische Schlußfolgerungen zu: Die im Binnenmarkt wirtschaftlich benachteiligten Länder könnten in der EG nicht auf Lösung ihrer Probleme hoffen, im Gegenteil. Es wird zu einer massiven und verstärkten Polarisierung zwischen armen und reichen Ländern kommen. Im Vorjahr warnte die deutsche Europaparlamentarierin Claudia Roth in Salzburg, die EG löse eine Zunahme von Verelendung, sozialer Kälte, Fremdenhaß und Rassismus aus. Die Selbstmordrate und die Obdachlosenrate seien in den EG-Ländern stark gestiegen. Und sie fügte hinzu, daß demokratische Rechte und Länderparlamente in Brüssel „einfach übergangen würden". Das Europaparlament sei nichts als „ein hochsubventioniertes Theater mit überbezahlten Schauspielern".

Das Integrationstempo verliert nicht nur an Schwung, wie Pierre Heumann kürzlich in der Schweizer *Weltwoche* konstatierte, die Eurokraten verhindern auch selbst „ihr Europa". Überall sei, so Heumann, Europamüdigkeit zu konstatieren: „Die Begeisterung verrauscht. Nicht nur bei Kleinbauern, die gegen Brüsseler Reformen der Landwirtschaftspolitik protestieren. Auch griechische Konsumenten wollen von Solidarität mit Europa zur Zeit nichts wissen, nachdem sie sich von Rom und Den Haag in der Mazedonien-Frage verraten fühlen. Deshalb unterstützen sie Aktionen gegen niederländische und italienische Produkte."

Zwischen den Niederlanden und Griechenland ist es zu einem regelrechten Handelskrieg gekommen. Die hellenischen Medien haben zu einem Boykott holländischer Produkte in Griechenland aufgerufen, weil sich die Niederländer in der EG für eine rasche Anerkennung der jugoslawischen Republik Mazedonien ausgesprochen haben. Die Griechen fürchten, das könnte die Eigenständigkeit des gleichnamigen nordgriechischen Territoriums in Frage stellen und zu „Anschluß"-Aktionen führen. In Griechenland wird die Republik Mazedonien daher „Republik von Skopje" genannt. „Neu-Mazedonien" genügt Griechenland nicht.

Niederländische Konzerne, wie Philips, Unilever, Heineken und Frico Domo (Milchprodukte), sprechen bereits von einem spürbaren Rückgang der Umsätze. Nachdem griechische Supermärkte sogar Holland-Waren eigens mit Schildern kennzeichneten, die warnten, daß die Produkte aus einem Land kämen, das Griechenland feindlich gesinnt sei, drohten die Holländer mit einem Gegenboykott beim Tourismus und beim EG-Strukturfonds und wandten sich an Martin Bangemann. Der polterte wie gewöhnlich. Der Boykott verstoße gegen „den Geist der EG". Er sollte sich bald Effizienteres einfallen lassen, denn der Bruderstreit im Hause EG droht zum Flächenbrand zu werden, wenn auch andere Mitgliedsstaaten Mazedonien anerkennen.

Beim EG-Gipfel in Maastricht haben die Regierungschefs im Unionsvertrag zwar unter dem scheußlichen Kürzel GASP auch eine neue „Gemeinsame Außen- und Sicherheitspolitik" festgelegt. Sie enthält außer viel Blabla über die „Wahrung gemeinsamer Werte" und die Aufforderung zur braven Zusammenarbeit wenig Konkretes. Oder, wie es Hans D. Barbier, Ressortchef der Wirtschaftspolitik bei der *Frankfurter Allgemeinen* vornehm ausdrückte: „Es liegt ein Hauch von Unwirklichkeit über den Beschlüssen von Maastricht."

Am alten Leiden der EG änderte sich nichts. Grundsatzbeschlüsse für gemeinsame Aktionen sind einstimmig zu fassen. Der EG-Rat legt fest, bei welchen Fragen eine qualifizierte Mehrheit (Mindeststimmenzahl 54, Zustimmung von mindestens acht Mitgliedern) der insgesamt 76 Stimmen genügt. Seit 1965, als Frankreich eine Beeinträchtigung seiner Agrarpolitik befürchtete und ein halbes Jahr lang die Sitzungen des Rates blockierte („Politik des leeren Stuhls"), ist die Bedeutung der Mehrheitsregel in der Praxis gelinde gesagt gering geblieben. Die Jugoslawien-Frage etwa ist, so wurde in Maastricht festgelegt, nicht mit Mehrheitsbeschluß zu entscheiden. In entscheidenden Fragen der Außenpolitik gilt weiterhin Einstimmigkeit beziehungsweise das Vetorecht: Eine einzige Gegenstimme genügt, um alles zu Fall zu bringen.

Die EG-Staaten sind nicht einmal zu einer konzertierten Aktion in Jugoslawien fähig. Daß sich der Bürgerkrieg im April 1992 auch auf Bosnien-Herzegowina ausdehnte und dabei weiter eskalierte, zeigt besonders deutlich, daß die EG unfähig ist, krisenhafte Entwicklungen in ihrem unmittelbaren Einflußbereich zu lösen. Das bürokratisch-zentralistisch-plutokratische Instrumentarium, gekrönt durch den Zuckerguß fadenscheiniger Ideologien irgendwelcher „Wertegemeinschaften", versagt.

In Jugoslawien ist das Gespenst des dort schon immer verwurzelten fanatischen Nationalismus exhumiert worden wie die Gerippe serbischer Ustaschaopfer, durch den Bosnien-Konflikt auch noch um religiöse Elemente erweitert. Religion und Nation: Eine Mischung, die das 19. Jahrhundert und seine Ausläufer bis 1945 zu einem gigantischen Alptraum machte. Danach verschwanden der Nationalismus und sein Zwillingsbruder, der Rassismus, für ein schwaches halbes Jahrhundert fast ganz von der Oberfläche. Aber die alte Mumie blieb am Leben und taucht jetzt als politischer Zombie wieder aus der Versenkung auf. [1]

Von allen Seiten werden jede Menge Waffen und Ideologie in das Krisengebiet geliefert. [2] Dennoch tun die Scheinheiligen aller Länder so, als sei der Bürgerkrieg ausschließlich das Werk böser Mächte der jeweils anderen Seite. Die einen verteufeln Rom, die alte faschistische Ustascha und die kapitalistische EG als Kriegstreiber, die anderen die stalinistischen „Altkommunisten" und (horribile dictu!) marxistischen Tschetniks. Und sind die „Mittelmächte" nicht schon in den Ersten Weltkrieg mit dem Schlachtruf gezogen „Serbien muß sterbien"? Auch Ressentiments gegen die Moslems spielen da herein. Gewiß, der Radikalismus religiöser und politischer Fanatiker

ist verwerflich und inhuman. Aber ist die weltweite Bewegung des Fundamentalismus nicht zuallererst eine Abkehr von einem ebenso radikalen Materialismus, der den Menschen bloß als eine Anhäufung von Molekülen und Atomen abqualifiziert und das Kapital zum Goldenen Kalb macht, um das alles zu tanzen hat?
Das Dilemma reicht tief ins Unbewußte und zeigt, wie das Böse immer wieder auf den anderen, den Fremden, in ein Feindbild projiziert wird. Solange es den „Eisernen Vorhang" und die „Mauer" noch gab, war das „Reich des Bösen" sogar für den amerikanischen Präsidenten leicht in der Sowjetunion, im ganzen Ostblock zu orten. Aber jetzt, nachdem diese allzu bequeme Abgrenzung gefallen ist? Die einfache Schwarz-Weiß-Welt ist am Ende. Da bricht jetzt alles auf, was so lange verborgen, weggeschoben, verdrängt war. Neue Einflüsse, Faszinationen, Tausendundeine Nacht, Orient, Blumigkeit, Rausch, aber auch die alten Ängste, sinnloses Morden, Völkerwanderungen, finsterstes Elend. Und naturgemäß kommen alle alten Grenzen wieder zum Vorschein. Und mit ihnen auch alle alten Vorurteile, Ausländerfeindlichkeit, Rassenhaß, Nationalismus, Faschismus.
Die EG tut sich da natürlich schwer. Nach ihrem Motto „Geld regiert die Welt", das sie von den Amerikanern abgeschaut hat, schwankt sie zwischen Ohnmacht und Zorn, zwischen der Entsendung von „Friedenstruppen" und Wirtschaftssanktionen, ohne Verständnis für das „Herz", ohne Berücksichtigung der historischen, kulturellen, religiösen Wurzeln. Angesichts der harten Bürgerkriegsrealität zieht irgendwelches Gefasel von Integration und europäischem Geist nur mäßig. Der Starkolumnist Günther Nenning hat es treffend auf den Punkt gebracht: „Was richtige alte Grenzen sind – merkt es, EG-Cartesianer! –, verschwindet nie durch irgendwelche Einheitsbeschwörungen."
Monatelang hat man 1991 das grausame Spiel beobachten können, wie EG-Politiker vom Stile eines Mitterrand, Kohl oder Genscher die EG zum zahnlosen Papiertiger machten, indem sie – angesichts der wütenden Irrationalität des Gemetzels in Jugoslawien – lächerliche Wirtschaftssanktionen androhten, was alles nur noch schlimmer machte. Die Integrationsschwäche der EG wird von Tag zu Tag transparenter, wie die Entwicklung in Bosnien-Herzegowina zeigt. Mit aufgeblasenen Hausherrenmanieren kann man eben nirgends Frieden stiften.

Als Ende 1991 die Sowjetunion zu existieren aufhörte, wurde an ihrer Stelle zunächst ein Bund dreier Staaten gegründet (Rußland, Weiß-

rußland und Ukraine), dessen Mitglieder sich als „slawischer Staatenbund“ titulierten. Nicht nur das Nationale, auch das „Völkische“, die „Rasse“, droht nun wieder ins politische Spiel zu kommen. Die EG-Gewaltigen können sich höchstens eine Kolonisierung dieses jetzt offenen Ostens vorstellen, keine Aufnahme in die Gemeinschaft. Osteuropa bleibt noch lange draußen vor der Tür.
Bei einer Konferenz in Luxemburg im Frühjahr 1992 stellten die Außenminister einiger Mitgliedsstaaten, unter ihnen auch Deutschlands, die Umverteilungspolitik in der EG in Frage. In der Finanzplanung bis 1997 sollten die Subventionen für unterentwickelte Regionen von jährlich 40 auf 60 Milliarden DM angehoben werden. Ein Faß ohne Boden, denn erst in den vergangenen fünf Jahren waren sie von 18 auf 40 Milliarden DM gesteigert worden. Dabei mußte die EG-Kommission zugeben, daß „keine meßbaren Erfolge dieses Kapitaltransfers vorzeigbar“ sind. Spanien, Portugal und Griechenland haben sich darauf eingeschworen, daß die Mittel aus dem „Kohäsionsfonds“, in den auch die EFTA-Staaten einzahlen müssen und der bis 1997 von drei auf fünf Milliarden Mark aufgefettet wird, noch zu den enormen Subventionen hinzugerechnet werden müssen. Die ganze Subventionitis im Nord-Süd-Gefälle der EG droht jetzt zusammenzukrachen, weil Deutschland mit den „neuen Bundesländern“, der Finanzierung des Irakkriegs und der GUS-Hilfe alle Hände voll zu tun hat und weil die Rezession in vielen EG-Ländern doch keine Episode, sondern eine Dauererscheinung ist.
Im Grunde einigte man sich in Maastricht nur über die neue Währungsunion: Vorbereitung durch ein Europäisches Währungsinstitut ohne geldpolitische Kompetenzen ab 1994, Schaffung einer Europäischen Zentralbank frühestens 1997. Mitglied der Währungsunion können nach dem Unionsvertrag nur EG-Staaten werden, die folgende Bedingungen erfüllen: maximal 4,2 Prozent Inflationsrate, nicht mehr als 60 Prozent des Bruttosozialprodukts Staatsverschuldung und jährliche Neuverschuldung unter 3 Prozent des Bruttosozialprodukts. Nach diesen Kriterien und dem Stand von 1991 sind nur Dänemark, Frankreich und Luxemburg „europafähig“. Nicht Deutschland, dessen jährliche Neuverschuldung bei 4,6 Prozent liegt, nicht Italien, dessen Staatsschuld mit fast 15 Billionen Schilling doppelt so hoch ist wie das Sozialprodukt und dessen Inflations- und Neuverschuldungsrate ebenfalls jenseits des Grenzwertes liegen.

Ende 1991 hat die EG-Kommission speziell Italien aufgefordert, das horrende Budgetdefizit abzubauen. Es wurde damals auf rund 1,2

Billionen Schilling geschätzt. Erst nach den „Erdbebenwahlen" vom April 1992 wurde bekannt, daß das Defizit 1992 nicht 1,2, sondern wahrscheinlich 1,5 Billionen Schilling betragen wird. Italien ist de facto in die „zweitge Liga" der EG abgestiegen. Auch Spanien ist nicht „europareif" – zu hohe Inflationsrate –, nicht Portugal und Griechenland, die kaum eine Bedingung erfüllen, nicht Großbritannien – zu hohe Inflation –, nicht Holland, nicht Belgien, nicht Irland – zu hohe Staats- und Neuverschuldung. Notfalls wird die Währungsunion ab 1999 mit einer Minderheit von Staaten eingeführt, die die genannten Kriterien erfüllen. Wird sie bis dahin noch irgendein Staat erfüllen? Wie zum Hohn sind die EFTA-Staaten „europafähiger" als die EG-Staaten.

Um die EG zu finanzieren, verlangt Brüssel von seinen Euro-Bürgern von Jahr zu Jahr empfindlichere Opfer. Der portugiesische Staatssekretär Neto da Silva, der den Österreichern gute Ratschläge und Empfehlungen für einen EG-Beitritt gibt, sollte sich eher daheim umsehen. Sein Land muß, wie es Pierre Heumann in der Schweizer *Weltwoche* formulierte, „ökonomische Hexenmeister" aufbieten, um seine gewaltige Staatsschuld und Inflationsrate abzubauen und gleichzeitig ein über dem EG-Durchschnitt liegendes Wachstum zu erreichen.

Europa kostet eine ganze Menge – und die Summe wächst lawinenartig. 1988 lag das EG-Budget noch bei rund 92 Milliarden DM (etwa 46 Milliarden Ecu), 1992 schon bei 135 Milliarden DM (über 67 Milliarden Ecu). Der Großteil wird für Agrarsubventionen (1992 über 71 Milliarden DM) und Strukturpolitik aufgewendet. Bis 1997 soll das EG-Budget auf 83 Milliarden Ecu anwachsen. Das werden nicht nur die reichen EG-Länder zahlen müssen. Die gesamte „Gemeinschaft" nähert sich „mit Riesenschritten der nächsten Finanzkrise", so der für den EG-Haushalt zuständige Kommissar Peter M. Schmidhuber. Eine Bankrotterklärung. Aber als letzte Reserve hat man ja noch die Steuerzahler als Geiseln. Schon haben Schmidhuber und Co. eine „Europa-Steuer" vorgeschlagen ...

Im Grunde genommen ist auch die Währungsunion ein Flop. Die gemeinsame Währung soll der Ecu sein, der European Currency Unit. Da klafft zunächst einmal ein großes Loch: Großbritannien hat sich die Extrawurst ausgehandelt, den Ecu nach eigenem Gutdünken einzuführen – oder nicht.

Als bekannt wurde, daß die Briten ausscheren, begannen auch die Deutschen ihrer geliebten Mark nachzuweinen. Irrationales kam hoch. Im deutschen Text der Verträge von Maastricht heißt es, die

Einheit Ecu könne zur Not auch anders heißen. „Ein Wortakrobatismus, der zeigt, daß die Regierung nervös geworden ist“, hieß es in einem Artikel in der *Zeit* vom 7. Februar 1992.
Selbst die sonst so staatstragenden Währungshüter der Bundesbank in Frankfurt kritisierten unverhohlen die magere politische Ausbeute von Maastricht. Aus dem Zentralbankrat wurden Stimmen laut, die eine Abstimmung im Bundestag vor Eintritt in die Währungsunion 1997 forderten, also praktisch eine neue Ratifizierung. In der *Zeit* hieß es zu den Verträgen von Maastricht: „Da die Verträge dies nicht vorsehen, läuft das auf die Forderung hinaus, der Bundestag sollte die Verträge in ihrer jetzigen Form ablehnen – das würde die Bonner Europapolitik torpedieren.“ Geld ist eben für die meisten Menschen mehr als ein Stück präpariertes, mit berühmten Köpfen oder Gebäuden bedrucktes Papier oder geprägtes Metall, es ist ein Medium, an das Wünsche, Phantasien, Hoffnungen und Ängste geknüpft sind. Mit einer „harten Währung“ wird Stabilität, Wohlstand und Sicherheit verbunden. Die Deutschen knien vor ihrer Deutschen Mark, die Österreicher verehren ihren Schilling, die Schweizer ihren Franken. Ein gewisses religiöses Element ist unverkennbar.
Was an Stammtischen schon heftig diskutiert wurde, faßte *Der Spiegel* am 9. Dezember 1991 unter dem Titel „Angst um die Mark“ in die bange Frage: „Werden Stabilität und Wohlstand der europäischen Idee geopfert?“ Kein Geringerer als Karl Schiller, einst Wirtschafts- und Finanzminister, wurde als Kronzeuge aufgeboten: Gerade jetzt, angesichts der wirtschaftlichen Probleme in den neuen Bundesländern und in Osteuropa, sei Deutschland in Gefahr, sich zu übernehmen. Karl Schiller plädiert daher für eine „Vertagung der Währungsunion“. Auch der holländische Zentralbanker André Szasz gibt den Kritikern recht: Deutschland werde mit der Währungsunion „tatsächlich Souveränität abgeben, in dem Sinne, daß es auf seine dominierende Rolle in der europäischen Wirtschaftspolitik verzichtet“.
Die Währungsunion wurde gegen den Rat des „wirtschaftswissenschaftlichen Establishments“ *(Die Zeit)* in Deutschland beschlossen. Jetzt sammeln dort sogar Professoren der Wirtschaftswissenschaften Unterschriften gegen Maastricht. Sie sind nicht die einzigen. Der Innsbrucker Sozialwissenschafter Erich Kaufer faßt die Bedenken so zusammen: Eine einheitliche „Kunstwährung“ würde die reichen EG-Regionen reicher und die armen ärmer machen, würde die innereuropäischen Spannungen verschärfen und den Schwachen die Möglichkeit einer eigenständigen Währungspolitik nehmen. Mit einem

Wort: Die EG verstärkt die Entwicklung zu innereuropäischen Entwicklungsländern.
Viele Deutsche sehen die Währungsunion schlicht als „Zugriff aufs Rheingold". Kanzler Kohl habe sich von den EG-Partnern breitschlagen lassen, heißt es vor allem in den Staatskanzleien der Bundesländer. Die ursprüngliche Marschrichtung sei gewesen, daß die mächtige Bundesrepublik ihre stabile Währung nur dann aufgebe, wenn die Politische Union mit gemeinsamer Außen- und Sicherheitspolitik, mit einem gestärkten Europaparlament und garantierten Rechten für die Bundesländer zustande käme. Davon sei der Kanzler abgerückt, habe Frankreich nachgegeben. Das „Opfer von Maastricht", so Rudolf Augstein, zeige die Entschlossenheit Frankreichs, „das größer gewordene Deutschland auch in einer erweiterten EG noch in der Hand zu behalten".
Man glaubt sich in die Zeiten der Hegemonialpolitik vergangener Jahrhunderte versetzt. Aber so ist es eben, unser Europa: Immer wird um Vormachtstellungen gerungen, manchmal militärisch, dann wieder auf wirtschaftlicher Ebene. Aber nie geht es wirklich um ein „solidarisches Miteinander". Wie soll es da zu einer „Integration" kommen? Das Allensbacher Institut für Demoskopie hat in seinem Januar-Bericht 1992 ein erhebliches Abkühlen der Europabegeisterung der Deutschen registriert. Noch Anfang 1988 forderten 51 Prozent der Westdeutschen eine raschere Gangart nach Europa. Jetzt ist diese gute Hälfte auf etwa 10 Prozent geschrumpft . . .
Österreich, mit seinem an die Deutsche Mark gebundenen Schilling, befindet sich wie immer im gleichen Boot wie die Bundesrepublik. Das gilt für Föderalismus, Parlament und Währung gleichermaßen. Für einen Ecu müssen die Deutschen rund zwei Mark, die Österreicher etwa 14 Schilling auf den Tisch legen. Auch sie bangen um ihr gutes Geld wie der arme Harpagon: „Diebe, Räuber, Mörder! Totschläger! Gerechtigkeit, Herrgott im Himmel! Ich bin verloren, meuchlings ermordet, man hat mir die Gurgel abgeschnitten! Mein Geld . . ." – „Die Idee, den Schilling durch die Scheine der Brüsseler Behörden zu ersetzen, ist ungefähr so populär wie die Idee, einen jüdischen, homosexuellen Schwarzen aus der Bronx zum Vorsteher der Sängerknaben zu machen", schrieb Christian Ortner in der *Wochenpresse*. Andererseits sieht er die Abschaffung des Schillings als „notwendig und sinnhaft", denn schließlich lebten ja auch die Amerikaner ganz passabel ohne eigenen Texas-Dollar, Kalifornische Krone oder New Yorker Gulden. Nett formuliert, aber ohne Geschichtsbewußtsein. Die Amerikaner hatten keinen Weltuntergang à la k. u. k.

Monarchie, keinen „Anschluß“ ans Dritte Reich, der jetzt mit dem Anschluß an die EG wiederaufzuleben droht, keine zehnjährige Besatzung. Sie müssen nicht um die neuerliche Auslöschung der so mühsam erkämpften und erhaltenen Eigenständigkeit, Souveränität und Identität bangen.
Seltsame Koalitionen bilden sich, wenn's um den Zaster geht. Der CSU-Politiker Peter Gauweiler bezeichnete den Ecu als „Esperanto-Geld“. Aber auch vom Saarbrücker Ministerpräsidenten Oskar Lafontaine kam ein „Nein“ zu Maastricht. Er werde im Bundesrat nicht zustimmen. Eine Währungsunion, in der eine einheitliche Zentralbank die Geldpolitik steuere, während in den einzelnen Nationalstaaten eine unterschiedliche Tarif-, Sozial- und Fiskalpolitik gemacht werde, führe „zu ähnlich katastrophalen Verhältnissen wie die überhastete deutsch-deutsche Währungsunion, bei der die ökonomische Vernunft auf der Strecke blieb“. Bleibe man bei dem jetzt beschlossenen Weg bis 1999, führe das zu einer Instabilität der Währung und gewaltigen Transferleistungen in die schwächeren europäischen Mitgliedsstaaten. Eigentümlich, daß die SPD-Spitze Lafontaine zurückpfiff. Sein Vorstoß entspricht wohl nicht ihrem Slogan „Wir sind Europa“.
In Deutschland kam zunächst eine „nachholende politische Europadebatte“ *(Die Zeit)* auf. Erst nach dem Nein der Dänen zur in Maastricht beschlossenen Europäischen Union am 3. Juni 1992 zeigte sich auch in der Bundesrepublik eine breite negative Grundstimmung in der Bevölkerung. Bei einer Telefonumfrage der Fernsehanstalt ARD meldeten sich innerhalb weniger Minuten 70.000 Anrufer, die im Verhältnis 4 : 1 die Verträge von Maastricht ablehnten. Auch in Frankreich breitet sich mehr und mehr EG-Müdigkeit aus. Der sozialistische Politiker Jean-Pierre Chevènement – er mußte wegen seiner Ablehnung des Engagements Frankreichs im Golfkrieg als Verteidigungsminister zurücktreten – hat Maastricht als „ersten Schritt in die falsche Richtung“ bezeichnet: „Wenn wir die Gegenwart überstürzen, setzen wir die Zukunft aufs Spiel.“

These 2

Bürokratie statt Demokratie: Großeuropa ist ein zentralistischer Moloch

Zentralistische Gebilde wie die EG bauen auf Bürokratie, Einfalt, Nivellierung, Masse, autoritäre und totalitäre Steuerungsmechanismen. Sie erzeugen Erstarrung und Monotonie. Was die Welt heute braucht, ist genau das Gegenteil von Eurokratie: Kreativität, Phantasie, Farbigkeit, Vielfalt, Individualismus, Vielseitigkeit, Toleranz, direkte Demokratie, Lebendigkeit, Polyphonie. Small is beautiful.

Ein Moloch ist eine alles verschlingende Macht. Die EG ist ein solcher Moloch. Es wäre mehr als naiv zu glauben, daß in dieser Dachorganisation der Großindustrie und der Multis auch die „Kleinen“ etwas mitzureden haben. In einer Arena, in der sich die Großen erbitterte Schlachten um den fettesten Anteil am Kuchen liefern, fallen für Schwache höchstens Almosen-Happen ab.

Schon im Vorfeld des für die EG entscheidenden Gipfeltreffens im niederländischen Maastricht am 9. und 10. Dezember 1991 häuften sich die internen Spannungen. Die Zeichen standen auf „Familienkrach“. Was am Ende als großer Sieg verkauft wurde, war letztlich nur eine mittelmäßige Politshow, die allen anderen von den Briten gestohlen wurde. Eigentlich müßte Jacques Delors längst zurückgetreten sein, denn in einen *Spiegel*-Interview vor Maastricht sagte er auf die Frage nach seiner Wiederkandidatur als EG-Kommissionspräsident: „Wenn sich die Mittelmäßigkeit durchsetzt – nein danke, dann waren acht Jahre genug.“ Hauptstreitpunkte waren und sind die Außen- und Sicherheitspolitik, die Sozialpolitik, der Föderalismus, das Parlament und die Währungsunion. Dem Europäischen Parlament in Straßburg sollten in Maastricht aufgrund einer Initiative der Deutschen umfassendere Kompetenzen übertragen werden: vor allem in den Bereichen Umwelt, Verbraucherschutz, Forschung, Gesundheit, Transport und Binnenmarkt. Auch über ein Vetorecht des EG-Parlaments wurde diskutiert. Aber die Stärkung des Europaparlaments wurde ein Opfer einzelstaatlicher Interessen. Die Briten wollten nur beim Umweltschutz, im Gesundheitswesen und beim Transport zustimmen. In der Außen- und Sicherheitspolitik sowie im Sozialwesen sollte es weiter beim Einstimmigkeitsprinzip bleiben, wonach ein einziges Veto genügt, um ein Gesetzesvorhaben zu Fall zu bringen.

Übereinstimmung konnte nur bei der Währungsunion erzielt werden. Sie wurde allerdings nachträglich zur akuten Problemzone. Föderalismus und Parlament sind nach wie vor die Stiefkinder der EG. Ein Pferdefuß, den sich vor allem die beitrittswilligen Länder genau ansehen sollten. Sogar überzeugte Europäer sind dagegen, der Gemeinschaft noch weitere Rechte zu übertragen, solange sie so undemokratisch regiert wird wie bisher. Die Mitwirkung des Parlaments ist in vielen Fragen längst zur bloßen Formalität verkommen.

Die Struktur der EG ist auf mehreren Gemeinschaftsorganen aufgebaut. Die einzelnen Teile kooperieren zwar miteinander, aber der Sternenkreis ist eigentlich eine Pyramide: hierarchisch und undemokratisch. Nur die zwölf Regierungschefs der Mitgliedsländer dürfen im „Europäischen Rat“ Grundsatzentscheidungen fällen und Verträ-

ge abschließen. Seit 1975 bemühen sich die Regierungschefs und Außenminister der Mitgliedsstaaten deshalb zu Gipfelkonferenzen.
Der „Ministerrat", der „Gesetzgeber" der EG, besteht zwar aus je einem Regierungsvertreter der zwölf Mitgliedsstaaten, aber ihre Macht ist unterschiedlich: Großbritannien, Frankreich, Deutschland und Italien verfügen über je zehn Stimmen, Spanien über acht, Belgien, Griechenland, Portugal und die Niederlande über je fünf, Irland und Dänemark über je drei und Luxemburg über zwei. Es ist daher eine Illusion zu glauben, auch kleinere Länder könnten sich in zentralen Fragen bei der EG durchsetzen. Österreich und die Schweiz würden nach einem EG-Beitritt im Rat über je drei Stimmen verfügen. Die große Politik in der EG wird ausschließlich von den Mächtigen gemacht.
Auch die „Kommission", quasi die Regierung oder Exekutive der EG, ist ein nach Größe und Macht gewichtetes Organ. Von den 17 Mitgliedern dürfen England, Frankreich, Großbritannien, Italien und Deutschland je zwei Mitglieder stellen, den übrigen EG-Mitgliedern gewährt man nur einen Delegierten.
Die Sensation im Kuriositätenkabinett der EG ist aber das Europaparlament in Straßburg. Es wird seit 1979 von den Bürgern der Mitgliedsstaaten in direkter Wahl für jeweils fünf Jahre gewählt, hat aber keine gesetzgebende, sondern nur eine beratende Funktion für Kommission und Ministerrat. Die Abgeordneten haben nicht das Recht, eine Gesetzesinitiative zu starten, denn das Initiativrecht liegt ausschließlich bei der Kommission, und sie können jederzeit vom Ministerrat überstimmt werden. Die rechtlich unverbindlichen Änderungswünsche des Europaparlaments werden zwar ab und zu berücksichtigt, aber das ist Gnadenpolitik, ein Feigenblatt für huldvolles, absolutistisches Gehabe.
Ein neues „Mitbestimmungsverfahren" gilt nur für nebensächliche Materien wie z. B. die Anerkennung von Diplomen, allgemeine Aktionsprogramme für die Umweltpolitik (beileibe nicht für Umweltpolitik selbst), Förderungsmaßnahmen im Kulturbereich oder Verbraucherschutz. Zwar kann das Europäische Parlament der Kommission theoretisch mit Zweidrittelmehrheit das Vertrauen entziehen, was den Rücktritt der Kommission zur Folge hätte. Nach der gegenwärtigen Machtverteilung ist ein solcher Vorgang aber ausgeschlossen. Bei so viel Manko kommt sogar die EG-freundliche „Europainitiative" der österreichischen Bundesregierung zu dem ernüchternden Ergebnis: „Die Beschlußfassung in der EG selbst leidet derzeit sicher an einem demokratischen Defizit."

Während der Einfluß von Lobbys auf Gesetzesvorhaben in den nationalen Parlamenten meist institutionalisiert ist und weitgehend unter Ausschluß der Öffentlichkeit stattfindet – ein typisches Beispiel ist die „Sozialpartnerschaft" in Österreich –, wird in der EG ebenso offen interveniert wie etwa in den USA. Die Lobbyisten werden in Brüssel kurzerhand als „Sachverständige" beigezogen. Die EG ist nach dem portugiesischen Staatssekretär Neto da Silva ein „unendlicher Entscheidungsfindungsprozeß kombiniert mit Lobbyismus".
Seit dem Beitritt von Spanien und Portugal hat das Europaparlament 518 Abgeordnete, die aufgrund eines bestimmten Schlüssels je nach Mitgliedsstaat und fraktioneller Zugehörigkeit bestimmt werden. Gemessen an der Bevölkerungszahl der einzelnen Länder entspricht dieser Schlüssel nicht ganz den Mandaten. Die kleineren Staaten dürfen nämlich mehr Parlamentarier entsenden, als ihrer Einwohnerzahl entspricht. Da sie nichts zu melden haben, ist das ohnehin egal. Das Spektrum der Fraktionen ist einigermaßen „bunt": Es reicht von den Kommunisten über die „Regenbogenfraktion" und die Grünen bis zu den Rechtsradikalen. Die stärkste Fraktion sind mit 180 Mandataren die Sozialisten, gefolgt von der Europäischen Volkspartei (Christdemokraten) mit 121 und den Liberalen mit 49 Mitgliedern. (Im Juni 1992 wurde in Brüssel beschlossen, den Deutschen wegen der hinzugekommenen „neuen Bundesländer" zusätzlich 18 Sitze zu geben. Auch Großbritannien, Italien und Frankreich sollen mehr Mandate erhalten, so daß sich die Gesamtzahl der Sitze im Euro-Parlament von 518 auf 567 erhöht.)
Auch ein Otto Habsburg-Lothringen, ältester Sohn des letzten österreichischen Kaisers Karl I., ist seit 1979 für die bayerische CSU Mitglied des Europaparlaments. Aus dem Klappentext seines Buches „Macht jenseits des Marktes. Europa 1992" geht auch die Absicht seiner Gesinnungsfreunde hervor: „Warum ist dieses Europa keine Großmacht? Wie kommt es, daß mit dieser gigantischen Wirtschaftskraft kein adäquater politischer Einfluß einhergeht? Die Antwort ist einfach: Wir sind noch nicht so weit. Das politische Bewußtsein der Europäer hat mit dem Tempo des wirtschaftlichen Zusammenschlusses nicht Schritt gehalten. Die Weltmacht Europa ist zwar im Werden, aber sie ist noch nicht geboren."
Bei der Abstimmung über den Europäischen Wirtschaftsraum EWR im Frühjahr 1992 wollten die frustrierten Euro-Parlamentarier endlich ein Exempel statuieren. Ende März schickten sie acht „Anmerkungen" an den Europäischen Gerichtshof, EuGH, die eine spätere Zustimmung zum EWR-Vertrag beinahe unmöglich machten: Die

Vereinbarung zwischen EG und EFTA sei im Grunde mit den Gründungsverträgen von Rom unvereinbar. Außerdem verletze der EWR-Vertrag „demokratische Prinzipien", weil er das Europaparlament zu wenig berücksichtige. Weiters kritisierten die EG-Parlamentarier, daß sich EFTA-Firmen gleichberechtigt an Ausschreibungen im Bereich der Gemeinschaft beteiligen können, daß in der Schweiz und in Österreich vorerst Beschränkungen beim Grunderwerb aufrecht bleiben, daß der Transitvertrag nicht im Sinne der EG abgeschlossen und daß die Zusammenarbeit bei der Bekämpfung des organisierten Verbrechens wieder nicht koordiniert wurde.
Doch wieder einmal blieb das EG-Parlament auf der Strecke: Der EuGH stimmte dem EWR-Vertrag ohne viel Federlesen zu. Jetzt muß er – in der Schweiz wird es vorher noch eine Volksabstimmung geben – nur noch von den nationalen Parlamenten ratifiziert werden. Doch selbst wenn die Eidgenossen nicht mitziehen: der EWR steht. Also wieder eine Niederlage für die Euro-Parlamentarier. Zu diesem Spielchen gehören aber zwei. Wer mitspielt, unterstützt das System. Die Mächtigen fahren mit der Zweigleisigkeit prächtig. Indem sie nationale und supranationale Parlamentarier gegeneinander ausspielen, können sie seelenruhig ihre Interessen durchsetzen: Divide et impera!
In Österreich kommt es charakteristischerweise nicht zu einer Volksabstimmung über den EWR. Alles, was 1991 von der Regierung aufgeboten wurde, war eine kurz aufflackernde Kaffeehaus-Kontroverse, in der allerdings die EG-Apostel die Zweifler nicht überzeugen konnten. [1]
Mit dem EWR hat das EG-Tohuwabohu aber erst so richtig begonnen. Nach der Ablehnung der Maastricht-Verträge bei der Volksabstimmung in Dänemark, wo eine stattliche Zahl von Europamüden sogar über das Tabu eines EG-Austritts diskutiert, sagten beim Maastricht-Referendum in Irland zwar 69 Prozent Ja zur Politischen Union mit gemeinsamer Außen- und Sicherheitspolitik, aber „der Lebenskuß für die scheintote EG" *(Der Spiegel)* kam aus der Geldbörse. Irland ist eines der ärmsten Länder in der „Gemeinschaft". Jeder Ire, vom Baby bis zum Urgroßvater, kassiert täglich rund 10 Ecu von Brüssel. Darauf spekulierte die Propaganda der Regierung, die auf Plakaten und Flugblättern annoncierte, daß Irland ohne die EG wirtschaftlich ruiniert wäre. (Seit 1989 bekam Irland 15 Milliarden DM aus dem EG-Topf.) Das dänische „Schock-Votum" ist um so bemerkenswerter, als der Kopenhagener EG-Lobby ein für Brüsseler Begriffe ungeheuerliches Zugeständnis gemacht wurde:

die verbriefte, vor allem gegen deutsche Ferienhausprojekte in dänischen Küstengebieten gerichtete Ausnahmeregelung zur Abwehr des Ausverkaufs von Grund und Boden. Österreich hat übrigens in diesem Punkt im EWR-Vertrag nur eine Gnadenübergangsfrist bis 1996. Dann gilt EG-Recht, und das heißt Ausverkauf. Eine Extrawurst nach dem Modell Dänemark wird es für Österreich nicht geben. Durch einen EG-Beitritt gibt ein Land einen Großteil seiner politischen und gesetzgeberischen Autonomie, seiner Souveränität auf. Die EG-Befürworter meinen, daß man sich diesem Prozeß ohnehin nicht entziehen könne. Es sei daher besser, sich im Unvermeidlichen wenigstens der Mitwirkung und Mitsprache zu versichern. Ein Denkkurzschluß, der aus der zentralistischen Ideologie kommt. Denn warum sollte es ohne Aufgabe der Souveränität nicht möglich sein, an der Gestaltung eines Vereinten Europa mitbestimmend teilzunehmen? Vorausgesetzt, es kommt zu einer Zollfreizone, ist der EWR das größte noch tolerierbare Übel.
Österreichische Politiker behaupten immer wieder, man könne auch als Vertreter eines kleinen Landes in der EG mitmischen. So meinte etwa Nationalratspräsident Heinz Fischer in einem Interview: „Wir können uns der Dynamik des europäischen gemeinsamen Marktes und seinen Normen und seinen Vorgangsweisen nicht entziehen . . . Momentan, da wir noch nicht in der EG sind, machen wir nur Nachvollzug . . . In Zukunft machen wir Mitvollzug und Nachvollzug."
Angesichts der Eurogiganten Deutschland, Frankreich, Großbritannien und Italien, konfrontiert mit einem autoritär gesteuerten Spanien von „Mitvollzug" zu träumen, ist mehr als illusionär. Die Geschichte der EG zeigt doch deutlich, daß die Briten, Franzosen und Deutschen ihre Interessen brutal und ohne Konzessionen durchsetzen. Auf jeden Fall ist eine Verlagerung der Kompetenzen nach Brüssel ein Stück Entdemokratisierung. Dort gehen Recht und Macht nicht vom Volk aus, sondern vor allem vom Rat und von der Kommission. Nach dem EG-Gipfel in Maastricht blieben die Kompetenzen der Euro-Parlamentarier weiterhin vage und beschränkt. Der Alleingang der Briten zementierte noch zusätzlich die Bedeutungslosigkeit des EG-Parlaments.
Ein Kapitel für sich ist der Europäische Gerichtshof in Luxemburg, bestehend aus 13 Richtern und sechs Generalanwälten. Vordergründig ist seine Aufgabe die Auslegung der EG-Verträge und die Sicherung der von Ministerrat und Kommission erlassenen Rechtsvorschriften. In Wirklichkeit ist der EuGH ein scharfes Instrument der

Wirtschaft mit weitreichendem politischem Einfluß. Ein Beispiel: Unmittelbar nach dem Abschluß des EWR-Vertrages machte das Europäische Oberstgericht Bedenken gegen einen eigenständigen EWR-Gerichtshof geltend. Ein Vorrang der EG-Rechtsprechung sei dadurch nicht mehr gegeben, klagten die EuGH-Richter. Jene EuGH-Richter, die zugleich im EWR-Gerichtshof säßen, seien außerdem durch ihre Doppelfunktion befangen. Ende Dezember 1991 mußten Neuverhandlungen des ohnehin mühsam genug zusammengekleisterten EWR-Vertrags angesetzt werden. Der ganze Terminfahrplan, die Koordinierung mit dem Binnenmarkt-Start ab Januar 1993, kam ins Wanken.

In der Schweiz hieß es gleich, man habe es immer schon geahnt, daß die EG nie und nimmer einen unabhängigen Gerichtshof akzeptieren werde, in dem auch EFTA-Vertreter Einfluß auf EG-Recht nehmen könnten. Mit dem negativen Bescheid des EG-Höchstgerichtes war auf einmal eine Zustimmung der Schweizer Stimmbürger zum EWR-Vertrag unsicherer denn je geworden.

Bloß in Österreich lockte das niemanden hinterm Ofen hervor. Außenminister Alois Mock und Kanzler Franz Vranitzky machten weiter in EG-Euphorie, als wäre nichts geschehen. Fast zur gleichen Zeit wurde der Auftrag für eine Zig-Millionen-Schilling-Werbekampagne vergeben.

Die Ablehnung der hohen Euro-Richter traf die Schweizer an einer besonders empfindlichen Stelle. War doch die Ablehnung fremder Richter vor 700 Jahren der wichtigste Punkt im Bundesbrief von 1291, der ersten eidgenössischen Verfassung. Das EWR-Gericht war letztlich auch das einzige, was den Schweizern und Österreichern nach den weitgehenden Zugeständnissen beim Transitverkehr noch geblieben war. Es mußte auch als Argument gegen die Angriffe der zahlenmäßig nicht gerade schwachen EG-Gegner herhalten, die in der Schweiz von einer „EG-Diktatur", vom Ende der Freiheit und der direkten Demokratie in einem „Koloß EG" sprachen.

Durch das Abschmettern des EWR-Gerichtshofs kommt dem EuGH im Wettbewerbsbereich nach wie vor die zentrale Rolle zu. Damit hat man eventuelle Alleingänge der EG- und EFTA-Mitglieder voll unter Kontrolle. Da geht's buchstäblich um die Wurst. Als die Deutschen vor einigen Jahren ihre Reinheitsgebote für Wurst und Fleischwaren sauberhalten und Würste mit bestimmten Ersatzstoffen aus Milch-, Ei- oder Eiweißstoff-Produkten aussperren wollten, klagte die EG-Kommission beim EuGH, der sie prompt bestätigte – die Wurstimitate.

Ähnliches hat sich bei einer noch heiligeren Kuh abgespielt: beim Bier. Gerstenmalz, Hopfen, Wasser und sonst nix – das gehört im Land der Bierkrüge längst der Vergangenheit an. Nach fünfjährigem Rechtsstreit wurde die deutsche Seite 1987 dazu verurteilt, Biere aus EG-Staaten zuzulassen, die nicht dem Reinheitsgebot entsprechen und Zusatzstoffe enthalten. Eine Jahrtausendkatastrophe: Das Reinheitsgebot geht auf einen Erlaß des bayerischen Herzogs Wilhelm IV. aus dem Jahr 1516 zurück. Die Bayern sollen nicht traurig sein, der nächste Schritt ist die Zulassung gentechnologisch hergestellten „Gerstensafts" – freilich ohne Gerste. Eine EG-Richtlinie, nach der die Verwendung von künstlichen Süßstoffen in allen Lebensmitteln zulässig sein sollte, konnte im Vorjahr gerade noch abgewehrt werden. Aber auf die Dauer werden die Regierungen den Chemie-Lobbyisten kaum standhalten.
Schon sieht es so aus, als würden das Asbestverbot beziehungsweise die Einschränkungen, denen die Todesfaser in Österreich und Deutschland unterliegt, in der EG fallen. Belgien – im Brüsseler World Trade Center sitzt die mächtige „Compagnie financière Eternit", nach wie vor das wichtigste internationale Zentrum der Asbestindustrie – und Frankreich denken nicht daran, Asbest, Krebsgift Nummer eins am Arbeitsplatz und gefährliche Verseuchungsquelle im Alltag, aus dem Verkehr zu ziehen. Also wird beim EuGH geklagt, und alle müssen dann den Import asbesthaltiger Produkte zulassen. Der Horror kommt zurück – durch die EG-Hintertür.
Der Europäische Gerichtshof sei „die wichtigste Institution innerhalb der EG", stand über die Hüter des EG-Grals unlängst in der Schweizer *Weltwoche* zu lesen, nebst einem Zitat von Richter René Joliet: „Wir haben das letzte Wort. Das ist angenehm."

Der Ende 1991 beschlossene Europäische Wirtschaftsraum EWR besteht aus 19 Staaten: zwölf Staaten der Europäischen Gemeinschaft EG – von Nord nach Süd: Großbritannien, Irland, Dänemark, Niederlande, Belgien, Luxemburg, Deutschland, Frankreich, Italien, Spanien, Portugal und Griechenland – sowie sieben Staaten der Europäischen Freihandelszone EFTA (European Free Trade Association) – Island, Norwegen, Schweden, Finnland, Österreich, Liechtenstein und die Schweiz. Das ganze Gebilde steht auf wackligen Beinen, weil die EFTA-Länder von der EG in den Sack gesteckt wurden. Vor allem wurde ihre totale Unterordnung unter die EG-Rechtsprechung durchgesetzt. Mit dem im Dezember 1991 beschlossenen EWR-Vertrag, einem 1000-Seiten-Wälzer, übernehmen die EFTA-Länder etwa

60 Prozent des EG-Rechtsbestandes – ungefähr 1.400 Rechtsakte. Dieses sogenannte „acquis communautaire“ – 160 Verordnungen, 820 Richtlinien und 120 Entscheidungen des Europäischen Gerichtshofs – umfaßt rund 11.000 Seiten. Ihre Übertragung ins nationale Recht ist eine gigantische Herkulesarbeit, ein Eldorado für Juristen und Bürokraten. Dabei ist die Übernahme des EG-Rechts noch gar nicht der kritische Punkt: Bei neuen Gesetzesvorhaben dürfen die EFTA-Staaten zwar mitberaten, aber nicht mitentscheiden. Die Souveränität degeneriert damit auf einen „Informations- und Konsultationsmechanismus“, wie es der Brüssel-Korrespondent Otmar Lahodynsky sogar in der konservativen Tageszeitung *Die Presse* formulieren durfte.
Der EWR wird zum Beispiel in Österreich als „Brücke“, als „Durchgangsstation“, als „Europäischer Warteraum“, als „Trainingslager“ für den „europäischen Härtetest“, als „Übergangslösung“ zur EG interpretiert. Der rein wirtschaftliche Charakter wird hervorgehoben – und vorgeschoben, die politische Dimension unter den Teppich gekehrt. Denn in Wirklichkeit will man vollendete Tatsachen schaffen, bevor man sich an die EG-Volksabstimmung wagt. Die EG-Befürworter, die vor allem aus dem Dunstkreis der Industrie kommen, setzen auf die „normative Kraft des Faktischen“. Das Kalkül ist durchsichtig: Mit dem EWR-Vertrag ist Österreich nach Ansicht der EG-Rattenfänger ohnedies schon zu zwei Drittel in der EG. Das restliche Drittel läuft dann wie geschmiert.
Aber sogar wirtschaftlich ist der EWR derzeit bloß eine halbe Sache: Die ursprünglich geplante Zollunion EFTA-EG kommt nicht zustande. Die Schranken zwischen EG und EFTA bleiben also auch im EWR weiter bestehen, ebenso Kontrollen für Waren und Personen an den Grenzen – und damit ein hoher administrativer Aufwand sowie Wettbewerbsnachteile. Das schmälert die Attraktivität des EWR für viele Exporteure, die daher vehement den EG-Beitritt fordern. Die heißesten Eisen bleiben überhaupt ausgeklammert: Agrarpolitik, Neutralität, Souveränität und Föderalismus.
Österreich hat als erstes EFTA-Land sein Beitrittsansuchen abgegeben – verbunden mit dem Wunsch, weiterhin neutral zu bleiben. Die bisher neutralen Staaten Schweden, Schweiz und Finnland haben in ihren Gesuchen keinen Neutralitätsvorbehalt verankert. Das ist nur im Falle Finnlands eher verständlich, das nach dem Zusammenbruch seiner östlichen Handelspartner mehr denn je auf die EG angewiesen ist. Im finnischen Parlament kam es über das Beitrittsansuchen zu einer Kampfabstimmung. Nur 108 von 200 Abgeordneten votierten dafür. Aber Liebesheirat wird das keine. Die finnischen Bauern

sehen, wie die Mehrheit ihrer Kollegen in ganz Europa, in der EG keine Zukunft. Nur die Industrie, vor allem die Holzindustrie, lechzt nach dem großen europäischen Binnenmarkt.
In der Schweiz ist der EG-Zug noch lange nicht abgefahren. Niemand weiß, wie die Stimmbürger auf die sogar in der Regierung umstrittene Entscheidung für das Beitrittsansuchen vom Mai 1992 reagieren werden. Fest steht nur, daß sie in bisher nicht gekannter Weise bevormundet wurden, denn zumindest wäre die Abstimmung über den EWR-Vertrag am 6. Dezember 1992 abzuwarten gewesen. Die Hauptprobleme sind nach wie vor der Verlust der Neutralität, die Beschneidung der direkten Demokratie, das Aufgeben kleinstaatlicher Autonomie, die Freizügigkeit und Niederlassungsfreiheit für EG-Bürger, die mit der bisherigen Ausländerpolitik der Schweiz überhaupt nicht vereinbar ist, der Transitverkehr und das viel höhere Preis- und Lohnniveau. Berüchtigt sind die teuren Mieten, die im Durchschnitt 50 Prozent über jenen der EG-Länder liegen, oder die um bis zu 90 Prozent höheren Preise für Agrarprodukte. Nach dem Genfer Volkswirtschaftsprofessor Beat Bürgenmeier müssen sich die Eidgenossen aber keine Sorgen machen: „Eher gleicht sich die EG dem hohen Schweizer Preisstand an ..." Zudem müssen die Schweizer Steuerzahler nach Aussage ihres Finanzministers Otto Stich (*Die Weltwoche,* 13. 6. 1991) damit rechnen, daß sie der EG-Beitritt „zwischen zwei und drei Milliarden Franken pro Jahr" kostet.
Viele Schweizer sind gegen die EG, auch einflußreiche, wie der Bankier und Basler Universitätsprofessor Kurt Schiltknecht: Er sei aus „zwingenden politischen Gründen" und aus „Kosten-Nutzen-Erwägungen klar gegen eine EG-Mitgliedschaft", sagte er in einem Interview. Erst einmal müsse die EG föderalistisch werden. Die EG schaffe nicht die „nötigen Voraussetzungen" für die Vergrößerung von „Freiheit und Wohlstand" der Bürger: „Immer mehr Entscheidungen werden dort an eine zentrale Bürokratie delegiert." Es sei, so Schiltknecht, durchaus möglich, die Schweiz zu einem eigenständigen Finanzplatz mit eigener Währung mitten in der EG zu machen: „Wir sind gegenüber der EG keineswegs in einer so schlechten Position, wie immer gesagt wird. Wertmäßig übersteigen die Importe aus diesem Raum die Exporte beträchtlich, außerdem betreffen die Importe vorab Überschußprodukte, auf deren Export die EG angewiesen ist: Landwirtschaftsprodukte, Früchte, Gemüse. Die EG würde durch eine Diskriminierung mehr bestraft als wir." Außerdem sei das gegen die EG-Grundmaxime einer „liberalen Wirtschaftspolitik".

Island will überhaupt nichts von der EG wissen. Regierungschef Steingrimur Hermannsson sagt, seine 250.000 Landsleute dürften nicht im „Menschenmeer“ der EG untergehen und ihre nordatlantische Heimat zu einer „Provinz ohne Einfluß“, zu einem „EG-Rohstofflieferanten“ herunterkommen lassen. Ganz allgemein formiert sich in Skandinavien nach anfänglicher Begeisterung der Widerstand gegen einen EG-Beitritt. Vor einem Jahr befürworteten ihn in Schweden noch 67, Ende März 1992 nur mehr 44 Prozent! Schwedens Frauen (80 Prozent sind erwerbstätig) fürchten die „Superarbeitslosigkeit“ – so der Grüne Per Gahrton – in der EG. Viele ahnen, wie der Sozialdemokrat Sten Johansson, das Ende von Schweden: „Wir werden im großen und ganzen aufhören, eine selbständige Nation zu sein. 175 Jahre Allianzfreiheit sind für die Katz.“

In Norwegen waren die Kommunal- und Regionalwahlen vom September 1991, bei der die pro EG eingestellten Sozialdemokraten eine schwere Niederlage erlitten, ein klares Votum gegen einen Beitritt. Wahlsieger waren die Linkssozialisten, die sich klar gegen jede EG-Annäherung aussprachen. Die Regierung Norwegens signalisiert zwar neuerdings auch Beitrittsinteressen, aber auch jüngste Meinungsumfragen ergeben regelmäßig Mehrheiten für die EG-Gegner, die einen Verlust der Souveränität und wirtschaftliche Nachteile in der Landwirtschaft und beim Fischfang befürchten. Aber selbst wenn es zu einem Beitritt Norwegens käme: Eine verhängnisvolle Spaltung der Bevölkerung wäre unausweichlich. Das gilt im übrigen auch für die Schweiz und für Österreich. Die endgültige Nagelprobe kommt in beiden Ländern erst bei der Volksabstimmung. Vor die Wahl EG oder Neutralität gestellt – und da gibt es nur ein Entweder-Oder –, werden sich zumindest die Österreicher, das haben alle bisher durchgeführten Umfragen gezeigt, für die Neutralität entscheiden. Ähnliches ist von den Schweizern zu erwarten.

Und Osteuropa? Polen, die ČSFR und Ungarn sollen Großeuropa erst um 2000 einverleibt werden. Schon jetzt ist klar, daß damit weitere Subventionsempfänger für die Steuerzahler der entwickelten Länder hinzukommen. Otto Habsburg meint zwar, Ungarn werde noch vor Österreich bei der EG sein. Aber das ist reines Wunschdenken der Firma Habsburg, die es nicht lassen kann, sich ihren alten Kronländern, allen voran Ungarn, in Erinnerung zu bringen. Einstweilen wurden Ungarn, die ČSFR und Polen in den Warteraum der EG abgeschoben.

Es ist kein Geheimis mehr, daß die EFTA-Länder wirtschaftlich „europafähiger“ sind als die EG-Länder, wenn man die Ziele der

Maastrichter Währungsunion als Maßstab nimmt. Schon im EWR kommen auch sie nicht ungeschoren davon. Sie müssen Milliarden in den sogenannten Kohäsionsfonds für unterentwickelte EG-Länder wie Irland, Griechenland, Portugal und Spanien einzahlen. Sie „dürfen" zwar ihre höheren Qualitätsstandards im Warenverkehr beibehalten, müssen aber auch EG-Produkte auf dem Inlandsmarkt zulassen, die ihren Bestimmungen nicht genügen. Die Wirtschaft in der EG wird vor allem über das Wettbewerbsrecht gesteuert, dessen oberste Maxime die Freiheit des Warenaustauschs ist. Die nach dem Einspruch des EuGH gegen den EWR-Gerichtshof ausgehandelte Schlichtungsstelle ist nichts als eine Art Salzamt. Die Übernahme neuer Entscheidungen des EuGH durch die EFTA-Staaten regelt nach Artikel 105 des EWR-Vertrages ein „Gemischter Ausschuß". Eine automatische Übernahme dieser Entscheidungen ist nicht vorgesehen. Recht und Macht gehen ausschließlich von Brüssel aus! EWR – buchstabiert wie Einer Wird Regieren.

1993 sollen, wenn Brüssel bis dahin die „dänische Krankheit" überwunden hat, die Verhandlungen über die nächsten EG-Beitritte beginnen. Dabei geht es nicht nur darum, was billiger und was teurer wird, wie man den Bürgern weismachen will. Es geht um Souveränität, demokratische Verfassung und Neutralität, um die Existenz der Bauern, um die Arbeitsplätze, um die Umwelt und damit um den Fremdenverkehr, um Lebensqualität. Es geht ums Ganze. Trotzdem das alles klar ist, obwohl sattsam bekannt ist, daß die EG auch militärisch und sicherheitspolitisch eine selbständige Einheit anstrebt, ungeachtet der Tatsache, daß der Europäischen Gemeinschaft ein zentralistisches Modell, ein reaktionäres politisches Konzept zugrunde liegt, verhalten sich die EFTA-Länder wie die Lemminge. Weit entfernt von Demokratisierung und Föderalismus setzt die EG weiter auf einen anonymen und zentralistischen Apparat. Hat man in Brüssel noch immer nicht begriffen, daß niemand mehr von anonymen Machthabern in Kafka-Schlössern dirigiert werden will?

Die EG entmündigt die Demokratie. Ein von Brüssel aus gesteuertes Europa zerstört die parlamentarischen, die demokratischen Rechte der Staaten und der Bundesländer. Es verhindert die direkte Demokratie und macht die vom Volk gewählten Mandatare zu Erfüllungsgehilfen von Oberlehrern vom Schlage eines Martin Bangemann, des Vizepräsidenten der allmächtigen EG-Kommission.

Auch in der EG selbst wächst die Skepsis. Schon vor der Ablehnung der „Europäischen Union" durch die Dänen zeichnete sich eine schwere innere Krise ab, eine „veritable Identitätskrise", wie der österreichische Journalist Hans Rauscher schreibt. Das Nein der Dänen wiegt jetzt um so schwerer. Die Abstimmung ging zwar mit 50,7 Prozent Gegenstimmen nur knapp aus. Aber man muß bedenken, daß die Wahlbeteiligung mit über 82 Prozent ungewöhnlich hoch war und daß die Ablehnung gegen eine forcierte Pro-Maastricht-Kampagne von Medien, Regierung, oppositionellen Sozialdemokraten, Arbeitgeberverband und Gewerkschaften zustande kam. Der konservative Ministerpräsident Poul Schlüter hatte das Volk beschworen, ein Nein würde die Regierung in immense Probleme stürzen, denn die EG müßte dann die Verträge ganz wegwerfen oder neu aushandeln. Ein Witz, denn jetzt stellt sich heraus, daß die EG Dänemark links liegen läßt und auf Zeit setzt: Die Rebellen würden schon noch draufkommen, was sie verloren. An den Verträgen wird kein Jota geändert. Deutlicher geht's nicht mehr: Die Kleinen haben in der „Gemeinschaft" nichts zu melden, vom „Volk" gar nicht zu reden. Groteskerweise wird genau diese Tatsache ins Gegenteil uminterpretiert, etwa vom außenpolitischen Sprecher der Österreichischen Volkspartei, Andreas Khol, einem EG-Fundi der Sonderklasse: Das Referendum zeige, so Khol, „daß auch ein kleines Land den großen europäischen Zug mitbestimmen kann".

Ausschlaggebend für die Ablehnung der Maastricht-Verträge war, daß die Dänen ihre humane Sozialpolitik und ihr starkes Umweltengagement nicht aufgeben wollen. In beiden Fällen trauen sie der EG nicht über den Weg. Auch einer militärischen Allianz können die Dänen nichts abgewinnen. „Das Schreckgespenst von den toten Söhnen auf fremden Schlachtfeldern geht um", schrieb Gerhard Maschall, Korrespondent des Wochenmagazins *Profil*. Vor allem die Frauen hätten die heftigste Kritik an einer politischen Union der EG geübt. Wie auch in anderen skandinavischen Ländern ist ein hoher Prozentsatz der Frauen berufstätig. Sie wollen nicht mehr auf die „drei K" – Küche, Kinder, Kirche – reduziert werden, die im Süden der EG noch immer eine so große Rolle spielen. Und noch ein Motiv: Die Dänen lassen sich nicht gerne vorschreiben, was sie tun sollen.

Nicht nur in Deutschland, auch in Frankreich breitet sich zunehmend EG-Müdigkeit aus: Nach einer Umfrage von *L'Express* halten es drei von vier Franzosen für „vorrangig", die „französische Identität zu bewahren". Die Franzosen, die sich gerne als Gralshüter der europäischen Einigung sehen, entwickeln in letzter Zeit einen kräftigen „Europapessimismus", kolportiert die Pariser Tageszeitung *Libération*. Nach dem Nein der Dänen zu Maastricht flüchtet auch François

Mitterrand zum Entsetzen von Helmut Kohl in eine Volksabstimmung (20. 9. 1992), die er zuvor gerne vermieden hätte. Die Mächtigen Frankreichs blockieren mit ihrem Hang zu Zentralismus, Technokratie und aufgeblähter Bürokratie quasi traditionell demokratische Entwicklungen, vor allem die Stärkung des Europaparlaments. Sie sind Weltmeister des Protektionismus, vor allem in der Landwirtschaft, aber auch in ihrer Automobilindustrie, die von den Japanern schwer gefährdet ist. Solange die EG den nationalen Wünschen entspricht, wird sie akzeptiert. Schreitet sie gegen Kartelle und Subventionen ein, will sie mehr Demokratie, wird sie abgelehnt. Da paßt sie den multinationalen Konzernen nicht mehr ins Konzept.

Am stärksten wird das Demokratiedefizit der EG in Deutschland kritisiert. Bundestagspräsidentin Rita Süssmuth sagte Anfang 1992, mit der Übertragung von Befugnissen an die Gemeinschaft würden den nationalen Parlamenten Schritt für Schritt Zuständigkeiten entzogen, „die in Europa nicht wieder auf der parlamentarischen Ebene ankommen". Um Hoheitsrechte auf „einen supranationalen Staat wie die künftige EG" zu übertragen, muß die Verfassung geändert werden. Die Mitglieder der Verfassungskommission von Bundestag und Bundesrat befürchten, das neue Europa könnte sich der demokratischen Kontrolle entziehen. Der Obmann der Kommission, der ehemalige SPD-Vorsitzende Hans-Jochen Vogel erklärte, Nachbesserungen der Maastricht-Verträge seien unvermeidlich. Sein lapidares Resümee: „Die EG könnte bei sich selbst nicht Mitglied werden, weil sie die demokratischen Voraussetzungen für die Aufnahme nicht erfüllt." CDU-Politiker setzen auf die Schaffung eines Europäischen Bundesstaates, in dem das Parlament neben EG-Ministerrat und -Kommission gleichberechtigter Gesetzgeber ist. Gelinge das nicht, bleibe es bei einer bloßen Kooperation der EG-Staaten, dann drohe ein Rückfall in die nationalen Rivalitäten der Vergangenheit. Nach dem ZDF-Politik-Barometer vom Juni 1992 sehen nur 15 Prozent der Deutschen in der EG „eher Vorteile", über 30 Prozent „eher Nachteile". Mehr als die Hälfte aller Bundesbürger wollen keine einheitliche Währung, ähnlich wie Dänen und Briten.

Beim Gipfel in Maastricht blieb außer Lippenbekenntnissen zu Europa wenig mehr als die Währungsunion übrig. Alles andere sind gute Vorsätze, mit denen bekanntlich der Weg zur Hölle gepflastert ist: von der Stärkung des Europaparlaments bis zur Sozialpolitik, die durch den Einspruch Großbritanniens vollkommen auf der Strecke blieb. Die vor allem von Deutschland vorgebrachten Forderungen nach mehr Rechten für das Euro-Parlament spielten nur eine Neben-

rolle. Auf den „klassischen Feldern der Politik“ haben die EG-Parlamentarier nichts verloren. Das Initiativrecht bei Gesetzesvorhaben wird ihnen weiterhin verwehrt. John Major und seine Mannen durften sich öffentlich rühmen, Mehrheitsentscheidungen, also demokratische Prozesse innerhalb der EG, in allen wesentlichen Bereichen abgewehrt zu haben. Sie wissen, warum: Nach den neuesten Umfragen in Großbritannien waren vor Maastricht 63 Prozent der Briten gegen eine Machterweiterung des EG-Parlaments, und jeder zweite Inselbewohner lehnte die Einheitswährung ab. Pound forever. Vor allem konservative Wähler zeigen starke Anti-Europa-Tendenzen. 35 von 100 Briten wollen nach einer im Juni 1992 veröffentlichten Umfrage aus der EG austreten. 71 Prozent sprachen sich für eine Volksabstimmung zu Maastricht aus. Sie halten es offenbar mit Margaret Thatcher, die die EG als „Alptraum“ und „bürokratisches Ungetüm“ bezeichnet.
Als sich Frankreich Mitte der sechziger Jahre in ähnlicher Form querlegte, war das die schwerste Krise der Gemeinschaft. Und heute? Demokratiedefizit und Bürokratismus in der EG bleiben bestehen. Sogar ein so extremer EG-Befürworter wie der industrienahe österreichische Abgeordnete Fritz König mußte in einem Interview auf die Frage, ob der EWR nicht demokratiepolitisch bedenklich sei, einräumen: „Formal haben die EFTA-Staaten das Recht, die Übernahme der EG-Beschlüsse zu verweigern. Jedes EG-Gesetz muß vom Nationalrat in Kraft gesetzt werden. Aber in der Praxis haben Sie natürlich recht: Wer nein sagt, riskiert, den Markt zu verlieren . . .“ Das gleiche gilt natürlich erst recht für die EG. Den Wirtschaftskönigen geht es also um den Markt – und sonst gar nichts.
Der Vertrag zur Gründung der Europäischen Gemeinschaft habe der „demokratischen Grundordnung auf der supranationalen Ebene ein Ende bereitet“, schreibt der Züricher Rechtskundler Peter Max Gutzwiller: „Alle Versuche, den Tatbestand zu verschleiern, können nicht darüber hinwegtäuschen, daß das Prinzip der Demokratie aufgegeben worden ist.“ Zwar existiere ein Parlament, aber das habe alle in einer Demokratie entscheidenden Kompetenzen nicht: die der allgemeinen Gesetzgebung, der umfassenden Budgethoheit und der Wahl der Exekutive. Daran habe auch Maastricht nichts geändert. Die Änderungen seien bloße Retuschen. Die EG-Volksvertreter seien nach wie vor „Edelstatisten“.
Die Bürger der einzelnen EG-Länder haben keine Möglichkeiten der direkten Demokratie. In Brüssel gibt es keine Möglichkeit einer Volksbefragung oder eines Referendums. Nicht einmal die „Verfas-

sung", die Römer Verträge, kann vom Volk geändert werden. Es gilt vielmehr, so Peter Max Gutzwiller, „das Prinzip der Eliteherrschaft, der Aristokratie, der Herrschaft der ‚Erwählten und Auserwählten'". Die EG ist zu groß, zu bürokratisch, zu „aristokratisch" für die Demokratie. Freilich, es wäre möglich, sich mit den Schweizern, den Briten, den Norwegern, Schweden, Finnen, Isländern und den Osteuropäern zusammenzuschließen zu einem starken Bündnis, um innerhalb der EG demokratische Grundsätze durchzusetzen. Es muß aber im Lichte der bisher gemachten Erfahrungen bezweifelt werden, ob selbst eine solche Koalition die zentralistische und künstliche, elitäre und undemokratische Haltung der Gemeinschaft der Franzosen, Spanier, Portugiesen und Italiener, zum Teil auch der Deutschen, brechen könnte.

Das Großeuropa der EG bedeutet den Verlust der Souveränität, der nach den von Europa ausgegangenen Weltkriegen oft mühsam genug erkämpften staatlichen Eigenständigkeit und Unabhängigkeit. Dieser Griff nach der absoluten Macht ist mit den Grundgesetzen und der Verfassung der Staaten nicht vereinbar. Dort, wo es sich um Bundesstaaten handelt, ist dieses imperiale Europa auch ein tödlicher Schlag gegen den Föderalismus.
Die Beschlüsse von Maastricht sehen zwar erstmals einen „Ausschuß der Regionen" vor, in dem 189 Vertreter regionaler und lokaler Gebietskörperschaften sitzen sollen. Dieser Ausschuß hat aber nur einen „Konsultationsanspruch" bei der Strukturpolitik, der Errichtung des Kohäsionsfonds, bei transeuropäischen Verkehrsnetzen, bei Förderungen im Gesundheitswesen und im Kulturbereich. Basta. Wieder ein Alibiorgan. Stolz wird nach Maastricht auch auf die „Neuzusammensetzung des EG-Rats" hingewiesen. Bei der Behandlung von Sachgebieten, die in die Zuständigkeit von „Teilstaaten" fallen, können Mitglieder einer Landesregierung in den Rat entsendet werden. Abgesehen von der notwendigen Ermächtigung der Bundesregierung – die diplomatischen Verrenkungen kann man sich jetzt schon lebhaft vorstellen –, geht es auch in diesem Fall um eine kosmetische Operation, die aber die undemokratische Visage der EG kaum verschönert.
Gegen eine „Union mit föderaler Ausrichtung", die sich vor allem Deutschland, Belgien und Frankreich wünschen, verwahren sich die Briten – ganz im Stil der alten „splendid isolation" – und die Dänen. Dahinter stecken freilich nicht unberechtigte Ängste vor einem gigantischen Zentralismus, vor einem „Diktat aus Brüssel". Ihr Gegen-

vorschlag: Die EG soll eine Gemeinschaft souveräner Staaten sein und nicht zu den „Vereinigten Staaten von Europa“ nach US-Muster werden.
Briten und Dänen mögen sich wehren, wie sie wollen – die EG ist auf dem Weg, ein Staat zu werden. Großeuropa steht vor der Tür. Wer die Europäische Union will, muß auf nationale Hoheitsrechte verzichten. Das haben die EG-Gewaltigen auch dem auf Freiersfüßen die EG umwerbenden „Junggesellen“ Österreich – wie sich Hans-Dietrich Genscher auszudrücken beliebte – immer wieder klargemacht. Nun, um beim Bild zu bleiben, was will die reiche Alte, die da hofiert wird? Sie will den „Junior“ mit Haut und Haaren in ihrem Harem.
Und wie sieht es in diesem Harem aus? Die Deutschen selbst haben größte Schwierigkeiten, ihre Initiative in Richtung Großeuropa mit ihrem Grundgesetz in Einklang zu bringen, dessen Artikel 24 besagt: „Der Bund kann durch Gesetz Hoheitsrechte auf zwischenstaatliche Einrichtungen übertragen.“ Der CDU reicht das. Die im Maastrichter Vertrag an Brüssel übertragenen Rechte seien damit abgedeckt. Die SPD ist da ganz anderer Ansicht. Sie sieht ein zumindest staatsähnliches Gebilde Europa im Entstehen begriffen.
Der renommierte Völkerrechtler Christian Tomuschat hat in einem Gutachten für die Sozialdemokraten festgehalten, daß der Artikel 24 nicht ausreiche, um staatliche Substanz auf die EG-Ebene zu übertragen. Bereits in Maastricht habe die EG Qualitäten erhalten, die denen eines Staates ähnlich seien. Die Bundesrepublik habe damit Souveränitätsrechte abgegeben. Als Beispiele werden der zwingende Fahrplan zur Währungsunion bis 1998 und die Unionsbürgerschaft genannt, die jedem EG-Bürger das kommunale Wahlrecht garantiert. Das heißt, wenn ein spanischer Gastarbeiter gerade in Bayern arbeitet, dann kann er dort die gewählte Volksvertretung in Ländern, Kreisen und Gemeinden mitbestimmen. Die Regierungsparteien wollen dieses kommunale Wahlrecht nur auf Bürger der EG-Mitgliedsstaaten anwenden. Die SPD vertritt die Linie, daß schon nach Inkrafttreten des EWR-Vertrages auch EFTA-Bürgern – also etwa Schweizern oder Österreichern –, die eine gewisse Zeit in der Bundesrepublik leben, dieses Recht nicht verwehrt werden dürfe.
In der EG geht Zentralismus vor Föderalismus. Die Vertreter der Bundesländer verlangen, daß den Ländern eine „wesentliche Einflußnahme auf die Willensbildung“ in Brüssel zugestanden werde. Der Bundesrat reklamiert für seine Mitglieder das Recht, eigene Beziehungen zu zwischenstaatlichen Einrichtungen, also auch zur

EG, zu unterhalten. Die Länder selbst sollten – soweit sie zuständig sind – per Gesetz Hoheitsrechte auf zwischenstaatliche Organisationen übertragen können. Dies könne beispielsweise bei der Bildungspolitik oder bei der Polizei zum Tragen kommen. Die Deutschen wollen nun das Grundgesetz zugunsten der Bundesländer ändern und sie auch an außen- und sicherheitspolitischen Prozessen beteiligen. Ob die Länder dann in der großen EG eine Chance haben, steht in den Sternen. Das Föderalismusprinzip ist in der EG nicht gerade beliebt. Das sollten sich die Österreicher, Schweizer, Finnen und Schweden hinter die Ohren schreiben.
Die Grundfragen der Integration, die demokratische Legitimation der heraufziehenden Europäischen Union, ist überhaupt nicht gelöst. In Deutschland argumentiert vor allem die SPD, daß die Verlagerung staatlicher Souveränität auf Europa keine demokratische Substanz habe. Das Europaparlament sei viel zu schwach, um die neue Brüsseler Macht zu beaufsichtigen.
Im Himmel sind die Briten die Polizisten, die Franzosen die Köche, die Italiener die Liebhaber, und alles wird von den Deutschen organisiert. In der Hölle hingegen sind die Franzosen die Polizisten, die Briten die Köche, die Deutschen die Liebhaber, und die Italiener organisieren alles. Die „Hölle“ ist Großeuropa. In Brüssel sind die Franzosen die Scharfmacher (Frankreichs Atommacht für EG), die Briten die Köche, die die EG-Suppe ständig verwässern und versalzen (Abstinenz bei Währungsunion und Sozialcharta), die Deutschen die Eurofreaks und Europhilen (Helmut Kohl, die „Integrationslokomotive“) und die Italiener die Urheber der Eurokratie (Gründungsverträge von Rom), nach der alles organisiert wird. Ginge es nicht um größenwahnsinnige Pläne einer europäischen Weltherrschaft, um Atomwaffen, Rüstung, Diktatur multinationaler Konzerne und Ausrangierung der Demokratie, wäre die Szene ganz lustig.

These 3 — Großeuropa verfällt dem Größenwahn von Markt, Masse und Macht

Wirtschaftlich ist Europa die Nummer eins der Welt. Die Kapazität und das Volumen des Europäischen Wirtschaftsraums EWR, der Fusion von EG und EFTA, stellen die beiden anderen Wirtschaftszentren, Japan und USA, in den Schatten. Schlagkräftiger und effizienter sind allerdings die Japaner. Sie sind die führende Finanz-, Industrie- und Technologiemacht. Noch wird der Existenzkampf der Giganten ökonomisch ausgetragen.

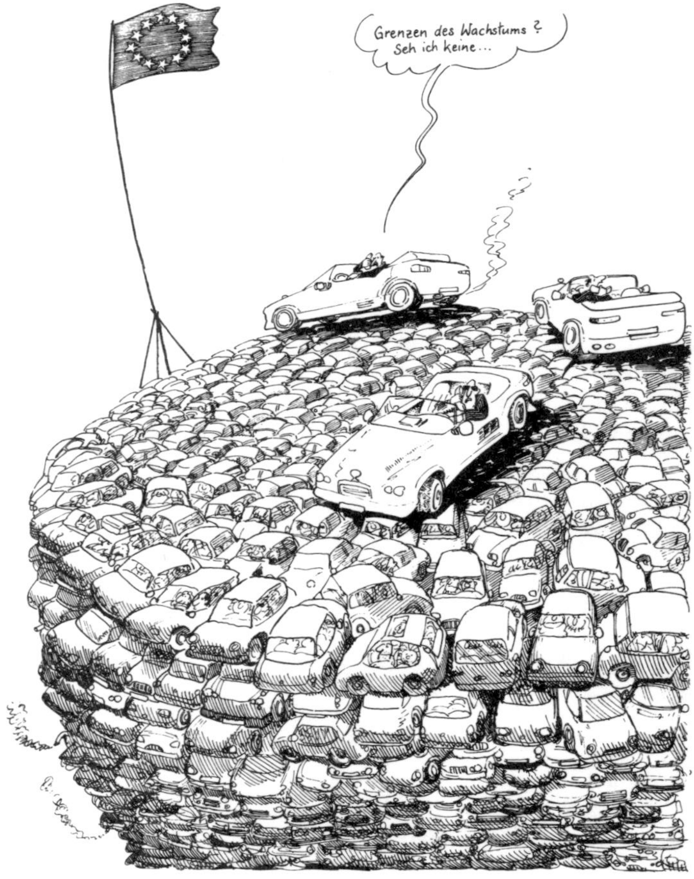

Die Innereien des Tiger-Fugu, des japanischen Kugelfischs, sind so giftig, daß winzigste Reste, gelangen sie in den Magen der Gourmets, den sicheren Tod bedeuten. Sollen seine Gäste am Leben bleiben, darf der Koch diese Innereien mit seinem Tranchiermesser nicht einmal berühren. Das diffizile Handwerk des Tiger-Fugu-Zerlegens muß daher zehn Jahre lang erlernt werden. Der Koch als Priester und Zenmeister. Trotzdem sterben in Japan Jahr für Jahr etwa 200 Menschen an Tetrodotoxin, dem Gift des Tiger-Fugu.
In Japan ist alles so wie beim Tiger-Fugu, auch in der Wirtschaft. Das Fischzeremoniell berührt das wahre Geheimnis des Landes der aufgehenden Sonne. Und es erklärt manches Unerklärliche am phänomenalen Aufstieg des Landes aus dem Kriegschaos, aus dem atomaren Inferno. Das gilt für die Bürokratie ebenso wie für die Führung der Konzerne, die Wirtschaftsverbände, die Polizei, die Presse und sogar für die Mafia-Gangster der Yakuza, die sich mit den Herrschenden arrangieren so wie diese sich mit ihnen.
Japan ist ein Land der zartesten und sensibelsten Kultur. Es ist aber auch, wie die Geschichte gezeigt hat, zum brutalsten Militarismus, Imperialismus und Größenwahn fähig. Der babylonische Turm des Jahres 2000 wird in Tokio in die Wolken ragen. Architekt Masato Ujigawa will dort auf elf Quadratkilometern Grundfläche „Aeropolis" errichten, ein Wohn- und Bürohaus mit 2001 Meter Höhe und 500 Stockwerken. 400.000 Menschen sollen in diesem Wolkenkratzer des Größenwahns Platz finden. Baukosten – inklusive eigenes Atomkraftwerk – über vier Billionen Schilling.
Die Umweltverpestung in Japan ist weltbekannt. Das hinderte kürzlich einen Studenten der Universität von Tokio nicht an dem Spruch: „Luft? Es ist egal, ob sie verschwindet. Wir werden sie künstlich erzeugen." Der Glaube der Japaner an die Allmacht der Technik und an ihre Wirtschaftsmacht ist ungebrochen. Diese technokratische und plutokratische Grundhaltung ist der ihrer Konkurrenten in Amerika und Europa ähnlich. Techniker, Bankleute und Industriemanager stehen in der sozialen Hierarchie ganz oben.
Europa hat sich längst auf einen brutalen Existenzkampf mit den beiden anderen Wolkenkratzergesellschaften Japan und USA eingelassen. Der Europäische Wirtschaftsraum ist zwar der größte und kaufkräftigste Markt der Welt. Aber auf mehreren Ebenen ist die Ökonomieschlacht schon verloren, etwa in den Bereichen Forschung, Entwicklung, Hochtechnologie und Biotechnik. Die Folge ist ein schizophrenes Überbordwerfen der hehren Grundsätze der „freien" Marktwirtschaft und die Flucht in Subventionitis und Pro-

tektionswirtschaft, in einen „Handelskrieg“ mit untauglichen Mitteln: Anfang 1992 drohen die USA, EG-Waren im Wert von einer Milliarde Dollar mit Strafzöllen zu belegen, wenn die Europäer ihre Subventionen für Ölsaaten nicht zurücknehmen. Im Agrarsektor sind die Japaner, besonders wegen ihrer Reisbauern, ebenfalls Subventionskaiser. Aber in allen anderen Bereichen der Wirtschaft ist die Ursache ihres Erfolgs der kompromißlose Konkurrenzkampf, den Amerikaner und Europäer immer nur beschwören, aber an deren Realisierung sie nicht im Traum denken, wenn es ihren Interessen zuwiderläuft.

Die Europäische Gemeinschaft, von der rheinländischen Baßgeige Helmut Kohl gönnerhaft „die Gemeinschaft“ genannt, soll nun mit dem Hokuspokus diplomatischer Integrationskünstler zu den „Vereinigten Staaten von Europa“ mutieren. Da soll ein Megamonster ausschlüpfen, das George Orwell erfunden haben könnte. Ausgebrütet von größenwahnsinnigen Konzernherren und Politikern, die die USE, die United States of Europe, vor den USA und Japan zur führenden Weltmacht machen wollen.

Hinter all dem Japangeschrei ist bisher verborgen geblieben, daß Europa wirtschaftlich schon jetzt die Nummer eins in der Welt ist. Wenn man sich die Dimensionen des Europäischen Wirtschaftsraums EWR vor Augen hält, ahnt man, welche gigantischen Kräfte hier in Bewegung sind: Der EWR ist die größte ökonomische Machtballung der Erde. Seine 377 Millionen Menschen – die Bevölkerung der EG- und EFTA-Staaten zusammengerechnet – bringen es auf rund 7370 Milliarden Dollar gesamtwirtschaftliches Einkommen. Die beiden größten Konkurrenten des EWR, die USA und Japan, wirken dagegen fast ein wenig mickrig: Die Vereinigten Staaten mit 251 Millionen Menschen erwirtschaften ein Bruttonationalprodukt von 5700 Milliarden Dollar, Japan mit 124 Millionen Menschen ein BNP von 3070 Milliarden Dollar. [1] Das Handelsgeflecht der drei Weltzentren Europa, Nordamerika und Japan wird massiv von der EG dominiert. Alle anderen Wirtschaftsgebilde sind dagegen Zwerge, wie Johnathan Swifts Liliputaner für Gulliver. Im Umgang mit solchen Riesen ist Behutsamkeit angesagt und Contenance, vornehm-zurückhaltende Gelassenheit.

Dabei sagen dürre Ziffern wenig aus über die reale Macht, die hinter ihnen steht. Wer kann sich schon eine Milliarde Dollar oder Deutsche Mark oder Schilling wirklich vorstellen? Nicht einmal Bildhaftes ist hilfreich. Eine Milliarde Schilling entspricht zum Beispiel einer Säule von übereinandergeschichteten Tausendern, die so hoch ist wie der Wiener Stephansturm. Aber was sagt das schon? Wir können uns das aus einer unüberschaubaren Zahl von Einzelteilen zusammengesetzte Große nicht wirklich vorstellen. Wir können Atombomben bauen, indem wir Uran anreichern, aber wir können uns ihre Zerstörungskraft nicht vorstellen. 200 Tote können wir noch überblicken, betrauern nur wenige. 200.000 Hiroshimatote gehen weit über unser Fassungsvermögen. Günter Anders hat das die „Antiquiertheit des Menschen" genannt. Er spricht von einem „prometheischen Gefälle zwischen unserer Herstellungs- und unserer Vorstellungsleistung". Dem Unterschwelligen entspricht das Überschwellige: „dasjenige, was zu groß ist, als daß es noch eine Reaktion, zum Beispiel einen Hemmungsmechanismus, auslösen kann". So ist es auch bei allem, was der Größenwahn hervorbringt: Es fehlt der Bezug zur Realität, zum Vorstellbaren, zum Kalkulierbaren. Der Zug fährt zwar schnell – aber neben den Schienen.

Wir im „goldenen Westen", in den Industriestaaten, sind im Grunde Neandertaler geblieben, emotionale Analphabeten, die Macht durch Masse ausüben, ohne sich ihre Wirkung vor Augen halten zu können, moralische Idioten mit einer dicken Brieftasche. In ihr haben 100 Tausend-Schilling-Scheine bequem Platz, 1000 schon nicht mehr. Eine Million wird in Gangsterfilmen und im wirklichen Leben im Koffer getragen. Aber eine Milliarde? Nun gut, man kann einen LKW nehmen. Aber was sagt das aus über die schier unbegrenzten Möglichkeiten, die in einer Milliarde flüssigen Geldes stecken? Das organisierte Verbrechen arbeitet mit dieser Macht, nach dem Prinzip „für möglichst wenig Leistung oder Ware möglichst viel Geld kriegen", wie Dagobert Lindlau in seinem Buch „Der Mob" schreibt.

Der von Europa, den USA und Japan angesagte Kampf um die Weltherrschaft wird im Clean-Reich der Mikroelektronik und der von Riesenkonzernen hergestellten Massenkonsumgüter entschieden. Da hat Japan die Nase weit vorn. Unter den 20 Unternehmen mit dem höchsten Marktwert der Welt befinden sich nach dem Stand des Jahres 1991 fünf japanische. [2] Alle diese multinationalen Konzerne haben Umsätze in der Größenordnung des Sozialprodukts ganzer Industriestaaten. Von den zehn größten Banken der Welt sind sieben – und die führenden sechs – in japanischen Händen.

Mit einem Überschuß von mehr als 32 Milliarden Dollar im Außenhandel war Japan 1991 mit Abstand auch die erfolgreichste Exportnation auf den Weltmärkten. [3] Ein alarmierend hohes Außenhandelsplus heizt die Mißstimmung in der internationalen Neidgenossenschaft weiter an. Auch bei den Prognosen für das jährliche

Wirtschaftswachstum bis 1995 liegt Japan vor den anderen Ländern. Japan wächst und wächst und wächst. [4]
Japan ist der größte Autoproduzent der Welt. 1990 und 1991 wurden über 13 Millionen PKW und LKW hergestellt! In den USA und Europa sank die Produktion im gleichen Zeitraum dramatisch. [5] Die „großen Drei" der amerikanischen Autoindustrie stehen mit Milliardenverlusten und Massenentlassungen am Rand des Ruins, deutsche und französische Hersteller müssen dramatische Einbrüche hinnehmen. Chrysler-Präsident Robert Lutz: „Nur die Japaner zählen noch." Antwort der Topmanager von General Motors, von denen jeder einige Millionen Dollar im Jahr einstreift: Streichung von 74.000 Arbeitsplätzen und Bittgänge nach Tokio um die Abnahme zusätzlicher Ami-Autos. Zwei Welten: Selbst der höchste Mitsubishi-Chef verdient pro Monat nicht mehr als als 120.000 Schilling. General-Motors-General Robert Stempel geriet schon außer Fassung, als man ihm seinen Jahreslohn auf eine Million Dollar zusammenstrich!
Dabei haben Italiener und Franzosen sich durch restriktive Importquoten (ein bis drei Prozent) gegen die „Asiaten" abgeschottet. Auch in Spanien, Portugal und Großbritannien wurde kontingentiert. Wo es keine Beschränkungen gibt, liegen die Japaner weit vorn, etwa in Dänemark und Holland. Was den europäischen Importmuffeln und Subventionskaisern bevorsteht, wenn die EG-Kommission den japanischen Anteil am EG-Automarkt anhebt (von 10 auf 18 Prozent bis 1998), kann man sich leicht vorstellen. Gleichzeitig beschwört Kommissions-Präsident Jacques Delors die „Gemeinschaft", die europäischen Mikroelektronik-Hersteller mehr zu subventionieren. Die Europäer könnten sonst in naher Zukunft keine preiswerten Autos mehr herstellen, weil sie die Elektronik bei den Japanern kaufen müßten. Der Widerspruch zwischen „freiem Binnenmarkt" ab 1993 und Importrestriktionen liegt auf der Hand. Europa schwankt unschlüssig zwischen Subventionitis und freiem Wettbewerb. [6]
Natürlich hat auch die japanische Wirtschaft mit Schwierigkeiten und Fehlentwicklungen zu kämpfen, aber in ungleich geringerem Ausmaß als die USA und Europa. [7] Die wirtschaftlich schwachen EG-Länder hängen mit Unterstützungsfonds in Milliardenhöhe am Tropf, in Italien und Frankreich herrscht Stagnation. Großbritannien hat – konservative Regierungen können ja immer „besser wirtschaften" – eine Dauerrezession, ebenso die Vereinigten Staaten. Die „kranke Supermacht Amerika" schlittert in die Situation eines Dritte-Welt-Landes auf höherem Kapitalniveau. Während die Japaner

Hochtechnologie in alle Welt verkaufen, bessern die USA ihre schwer defizitäre Handelsbilanz mit „Kolonialwaren" im Wert von sechs Milliarden Dollar jährlich auf: mit Zigaretten, Mais, Holz, Aluminium und Soja. Die USA seien auf dem Weg, als oligarchische Gesellschaft lateinamerikanischer Prägung zu enden, sagte kürzlich der amerikanische Ökonom Lester Thurow. Stoßseufzer im amerikanischen *Time*-Magazin: „Jetzt kann man den Satz bald auswendig lernen: Der kalte Krieg ist vorbei – und Japan hat ihn gewonnen."
Ist das Kolumbusjahr das Ende des 500jährigen europäisch-amerikanischen Zeitalters? Diese Frage wird nicht nur in Amerika entschieden, sondern auch in Europa. Aber die EG macht die gleichen Fehler wie die Amerikaner: Sie bunkert sich im Protektionismus ein. Die von George Bush angepeilte breite Öffnung des japanischen Marktes, zumindest für Autos, blieb jedenfalls eine Fata Morgana wie die damit verbundene Hoffnung auf ein Ende der Rezession und der Massenarbeitslosigkeit. Dabei haben die Japaner für die US-Karossen keine Importbeschränkungen – sie werden bloß nicht gekauft, außer von bestimmten Kreisen. Als kürzlich wegen der schärferen Anti-Mafia-Gesetze Yakuza, Mitglieder der organisierten Verbrechersyndikate, mit Frauen, Kind und Kegel durch Tokio marschierten, protestierten sie nicht nur gegen „Menschenrechtsverletzung", sondern drohten auch mit einem Boykott amerikanischer Luxuslimousinen.
In einem ironischen Artikel mit dem Titel „Deshalb bauen wir bessere Autos" hat Yasushi Hara, der außenpolitische Redakteur der Zeitung *Asahi Shimbun* in Tokio, beschrieben, was Japan seit seiner Niederlage 1945 von den Amerikanern gelernt hat: „Ich danke allen amerikanischen Wirtschaftsvertretern, daß sie die Öffnung des japanischen Marktes für billigere Importe erzwungen haben. Seither müssen die japanischen Verbraucher nicht mehr so hohe Preise zahlen. Ich danke den Autofabrikanten in Detroit, die sich so eifrig bemüht haben, die Einfuhr japanischer Autos in Amerika zu bremsen. Unsere Firmen konzentrierten sich deshalb viel ernsthafter auf niedrigeren Benzinverbrauch und bessere Qualität – bei der Autoproduktion in den Vereinigten Staaten."
Die „implants" sind Japans Geheimwaffe: vollautomatisierte Fabriken, die „made in Japan" in den USA und Europa produzieren. Mehr als die Hälfte der europäischen Investitionen ging nach Großbritannien, wo zum Beispiel Toyota, Honda und Nissan riesige Montageketten errichteten. Schlau haben die Japaner die „Festung Europa" mit ihrem Protektionismus von innen geknackt und Gemeinschaftsunternehmen gegründet, bestehende Firmen gekauft oder eigene

Fabriken errichtet. Von 1985 bis heute haben sie mehr als 50 Milliarden Dollar in Europa direkt investiert: im Auto- und Elektronikbereich, in der Chemiebranche, aber auch in der Stahlindustrie, um die Versorgung der Autoindustrie zu sichern. Die deutschen Stahlbarone wehren sich natürlich massiv gegen einen Ausbau der japanischen Beteiligungen nach dem Vorbild der USA, wo bereits ein Drittel der Stahlproduktion vom Fernen Osten kontrolliert wird. Mitgebracht haben die Japaner auch ihre „lean production“, die „schlanke Fertigung“, also eine quasi abgespeckte Produktionsweise. [8]
Kein anderes Land der Erde investiert so viel auf ausländischen Märkten wie Japan. Zwischen 1987 und 1991 wurden insgesamt 313 Milliarden Mark direkt im Ausland investiert. Das war die Antwort Nippons auf Zollschranken und andere Handelsbehinderungen: Die Japaner gründeten in den Industrieländern Tochterunternehmen oder beteiligten sich an ausländischen Unternehmen. Mitsubishi stieg 1991 beim maroden US-Autokonzern Chrysler ein und kooperiert mit Daimler-Benz: eine internationale Elefantenhochzeit. Die Suzuki Motor Corporation fand sich mit VW zu einem Tête-à-tête.
Am meisten „implants“ gab es in Großbritannien. Die Japaner wollen bis 1995 bis zu 500.000 Autos vom Fließband jagen. Für die von Arbeitslosigkeit geplagten Briten kaum ein Gewinn, denn die Fabriken arbeiten vor allem mit Robotern made in Japan. England ist „Japans Tor zu Europa“, dann erst folgen die Niederlande, Frankreich und Deutschland. Bis zum Jahr 2000 werden die japanischen Autohersteller in Europa eine Fertigungskapazität von über einer Million PKW und einer halben Million Nutzfahrzeuge haben.
Längst haben die Japaner in der europäischen Wirtschaft Schlüsselpositionen besetzt. Computer, Videokameras, Elektronisches aller Art, Autos sind längst in ihrer Hand. Die USA sind schon unter die Räder gekommen. So können die Japaner den Wettlauf um den größten Markt der Welt, den Europäischen Wirtschaftsraum, von ihren kontinentalen Basen aus gewinnen. Die erste Finanz- und Industriemacht der Welt könnte damit auch zur Nummer eins in der gesamten Weltwirtschaft werden.
Handels- und Wirtschaftskriege mündeten in der Geschichte meist in militärische Auseinandersetzungen. Solche Entwicklungen sind in allen drei Wirtschafts- und Machtzentren zu beobachten: in den USA ebenso wie in Japan und im Europa der EG.

Ministerpräsident Kiichi Miyazawa diagnostizierte Anfang 1992 in den USA „eine Abkehr vom Schaffen wertvoller Güter im Schweiße

des Angesichts und eine Hinwendung zum Geldspielen an der Börse". Die meisten Studenten würden dem raschen Geld in Wallstreet nachjagen, statt Jobs in der Industrie anzunehmen. Das war zuviel für das ohnehin angeschlagene Selbstbewußtsein der Amerikaner. Kurze Zeit zuvor hatte Parlamentspräsident Yoshio Sakarauchi gemeint, die Faulheit der amerikanischen Arbeiter sei die Ursache dafür, daß die USA im Wettbewerb nicht bestehen könnten: „Die Amerikaner arbeiten nicht hart genug, fordern aber hohe Löhne." Zusätzlicher Seitenhieb: Und dabei könnten 30 Prozent der Arbeiter nicht lesen.
Das saß, denn in den USA ist, wie in der *New York Times* kürzlich festgestellt wurde, der Niedergang des öffentlichen Schulwesens tatsächlich eines der Kernprobleme – wie das weitverbreitete „Leben auf Pump", die Konzeptlosigkeit der Manager in bezug auf langfristige Strategien und die oft feindseligen Beziehungen zwischen Arbeitgebern und Arbeitnehmern. Die Vorwürfe der Japaner ließen in Amerika die nationalistischen Emotionswogen hochgehen. Besonders Eifrige stellten japanische Kleinautos zur Verfügung, die man für einen Dollar mit einem Vorschlaghammer bearbeiten durfte. Japanische Lieferverträge wurden gestoppt. Der US-Kongreßabgeordnete Richard Gephardt bezeichnete Miyazawas Aussage als „ignoranten Ausdruck des japanischen Rassismus".
Hinter Ministerpräsident Kiichi Miyazawa steht übrigens einer der mächtigsten Männer und einflußreichsten Politiker der Welt, eine Art „Übervater" der japanischen Politik, von Journalisten „Deng Xiaoping Japans", „Shogun des Schattens", „Kulissenkönig" genannt: der 78jährige Vorsitzende der Liberal-Demokraten LDP, Shin Kanemaru. Seit 1955 ist die LDP Regierungspartei. Kanemaru unterhält beste Verbindungen zur Industrie und bewegte sich immer am rechten Rand des politischen Spektrums. Schon 1981 sagte er ohne Umschweife: „Japan muß endlich selbständig in der Lage sein, Krieg zu führen . . . Eine starke nationale Führung, der die japanische Gesellschaft so sehr entbehrt, müßte patriotische Gefühle und den Geist nationaler Verteidigung heranbilden." Shin Kanemaru war es auch, der im Golfkrieg die Auszahlung der Riesensumme von 13 Milliarden Dollar an die USA durchsetzte.
Das fehlgeschlagene Attentat auf Shin Kanemaru Ende März 1992 ist ein mehr als deutliches Warnzeichen und steht im Zusammenhang mit den Korruptionsaffären der Regierungspartei, deren Vorsitzender Kanemaru ist. [9] Der 22jährige Täter gab zu Protokoll, Kanemaru sei ein Verräter und verantwortlich dafür, daß die politische Moral

Japans durch Korruption und Betrug am Boden liege. Er gehört einer rechtsextremen Gruppe in Tokio an. Heute existieren bereits 1000 solche Gruppen mit rund 120.000 Mitgliedern. Ins Visier von Nippons Neonazis kam Kanemaru durch seine Ausgleichspolitik zu Rotchina und Nordkorea, seine moderate Politik gegenüber Rußland in der Kurilen-Frage (Rückgabe der südlichen Inseln an Japan) und seine liberale Handelspolitik gegenüber den USA.
Das amerikanische „Japse-Prügeln" („Japan bashing") hat prompt auch in Europa seine Nachahmer gefunden. Die französische Ex-Ministerpräsidentin Edith Cresson nannte die Japaner „Ameisen". „Japan ist unser Feind", befand sie bissig, assistiert vom Vorstandsvorsitzenden des französischen Automobilherstellers Peugeot. Ist es zum „Volkssport geworden, auf Japan einzudreschen"? fragte der Vorstandsvorsitzende des größten deutschen Konzerns Daimler-Benz, Edzard Reuter, und wetterte „wider die Ignoranz und Arroganz der Europäer" und ihren „Chauvinismus".
Das Dilemma wird noch verstärkt durch tatsächlich vorhandene kulturelle und soziale Unterschiede, wie sie größer nicht sein könnten: zwei Welten. Von Kindheit an werden die Japaner gnadenlosem Drill unterworfen, zu Gruppenmenschen erzogen. In Schulen und Kindergärten wird bei winterlichen Temperaturen halbnackt gepaukt. Alte Männer springen lachend ins Eiswasser. Es gibt ein japanisches Sprichwort, das viel sagt: „Herausragende Nägel muß man einschlagen." Die militärische Schleiferei früherer Zeiten scheint in die Vorstandsetagen übertragen worden zu sein. Wer in einem großen Kaufhaus aufsteigen will, muß beispielsweise mit folgender Prüfung rechnen: Vor dem Kaufhaus im tosenden Straßenverkehr stehen und diesen mit einem Lobgesang auf das Unternehmen übertönen.
Ob Europa und Amerika gegenüber dieser „Arbeitsmoral", die in einem religiösen Sippendenken wurzelt, bestehen können? Die Japaner nehmen bei niedrigeren Löhnen mehr Arbeitsstunden in Kauf als ihre westlichen Kollegen. Mit weit über 2100 Stunden Jahresarbeitszeit für Industriearbeiter sind sie auch hier Weltspitze. Aber die Statistik sagt, daß es daran allein nicht liegen kann, denn die Portugiesen und US-Amerikaner folgen mit über 1900 Stunden auf Platz zwei und drei! Es muß wohl eine Reihe von anderen Gründen geben. Genügsamkeit und Einsatzfreudigkeit der Japaner sind so extrem, daß eine Delegation der EG in einem Geheimpapier nach Brüssel meldete: „Die Japaner sind Workaholics und bereit, in Kaninchenställen zu leben." Westliche Industriemanager erblassen vor Neid. In

Wirklichkeit sind die Japaner natürlich ebensowenig Workaholics wie die allermeisten anderen Menschen auf der Welt, aber sie stehen unter dem Druck eines historisch gewachsenen Systems, das den Firmenchefs beinahe absolute patriarchalische Macht gibt.
Die Kehrseite der blankpolierten Medaille ist dementsprechend schwarz: häufige Scheidungen, Wochenend-Depressionen, Selbstmorde, Tod durch Überarbeitung, karoshi [10] genannt. Der ehemalige Banker Akio Koiso hat den unbarmherzigen Druck in seinem 1991 erschienen Buch „Aufzeichnungen eines Fuji-Bank-Mannes" beschrieben: „Wir bekommen Zielvorgaben, die überhaupt nicht erreicht werden können, selbst wenn wir jeden Tag bis 22 Uhr arbeiten." Die Angestellten werden gezwungen, im Monat mindestens 100 Überstunden zu machen, von denen aber nur 20 zur Bezahlung beansprucht werden dürfen. Die Direktion benutze, so der Autor, „faschistische" Methoden zur Leistungssteigerung: Bei Zusammenkünften in Bankfilialen würden Schlachtgesänge gebrüllt und Bluteide geschworen, alles zum Besten der Bank zu unternehmen.
Vieles ist natürlich Mythos und Legende. Nach einer Vergleichsuntersuchung aus dem Jahr 1991 liegen aus der Sicht der Arbeitgeber die Arbeitnehmer in Singapur und der Schweiz noch vor den Japanern – Ausbildung, Leistungswille, Produktivität und Fehlzeiten zusammengenommen. Dann folgen Taiwan, Belgien, Holland und – die USA. Am Ende der Kette rangieren Türkei, ČSFR, Ungarn, die ehemalige UdSSR und Peru. In den statistischen Unterlagen fällt freilich auch ein Umstand besonders auf: Die Japaner haben die wenigsten Beamten der Welt: Nur sechs von 100 Erwerbstätigen arbeiten bei Vater Staat, in Schweden, dem Extrem auf der anderen Seite, sind es 32 von 100.
Die Tücke sitzt wie immer im Detail: Nach Daten der EG-Kommission und der OECD liegt Japan vor allem bei den Lohnstückkosten unter den entwickelten Industriestaaten an erster Stelle. Das sicherlich hohe Produktivitätsniveau in den USA und den entwickelten Industrieländern in der EG reicht nicht aus, um die höheren Arbeitskosten je Stunde und die Kostennachteile kurzer Arbeitszeiten auszugleichen. Nur Portugal, Spanien und Irland, wo die Personalkosten je Arbeitsstunde weit unter dem japanischen, amerikanischen und dem Niveau der entwickelten EG-Länder liegen, haben niedrigere Lohnstückkosten als die Japaner.
Als entscheidender Vorteil der Japaner hat sich aber ihre Technik-Stärke erwiesen. Nach einer Analyse der deutschen *Wirtschaftswo-*

che liegen sie nach High-Tech-Orientierung, Erfindungs-Output und Forschung unangefochten vor Deutschland, der Schweiz und den USA an der Spitze. [11]
Nach einem 1991 veröffentlichten „Weißbuch" der japanischen Regierung werden die Mittel für die Forschung vor allem in die Bereiche Informatik, Elektronik, neue Werkstoffe, Supraleiter und Bio- beziehungweise Gentechnik investiert, und, wie könnte es in Japan anders sein, in die Kernenergie. Forschungsschwerpunkte sind auch künstliche Intelligenz, Verknüpfung von Mensch und Maschine sowie Telekommunikationsnetzwerke.
Die Mikroelektronik, die Schlüsseltechnologie der Multis zur „Rationalisierung" von Arbeitsplätzen, ist japanisch dominiert. In der entscheidenden Zukunftsindustrie, der Chip-Produktion, haben die Ostasiaten einen so großen Vorsprung, daß zumindest Europa bald zur „drittklassigen Industrieregion", zu einer „japanischen Kolonie herabsinken" *(Der Spiegel)* könnte. Unter den hundert größten Informatikunternehmen befindet sich kein einziges europäisches! Besonders seit dem Anfang der achtziger Jahre drangen die Japaner außerordentlich rasch auf dem Hochtechnologiemarkt vor. Schon damals planten sie, 19 Großstädte zu Technologiezentren auszubauen. Jede „Technopolis" sollte „zukunftsorientierte" Industrien – Computer- und Roboterfertigung, Satelliten- und Gentechnologie, Erforschung neuer Materialien und künstlicher Intelligenz – aufbauen, mit enger Verbindung zu Universitäten und Forschungsinstituten. Vorbild war die Entwicklung der Elektronikindustrie in Kumamote auf Kyushu, der südjapanischen Insel, berühmt für ihre Zitronen- und Mandarinenhaine und den Vulkan Asosan.
Die erste Finanz- und Industriemacht der Welt ist drauf und dran, auch die erste Technologiemacht zu werden. Konrad Seitz, Planungschef im Bonner Auswärtigen Amt und Autor des einschlägigen Buches „Die japanisch-amerikanische Herausforderung" kommt zu einer wenig rosigen Zukunftsanalyse: „In den nächsten zehn Jahren wird Europa den Großteil seiner informationstechnischen Industrie an die japanischen und amerikanischen Konzerne verlieren. Es wird im Jahr 2000 keinen Halbleiterproduzenten mehr geben, der in europäischem Eigentum steht, keinen Computerproduzenten, keinen der Unterhaltungselektronik und vielleicht auch keinen der Telekommunikation mehr . . ." Die europäischen Unternehmen werden entweder japanische Miteigentümer haben oder zusperren. Die Entwicklung zur technologischen Kolonie der Japaner ist vorgezeichnet.

Prompt und laut erschallt wieder der Ruf nach Handelsbeschränkungen – wie bei den Autos. So hat etwa Thomson-Chef Alain Gomez 1991 die EG aufgefordert, „einen Schutzraum für die europäische Industrie" zu schaffen. Geschehe das nicht, werde „der Druck der Japaner auf Informatik, Fernseher und Halbleiter noch vor dem Ende dieses Jahrzehnts tödlich". Die Franzosen und Italiener rückten mit dem Vorschlag an, die Konkurrenz auf mindestens fünf Jahre vom europäischen Markt auszusperren und nach neuen Subventionen zu keilen, also nackten Protektionismus zu betreiben. Die Briten und Deutschen wollten sich dem nicht anschließen.
Die europäischen Großproduzenten – der französische Konzern Thomson, der deutsche Multi Siemens und das holländische Unternehmen Philips fordern von den EG-Behörden Subventionen und Interventionen auf dem Markt. Das zeigt sich modellhaft am HDTV (High Definition Television), dem Hochauflösungs-Fernsehen, das auf Breitschirmbild brillante Bildqualität verspricht. Da wurden die Europäer von den Japanern und Amerikanern überrundet – und verfielen auf einen Trick. Trotz Problemen in den Bereichen Technik und Programmangebot sollte die EG eine Richtlinie ausschließlich zugunsten der europäischen Elektronikkonzerne verabschieden und ab 1993 Satellitenprogramme nur noch über ein neues Fernsehsignalsystem ausstrahlen.
Die Lobbys in Brüssel wollten das Europaparlament und die Bundesländer in den föderalistischen EG-Staaten (in Deutschland sind ausschließlich die Länder für Fernsehangelegenheiten zuständig) einfach überfahren. Helmut Lenhardt, einst kaufmännischer Direktor im ORF, notiert dazu: „Der Umsatz der Gerätehersteller und der Chip-Lieferanten sollte auf diese Weise künstlich hochgepuscht werden." Den Konzernen hätte das eine Verkürzung des normalen Erzeugungsrhythmus für Fernsehgeräte um bis zu zehn Jahren gebracht. Gezahlt hätten vor allem die zwangsbeglückten Konsumenten. Erst als sich halb Europa querlegte, gab die EG nach und rückte von der quasi zwangsweisen Umstellung ab. Sozusagen als Entschädigung beschloß die EG-Kommission im April 1992, in den nächsten fünf Jahren über eine Milliarde Dollar zur „Förderung der Einführung von HDTV" auszugeben.
Das Beispiel macht wieder einmal klar, daß die Bosse europäischer Großkonzerne und Eurokraten sich keinen Tinnef um Demokratie, Föderalismus und Konsumenten scheren, wenn's um ihre Geschäftsinteressen geht, und daß sie, wenn sie der Konkurrenz nicht gewachsen sind, den Steuerzahler zur Kasse bitten. Sehr zur Freude der

Japaner: Während Europäer und Amerikaner noch um einheitliche Normen beim HDTV streiten, sendet die japanische Rundfunkanstalt NHK bereits acht Stunden Vollprogramm. Und völlig richtig rechnen die Japaner erst um die Jahrtausendwende mit einem größeren Markt für HDTV.

Noch vor 20 Jahren war die Herstellung von Chips eine Domäne der Amerikaner. Heute kommen die Giganten der Computerbranche aus Japan und heißen NEC (Nippon Electronic Company), Toshiba, Hitachi, Fujitsu, Mitsubishi und Matsushita. Die ersten drei führen die Top-Ten-Liste der Welt an, NEC mit einem Umsatz von fünf Milliarden Dollar im Jahr. Nur die Amerikaner können mit Motorola, Intel und Texas Instruments einigermaßen mithalten. Der einzige Europäer ist Philips – mit 3,3 Prozent Marktanteil an letzter Stelle. Die Europäer sind ratlos. Manche Unternehmen weisen gewaltige Verluste auf, andere können sich noch über Wasser halten, aber die Zukunftsaussichten sind düster. Sicher, auch die Japaner mußten 1991 Rückschläge hinnehmen, aber nur Gewinneinbußen. Davon können die Europäer nur träumen.

Die größte Gefahr der Gegenwart ist, daß Europa auf die japanische und amerikanische „Herausforderung“ mit eigenen Großmachtallüren antwortet. Denn dadurch wird der Größenwahn bei den beiden Konkurrenten noch weiter angeheizt, werden nationalistische und rechtsgerichtete Kreise ermuntert. Diese nutzen dann die traurige Wahrheit der Bestechungsaffären und mafiosen Praktiken in den „westlichen Wertegemeinschaften“, um ihre Quacksalberdienste anzubieten. Der österreichische Historiker Otto Molden fordert in seinem 1990 erschienenen Buch „Die Europäische Nation“ die Bildung eines großeuropäischen Staates, die das seit 1945 bestehende Machtsystem der Welt tiefgreifend verändern soll. Er sieht die Entstehung einer neuen „Supermacht vom Atlantik bis zur Ukraine“ – und verfällt damit dem gleichen Größenwahn wie die Amerikaner. Supermächte sind die gefährlichste Variante der Machtkonzentration, und wenn sie zerfallen, das hat die Geschichte der Groß- und Weltreiche immer wieder gezeigt, ziehen sie alles mit sich in den Abgrund.

These 4 EG heißt Europa der Großkonzerne

Im Großeuropa der EG werden die Folgsamen gelobt, die Aufmüpfigen bestraft. Dazu hat man den Ländern die oberste Rechtsinstanz entzogen und dem Europäischen Gerichtshof in Luxemburg übertragen. Dieser Zuchtmeister versteht keinen Spaß, wie die Degradierung des EWR-Gerichtshofs zum Salzamt gezeigt hat. Ziel dieser Aktionen war und ist die Ausschaltung der Konkurrenz mit Hilfe eines konzernfreundlichen Wettbewerbsrechts.

„Je gigantischer die Konzerne werden, desto einheitlicher wird das Bier.“ Dieses Bonmot eines Bierbarons gilt im übertragenen Sinn auch für die Produkte aller anderen Großunternehmen. Mit Vielfalt und Phantasie haben die nichts am Hut. Billige Rohstoffe, Automatik und Serie sind Trumpf. Das drückt den Herstellungspreis.

Die EG war ursprünglich eine EWG. Die Europäische Gemeinschaft entstand aus der Europäischen Wirtschaftsgemeinschaft. Das W ging ihr irgendwann einmal im Galopp verloren, denn sie wollte mehr sein als eine Henne, die goldene Eier legt, mehr als eine Abkürzung für „Europa der Großkonzerne“. Aber dieses W, das sich davongestohlen hat, ist immer noch da: Noch ist die EG – trotz „höherer“ Ansprüche – nichts anderes als eine wirtschaftliche Interessengemeinschaft. Das Scheitern der in Maastricht Ende 1991 beschlossenen „Politischen Union“, der „Vereinigten Staaten von Europa“, füllt täglich die Gazetten und sorgt bei den Großeuropäern für „Ewiges Gejammer“.

Der eigentliche Zweck der Gründung der EG war, die westeuropäischen Konzerne den gigantischen Dimensionen der multinationalen Konzerne anzupassen: „Der durch politische Regulierung sukzessiv hergestellte Markt sollte als ‚Treibhaus‘ für weitere Monopolisierung fungieren und die Basis für die Weltmarktexpansion der neu formierten transnationalen Konzerne abgeben.“ So die Analyse der österreichischen Wirtschafts- und Rechtssoziologin Inge Morawetz in ihrem 1988 zusammen mit der Politikwissenschaftlerin Margit Scherb herausgegebenen Buch „Der unheimliche Anschluß – Österreich und die EG“. Die Chancen sollten vor allem durch Kapitalkonzentration, technische Innovationen und „günstigere Ausbeutungsbedingungen der Arbeitskraft“ erhöht werden.

Die Europhilen toben sich in der Vorbereitung auf den Binnenmarkt mit dicke aufgetragenen Werbesprüchen aus:

Ab 1993 verschwinden innerhalb der EG die Grenzbalken und -kontrollen.

Fanfare der Werbefritzen: kein Papierkrieg mehr, keine Pässe!

Kommentar: angenehm.

Die bisher unterschiedlichen Mehrwertsteuersätze zwischen 0 und 38 Prozent werden auf Mindestmehrwertsteuersätze von 5 beziehungsweise 15 Prozent vereinheitlicht.

Fanfare der Werbefritzen: weniger Wettbewerbsverzerrung!

Kommentar: ein goldenes Ei für Wirtschaftstreibende, nicht für Konsumenten. Mitte 1992 hatten sich die EG-Finanzminister trotz monatelanger Verhandlungen noch immer nicht auf einen EG-weiten Mindestsatz geeinigt.

Unterschiedliche technische Normen fallen.
Fanfare der Werbefritzen: Durch die „Euro-Norm" wird die Produktion billiger.
Kommentar: Ob sich das auf die Preise auswirkt, ist mehr als zweifelhaft.
Aus vielen kleinen Absatzmärkten wird ein großer Binnenmarkt.
Fanfare der Werbefritzen: fallende Kosten, niedrigere Preise!
Kommentar: Wer glaubt, sie werden an die Konsumenten weitergegeben, kennt die jährlichen Inflations- und Teuerungsraten nicht.

Die EFTA-Länder gelten bei den EG-Gewaltigen als Bittsteller und Länder zweiter Klasse, die man notfalls auch erpressen kann. Die Steuerzahler Österreichs zum Beispiel werden nach Berechnungen von Finanzminister Ferdinand Lacina jährlich netto 17 bis 20 Milliarden Schilling in die EG-Kasse einzahlen müssen. (1989 war noch von rund 10 Milliarden Schilling die Rede.) Demgegenüber schrumpfen die angekündigten Preisreduktionen bei Lebensmitteln in Höhe von durchschnittlich drei Prozent auf das Volumen eines Luftballons, dem die Luft entwich.
Bürger und Konsumenten werden von den neuen Errungenschaften des Binnenmarktes wenig spüren. Um so mehr werden große Unternehmer profitieren. Sie sind schon gut gerüstet: Seit 1986/87 hat sich die Zahl der Beteiligungen und der Gründungen von Tochterunternehmen in der EG von 700 auf mehr als 1400 verdoppelt, wobei da nur Großfirmen mitspielen. Den Löwenanteil holte sich die Industrie, gefolgt von Banken und Versicherungen. Ganz Großeuropa liegt im Fusionsfieber, angeheizt von steuerlichen Begünstigungen.
Durch die Verflechtung der Konzerne in den drei großen Wirtschaftsblöcken Europa, Japan und USA kennt das Kapital schon lange keine Grenzen mehr. Vor allem japanische und – mit großem Abstand – britische Multis lassen ihr Kapital gerne im Ausland arbeiten. [1] Dennoch garantiert das keine Sicherheit, denn der galoppierende Nationalismus und der Größenwahn sind völlig irrational. Auch vor dem Zweiten Weltkrieg gab es Kapitalverflechtungen, etwa zwischen der IG Farben und Amerika. Obwohl die Nationalsozialisten von der Industrie finanziert wurden, schürten sie den Weltbrand. Oder gerade deshalb? Man sollte die Geschichte im Auge behalten, wenn die Großeuropäer heute treuherzig und blauäugig versichern, ein vereintes Europa auf der Basis eines „Binnenmarktes" sei ein Bollwerk gegen den Krieg. Waffen werden nicht für den Frieden produziert. Weltweit fusionierende Multis wie Mitsubishi oder

Daimler kontrollieren diese Waffenproduktion mehr und mehr, und sie verwandeln sie nicht in Friedensproduktion.
Die Europäische Integration hat nie dagewesene Konzentrationsprozesse in der Wirtschaft verursacht. Berühmt sind die Elefantenhochzeiten von Daimler-Benz, AEG und MBB (Umsatz zusammen über 100 Milliarden DM), VW und Audi (Umsatz zusammen über 80 Milliarden DM), von Thyssen und Rheinstahl in der Bundesrepublik Deutschland. Das Ölgeschäft der Welt kontrollieren die berüchtigten „sieben Schwestern": Exxon, Royal Dutch/Shell, BP, Mobil, Texaco, Chevron und Gulf. Durch die Fusion von Enichem, der Chemietochter des Staatsenergieriesen ENI, und dem Chemiekonzern Montedison entstand in Italien ein Multi mit einem Platz unter den ersten zehn der Welt. Unter dem Druck der japanischen Digitaluhr-Hersteller fusionierten in der Schweiz die beiden Großunternehmen Asuag und SSIH zur SMH-Holding. Das Ergebnis dieser Ehe ist weltbekannt: die Billiguhr „Swatch". Der Elektronikkonzern Brown Boveri verschmolz 1987 mit der schwedischen Asea zum Giganten ABB. Der Schweizer Chemiemulti Sandoz will durch Übernahme anderer Firmen in den USA und Europa zur Nummer fünf der Weltrangliste werden, mit einem Jahresumsatz von über 10 Milliarden Franken. Legendär sind auch die Konzerne des Zementkartells – untrennbar verbunden mit den ehemaligen, auch im Asbestgeschäft emsig tätigen Zaren der Familie Schmidheiny – oder die internationalen Reifenkonglomerate (im Mai 1992 kündigte sich eine Fusion von Pirelli und Continental an), die sich jetzt ebenso international organisieren werden wie Waffenproduzenten, Fluggesellschaften, Computerhersteller, Diamanten- und Tabakmonopole. Im Mai 1992 wurde eine Fusion von Renault und Volvo angekündigt. Die Austria Tabakwerke steigen in Firmenbeteiligungen und Immobilien ein. Dem von der EG ausgerufenen Werbestopp für Tabakprodukte begegnet man mit dem Spruch „EG überlegt Maßnahmen gegen Meinungsfreiheit!"
Super-Multis wie Mitsubishi (Umsatz größer als General Motors), General Motors (125 Milliarden Dollar), Royal Dutch/Shell (107 Milliarden Dollar), Exxon (106 Milliarden Dollar) oder Ford (98 Milliarden Dollar) haben höhere Umsätze als das Budget ganzer Länder – etwa von Schweden, Dänemark oder Österreich. Die Machtkonzentration ist entsprechend maßlos. In Japan ist es noch zusätzlich zu Amalgamierungen zwischen nur sechs multinationalen Konzernen, die Industrieunternehmen, Banken und Handelshäuser umfassen, und der Regierung (dem Staat) gekommen. Selbst „kleinere" Konzerne wie IBM, Toyota, IRI, BP, Mobil, General Electric,

Daimler Benz, Hitachi und Fiat (zwischen 51 und 69 Milliarden Dollar Jahresumsatz) sind noch immer finanzstärker als Belgien, die Türkei, Portugal, Israel, Pakistan, Irland oder Norwegen. Multis sind Staaten in vielen Staaten.
Von all den verschiedenen Szenarios, die Experten von Großkonzernen in der Weltpolitik entwerfen, ist keines verlockend:
Szenario 1 (Doomsday-Szenario): Multis in Großmacht-Ländern fordern zum Schutz ihres gefährdeten Besitzes oder ihrer Interessen im Ausland Militär an, wodurch „ein neuer Weltkrieg beginnt".
Szenario 2: Es kommt zu einer weltweiten Revolution gegen die Multis mit allen möglichen Varianten bis hin zur Errichtung von Polizeistaaten.
Szenario 3: Die Multis errichten eine Weltherrschaft auf der Basis von vollkommen autarken High-Tech-Inseln.
Szenario 4: Weltherrschaft der Multis als „Speerspitze weltweit gleichmäßiger humaner Entwicklung" (Peter H. Mettler).
Schwer zu beurteilen, welche Spielart unheimlicher ist . . .
Wie Multis ganze Länder „kaufen", ist schon beim Anschluß Österreichs an Deutschland vor der Machtübernahme der Nationalsozialisten demonstriert worden. Die Entwicklung ging, vor allem in den Wachstumsbranchen Chemie und Elektrotechnik, bis in die Zeit der Donaumonarchie zurück, wie die Ökonominnen Brigitte Ederer und Wilhelmine Goldmann (Peter H. Mettler, 1985) nachweisen. 1932 waren die Deutschen zu 50 Prozent an der Elektroindustrie, zu über 30 Prozent im Bergbau, zu fast 30 Prozent in der Elektrizitätsindustrie und zu etwa 10 Prozent im Maschinenbau, in der Papierbranche und im Chemiebereich direkt beteiligt. Insgesamt waren etwa ein Viertel der österreichischen Industrieaktiengesellschaften und 20 Prozent des Aktienkapitals in deutschen Händen. Auch heute arbeitet genügend germanisches Geld in Österreich: Schon 1981 lag der Anteil des deutschen Kapitals am gesamten Auslandskapital in österreichischen Unternehmen nach einer Untersuchung der Nationalbank bei 31 Prozent!
Der Multianteil in der Wirtschaft eines Staates ist ein Gradmesser für ruinöse Arbeitswelt und Umwelt. Von den rund 200 größten internationalen Konzernen haben etwa die Hälfte ihren Sitz in den USA, dann folgen Japan, Deutschland, Großbritannien und Frankreich. Der Rest verteilt sich auf die Schweiz, Schweden, Belgien, Holland und Luxemburg. Wie die Entwicklung zeigt, dürften die Voraussagen zutreffen, daß um die Jahrtausendwende 100 Mammutkonzerne drei Viertel der kapitalistischen Weltproduktion herstellen oder kontrol-

lieren werden. Die Multis beherrschen vor allem die Schlüsselindustrien. Rücksichtslos werden Menschen und Ressourcen ausgebeutet. So spart etwa das Konzept der „Just-in-time"-Lieferungen den Multis die Lagerhaltungskosten, belastet aber die ganze Welt durch Abgase und Lärm der Liefer-LKW, die dauernd auf Achse sind. Die Gewinne wandern in die Taschen der Konzerne, die Verluste zahlen die Steuerzahler. Das gilt ebenso für den Abfall, den die Kolosse hinter sich lassen: zum Beispiel hochradioaktiven Müll und Tausende giftige Chemikalien. Die werden allenfalls von den Multis auf Mülltourismus nach Osteuropa und in die dritte Welt geschickt. Die Armen müssen auch noch den Dreck der „Industrienationen" fressen. Die Multis verhalten sich schon traditionell wie Staaten im Staate, wie eine Art Weltregierung, nach dem berüchtigten Modell der United Fruit Company, die die „Bananenrepubliken" in Mittel- und Südamerika regierte, oder von ITT, dem Konzern, der am Putsch gegen Salvador Allende in Chile beteiligt war. Die Ölkonzerne erpreßten die belgische Regierung, den Benzinpreisstopp rückgängig zu machen, der Philips-Konzern ließ in Barcelona spanische Arbeiter verhaften. Finnische und schwedische Papierkonzerne trieben durch künstliche Verknappung die Papierpreise hoch. Die US-Multis setzten die deutsche Regierung unter Druck, um die Mitbestimmung der Gewerkschafter zu verhindern. Der DGB-Bundesvorstand sah darin einen „Anschlag auf die Souveränität der Bundesrepublik und ihre Gesetzgebungsorgane".

In Hinblick auf den Binnenmarkt ab Januar 1993 haben Banken und Versicherungen, Baulöwen und Lebensmittelmultis, Handelsriesen und ganze Industriegruppen krampfhaft Großkonzerne zusammengebastelt. Erst in letzter Zeit sind Verschachtelungen zwischen Banken, Versicherungen und Industrieunternehmen in Deutschland bekannt geworden, die Hans Otto Eglau in der *Zeit* zu der Aussage veranlaßten: „Vermachtet und verschachtelt: Gegenseitige Beteiligungen der Konzerne machen die deutsche Wirtschaft unkontrollierbar." [2]

Das Vergnügen der Industrie-, Banken- und Versicherungskraken an ihren Spielen mit russischen Puppen hat handfeste Gründe: Die deutsche Regierung fördert die Verflechtung der Unternehmen durch Steuerprivilegien (Schachtelrabatte bei der Vermögens- und Gewerbekapitalsteuer). Die Multis sind um so schwerer zu kontrollieren, je größer, internationaler und verfilzter die Unternehmen sind. Konsequenz: „Nimmt die Verschachtelung und Vermachtung der deutschen Wirtschaft zu, leidet fraglos auch die Transparenz, weil wichtige

Entscheidungen von immer weniger Leuten vorbereitet und getroffen werden" (Hans Otto Eglau). Phantasiebegabte Geister haben diesen Vorgang – am Ende gehört jeder jedem – als „Japanisierung" bezeichnet.
Die japanischen Kapitalexporte dienen vor allem der Sicherung internationaler Märkte und sind vor dem Hintergrund einer in Japan selbst sehr geringen Arbeitslosenzahl zu sehen. Die britischen Kapitalexporte zeigen hingegen das typische Verhalten des „Kapitals" in der EG. Trotz hoher Arbeitslosigkeit werden die im eigenen Land erwirtschafteten Gewinne aus Profitgründen ins Ausland transferiert. Meist ist es das niedrigere Lohnniveau, etwa in Spanien, Portugal, Griechenland, in der Türkei oder Brasilien, das so anziehend wirkt. Jetzt kommen auch die „Ostländer" dazu. In Ungarn zum Beispiel arbeiten Näherinnen um ein Zehntel des Lohnes, der in Österreich für eine vergleichbare Leistung gezahlt werden müßte. Auch Deutschland hat seit 1986 enorme Kapitalmengen ins Ausland verfrachtet (1987 bis 1991 insgesamt 128 Milliarden Mark).
Kritische Gewerkschafter kommen zu dem Ergebnis, daß die „EG maßgeschneidert ist für die Multis", daß sie bis dato ein politisches Instrument ist, „auf dem die Unternehmen ihre Interessen der Profitmaximierung ungehindert umsetzen können". Der Schweizerische Bankverein hat im Zusammenhang mit dem EWR errechnet, daß vor allem die internationalen Konzerne der Schweiz – Nestlé, ABB (Asea) und Roche – vom Großwirtschaftsraum profitieren werden. Nährmittelmulti Nestlé, berüchtigt wegen seiner Babynahrungs-Affäre in der dritten Welt, hat schon vorsorglich ein Nest für die EG gebaut. Mit der Übernahme des französischen Mineralwasser-Herstellers Source Perrier will die Schweizer Gruppe zum größten Mineralwasserquell der Welt werden. Nur weil Frankreich betroffen ist, mischt der Europäische Gerichtshof als Wettbewerbshüter der EG mit. Ein Urteil steht noch aus. Daß die EG deshalb vor Kartellbildungen sicher ist, glaubt ohnehin niemand. Immerhin bestraften die strengen Richter 14 Reedereien der „Gemeinschaft" wegen „illegaler Kartellbildung" zu Geldbußen von 30,4 Millionen Mark und in einem anderen Fall vier Unternehmen, die sich das Transportgeschäft von Europa in elf west- und zentralafrikanische Staaten „unzulässig aufgeteilt" hatten.
Für die Arbeitnehmer hält die „Gemeinschaft" weniger Rosiges bereit. Schon in der Frühzeit der EG haben Inflation und Arbeitsplatzunsicherheit überall in Europa zugenommen. Die regionalen und strukturellen Beschäftigungsprobleme wurden durch die EG nicht

beseitigt, sondern vielfach noch verstärkt. Es kam zu ausgedehnten Wanderungen der Arbeitnehmer in der „Gemeinschaft", deren wirtschaftliche, soziale und kulturelle Probleme die Mitgliedsländer bis heute nicht bewältigt haben. Der Streit um die Wahlberechtigung von EG-Bürgern außerhalb ihrer Stammländer zeigt, daß es auch politisch ungelöste Fragen gibt.

Die großstädtischen Megazentren, das steht weltweit fest, werden weiter wachsen, die Randregionen werden wirtschaftlich abgeschrieben und ihrem Schicksal überlassen. (Das könnte in Zukunft allerdings zu einem Vorteil werden, weil sie die einzigen Erholungsoasen in den von Abgasen und Lärm erstickten Ballungsgebieten bilden.) Eine Studie des Instituts „Cambridge Econometrics" aus dem Jahr 1991 kommt zu dem Ergebnis, daß vom gemeinsamen Markt ab Januar 1993 eine Banane am meisten profitieren wird, eine Wirtschaftszone, die an die Form einer Banane erinnert und von London über Amsterdam, Frankfurt, Stuttgart, München, Mailand und Marseille bis Barcelona und Valencia reicht. Andere Ökonomen nennen diese Region das „Goldene Band" beziehungsweise den „Sonnengürtel". Vielleicht könnte auch der Großraum Wien dazugehören, da sind sich die Experten noch nicht sicher. Aber wenn man sich die derzeit katastrophale Wirtschaftsentwicklung in den osteuropäischen Ländern ansieht, wird Wien eher nicht zu den „heißen Wirtschaftszonen in Europa" gehören – mit oder ohne EG. Nach den neuesten Aussagen von Wirtschaftsexperten und Politikern droht Osteuropa und den GUS-Staaten ein Wirtschaftskollaps durch schrumpfenden Handel, steigende Arbeitslosigkeit und galoppierende Inflation.

In England hat diese Kapitalkonzentration zu einer Verarmung breiter Bevölkerungsschichten geführt, ebenso in Dänemark, Frankreich und Italien: „Die rigorose Durchsetzung von Kapitalinteressen hat zu einer sprunghaften Verschärfung der sozialen und politischen Auseinandersetzungen geführt. In Italien haben die Widersprüche zwischen Kapital- und Arbeiterinteressen das Land bis an den Rand der Funktionsfähigkeit der kapitalistischen Gesellschaft getrieben." Diese Analyse von Werner Cieslak aus dem Jahr 1976 ist heute noch immer gültig.

Als sich 1989 die Crème de la crème des europäischen Managements im Stuttgarter Neuen Schloß traf, wurden die multinationalen Konzerne als die Hauptgewinner im Machtgefüge des Binnenmarkts gefeiert. Sozialpolitische Forderungen werde der Staat schon deshalb immer weniger erfüllen, so frohlockten die siegreichen Größenwahnsinnigen der Wirtschaft, „weil die globalen Unternehmen sich der nationalen Kontrolle entziehen". Der Staat sei der große Verlierer. Ihm bleibe immerhin die „Vision Europa" und das Vertrauen in die „selbstgestrickte Ethik" der Multis, tröstete Wolfgang Kartte, der Präsident des Bundeskartellamts in Berlin. Unternehmensberater aus Europa, Japan und Amerika sahen beim Münchner Weltwirtschaftsgipfel 1992 „ein Jahrzehnt der internationalen Firmen" heraufziehen.

Von 1982 bis 1990 stieg die Zahl der Fusionen oder Übernahmen durch die tausend größten Industrieunternehmen der Europäischen Gemeinschaft von 117 auf 622. Für Großfusionen ist bereits die EG-Wettbewerbsbehörde zuständig, die Kartellämter der Mitgliedsstaaten wurden also bereits entmachtet. Aber auch das Kleinvieh macht noch Mist: Deutschland verzeichnete allein 1991 über 2000 Fusionsfälle. In Brüssel wurden im gleichen Jahr 30 Großfusionen verhandelt. Wolfgang Kartte hat zu diesem totalen Abverkauf der Demokratie an die Wirtschaft im Binnenmarkt-Europa im gleichen Jahr treffend notiert: „Die Multis entziehen sich der Kontrolle durch den Staat . . . Wozu haben wir die Fürsten abgeschafft, wenn wir uns jetzt, in Europa, einer neuen Aristokratie von Unternehmensführern ausliefern sollen?" Diese Bosse, so Kartte, seien nicht demokratisch legitimiert, Macht auszuüben: „Wir dürfen uns von ihnen nicht hinter unsere demokratische Verfassung zurückwerfen lassen." Die entfesselten Multis passen jedenfalls mit ihrem undemokratischen, zentralistischen, bürokratischen System genau in die EG. Sie sind auf dieses System geradezu zugeschnitten. Die Verflechtung des Allianz-Versicherungskonzerns und der Dresdner Bank war für Wolfgang Kartte ein „kleiner GAU" im angeblich so heiligen EG-Schrein des Wettbewerbs. „Angst und bange" wird ihm bei der Lastwagen-Ehe von Mercedes und MAN, bei der Gemeinschaftsfabrik von Ford und VW in Portugal, mit „Segen von Brüssel und gewaltigen Subventionen": „Die tun sich doch bald gegenseitig nicht mehr weh." Wettbewerb ade . . .
Das ist die EG, wie sie leibt und lebt: Die Macht wird den einzelnen Ländern entzogen und in Brüssel konzentriert. Wolfgang Kartte: „In der Fusionskontrolle sind die Kollegen in Brüssel anders gepolt als wir. Sie lassen Fusionen und Allianzen durchgehen mit dem Hinweis, die Märkte werden sich zwangsläufig mit dem Zusammenwachsen Europas öffnen." Daß dem nicht so ist, zeigen zahllose Preisabsprachen und Kartelle. So wird gegen die Auflösung des Zementkartells in der Schweiz von den Zementbaronen mit dem Hinweis argumentiert, die Folge sei „über kurz oder lang ein volkswirtschaftlich

schädlicher Verdrängungskampf mit nachfolgender Unternehmenskonzentration". Am Ende komme es zu einem Monopol unter dem mächtigsten der Kartellbrüder: Thomas Schmidheiny. Da durfte Markus Schneider sogar in der eher zurückhaltend-konservativen *Weltwoche* anmerken, es sei „langsam an der Zeit, daß sich der Staat an diesen Geschäften beteiligt".

Die „Spinnennetze aus finanzieller und personeller Verflechtung" (Wolfgang Kartte) haben sich über alles gelegt, womit Macht und Kapital konzentriert werden kann, auch im Handel. Wolfgang Karttes größte Enttäuschung war, daß die deutschen Gerichte 1986 dem Kartellamt die Fusionskontrolle aus der Hand schlugen: „Ich will nicht dramatisieren, aber wir werden das noch einmal schwer bereuen. Wir marschieren mit schnellem Schritt auf eine konzentrierte Handelslandschaft zu, in der bald wenige Giganten die Höhe der Verbraucherpreise bestimmen . . . Es ist schon anachronistisch, was sich zur Zeit abspielt. Im Osten ist das erbärmliche Wirtschaftssystem eingestürzt. Nun fangen wir im Westen an, mit dem Unsinn unbeweglicher Kolosse zu liebäugeln" *(Der Spiegel)*.

Kartellspezialist Kartte stellt fest, was sich heute etwa bei den amerikanischen Automultis schon mehrfach bestätigt hat: Unternehmen mit Zigtausenden Arbeitsplätzen haben „die Rache des Marktes", die Konkurrenz in der freien Marktwirtschaft, im Grunde überhaupt nicht zu fürchten. Ihre „stille Reserve" ist nämlich der Subventionstopf: „Letzlich haften für alle Fehlentscheidungen der Großen die Arbeitnehmer, die Steuerzahler." Da wird nach Herzenslust der Unternehmer verlagert, ausgelagert, rationalisiert, flexibilisiert. Als die „großen Drei" der US-Automobilindustrie in die roten Zahlen rutschten, wurden Zehntausende Arbeiter entlassen, nicht das unfähige Management.

Die Gewerkschaften können Tricks und Drohungen dieser Art kaum etwas entgegensetzen. Seit Mitte der siebziger Jahre gibt es zwar den Europäischen Gewerkschaftsbund EGB, aber er ist ein „Papiertiger". Euro-Betriebsräte, wie sie etwa VW eingeführt hat, agieren rechtlich ohne Netz. Ein Entwurf der EG, die sogenannte Vreedeling-Richtlinie, verschimmelt schon seit 1980 in den Brüsseler Schubladen. Den Euromultis wollte die Übernahme des deutschen Mitbestimmungsmodells so gar nicht schmecken. Geradezu tragisch ist, daß die Entwicklung der Gewerkschaften spiegelbildlich zur Entwicklung der internationalen Konzerne verläuft. Werden sie zu internationalen „Multi"-Gewerkschaften, droht auch von ihnen Zentralismus, unkontrolliertes, undemokratisches Vorgehen, Größenwahn.

Der amerikanische Gewerkschafter Frank Tannenbaum hat schon vor Jahrzehnten analysiert, daß in der Welt des freien Wettbewerbs „sowohl Unternehmer als auch Arbeitnehmer auf das Monopol zusteuern". Die Entwicklung, vor der er warnte, fand zunächst noch auf Landesebene statt. Sie wird heute durch die Internationalität der Unternehmen noch potenziert: „Die Gewerkschaft auf nationaler Grundlage ist aber nicht nur die Antwort auf die Monopolisierung der großen Konzerne. Sie trägt indirekt dazu bei, daß die Wirtschaftseinheiten stets größer werden. Denn dadurch, daß die Gewerkschaften auf gleiche Normen bestehen, vergrößern sie die relativen Kosten der kleineren Betriebe und erschweren deren Wettbewerb mit den größeren Unternehmen." Tannenbaums Warnung von damals gilt nicht nur für die Gewerkschaften. Sie ist auf den Größenwahn der gesamten Wirtschaft übertragbar: „Die wachsende Macht der Gewerkschaft darf auf keinen Fall ihre demokratische Tradition zerstören . . . Je größer eine Gewerkschaft wird, um so schwieriger wird es jedoch, diese ursprünglichen demokratischen Praktiken beizubehalten . . ."
Das Ziel der EG-Machtschaltzentrale sei der staatlich organisierte Kampf der großen Wirtschaftsblöcke gegeneinander anstelle des Wettbewerbs, schreibt Wolfgang Kartte. Die Beamtenheere in Brüssel wollen ein „Europa mit der Brechstange" bauen, mit einer „beängstigenden Harmonisierungswut". Der Europäische Gerichtshof hat es in der Tat schon vorexerziert: Ein Produkt, das auch nur in einem Mitgliedsstaat der Gemeinschaft zugelassen ist, muß von allen anderen Ländern übernommen werden, auch wenn es überkommenen nationalen Vorschriften entgegensteht. Wolfgang Kartte: „Nein, das ist nicht unser Europa. Europa soll nicht nur für die Techniker der Macht, nicht nur für die Bürokraten und die Manager da sein, sondern vor allem für die Bürger. Und dazu gehört Vielfalt, Überschaubarkeit, mehr Qualität und die Gewißheit, daß keiner von uns gut genug ist, Macht über andere auszuüben, ohne gewählt zu sein. Oligarchie der Konzerne – nein, danke."
Wolfgang Kartte sieht die reale Gefahr, daß „Europa zu einem riesigen Rollfeld für die multinationalen Konzerne eingeebnet wird, einäugig auf die Interessen der Großunternehmen, oder, was der wirklichen Interessenlage wohl näherkommt, auf den Machtanspruch ihrer Manager gerichtet". Masse und Macht als Selbstzweck. Schiere Größe ist aber schlechthin sinnlos. Schon sehen wir, daß die internationalen Supermultis ins Wanken geraten: General Motors, Sony, IBM und viele andere. Der Immobiliengigant Olympia & York

sitzt bereits auf einem Schuldenberg von über zwölf Milliarden Dollar: der größte Insolvenzfall der amerikanischen Unternehmensgeschichte. Er zieht seine Kreise auch nach Europa – und von Europa aus: Die vom Immobilienimperium finanzierte Metropolis in den Londoner Docklands entpuppt sich als Riesenpleite. Im teuren Lieblingsprojekt von Margret Thatcher wollen nicht einmal Reiche wohnen. Jetzt sollen 3000 Regierungsbeamte „angesiedelt" werden. Renommierte Institute wie der Bankverein und die Kreditanstalt in der Schweiz hängen mit 150 Millionen Franken, die österreichische Bank Austria mit über einer Milliarde Schilling mit in der Pleite. [3] Es wird nicht mehr lange dauern, bis weitere Großmultis das Handtuch werfen. Die ersten Phasen erleben wir schon jetzt, mit Kurzarbeit und Zehntausenden von Entlassungen. Es sind vor allem jene Unternehmen, die zentralistisch geführt wurden. Die Klugen unter ihnen haben schon seit langem dezentralisiert und mehr oder weniger autonome, überschaubare Substrukturen geschaffen. Die weniger Klugen fusionieren, bis sie platzen.

These 5 Die EG führt Krieg gegen die Bauern

Die Agrarpolitik der EG ist auf Industrialisierung ausgerichtet, mit all ihren verheerenden Folgen: Massentierhaltung mit Einsatz von erlaubten Antibiotika und verbotenen Hormonen, Überschußproduktion mit Hilfe giftiger Spritzmittel und schädlicher Treibdünger, Erzeugung von Ersatzprodukten nach dem Motto Eiweiß ist Eiweiß, Anwendung gentechnischer Methoden zur Ertragssteigerung, Subventionsdschungel. Kleine Bauern, vor allem in Süd- und Osteuropa oder in den Berggebieten, können da nicht mithalten und gehen zugrunde: Tod der Bauern.

Obwohl die Bauern in Europa schwere Einkommensverluste hinnehmen müssen – 1991 rund 5 Prozent [1] –, verlangen die EG-Agronomen massive Preisreduktionen bei landwirtschaftlichen Produkten. Diese Forderung kommt von einer Lobby, die sich allein an der Größe orientiert, am Größenwahnsinn von Hunderttausenden Stück „Nutzvieh" in der Massentierhaltung und riesigen Anbauflächen. Solche Anbauflächen sehen dann auch so aus wie manche Werbebilder der Agrochemie: Monokultur so weit das Auge reicht, kein Baum, kein Strauch, an dem sich dieses Auge oder ein Vogel ausruhen kann, der ganze Horizont eine einzige kahle Fläche, monoton Sonnenblumen oder Getreide und sonst nichts.
Diese „Agrokultur" hat ihren Preis: Naturzerstörung, vergiftetes Wasser, tote Böden, kranke Tiere und Menschen. Die Anbaufläche wird noch und noch erweitert, es wird mehr und mehr „intensiviert" – da freuen sich die Handelsdünger- und Spritzmittelindustrie und die Genossenschaften –, um den Preisverfall durch höhere Produktionsmengen wettzumachen. Sicco Mansholt, 1958 bis 1972 Vizepräsident der EWG in Brüssel und Chef des Agrarressorts (der nach ihm benannte Plan zur Rationalisierung der europäischen Landwirtschaft stellte die Weichen zur heutigen Katastrophe), nennt dazu ein Beispiel: 1988 hat die EG den Getreidepreis um fast 30 Prozent gesenkt. In der Folge nahm die Produktion um rund zwei Prozent jährlich zu.
Sicco Mansholt hat in einem Interview für die *Zeit* für „angemessene" Preise plädiert. In seiner Definition des „Angemessenen" läßt er den ganzen Größenwahn der EG erkennen: „Ich verteidige einen Preis, der einem effizient arbeitenden Familienbetrieb von etwa achtzig bis hundert Hektar ein Auskommen ermöglicht. Mehr als vier Fünftel aller Betriebe in der EG erfüllen diese Voraussetzung gar nicht" (zitiert nach *Zeit*-Redakteur Fritz Vorholz, 1991). Was das heißt, sollte sich jeder bewußtmachen: Europa ist ein Europa der kleinen Landwirte. Von 100 landwirtschaftlichen Betrieben bewirtschaften in den meisten Ländern, auch in der EG, zwischen 30 und 90 weniger als 10 Hektar! Im Durchschnitt bearbeitet ein Bauer in der EG 14 Hektar, in den USA hingegen 127 Hektar. [2]
Sicco Mansholt fügte hinzu: „Zum Glück löst sich das Problem weitgehend auf natürlichem Weg, weil die Hälfte der Agrarbevölkerung schon über 55 Jahre alt ist. Die Jüngeren müssen Arbeitsplätze außerhalb der Landwirtschaft suchen." Auch Mansholts Nachfolger Ray MacSharry will die Bauern verstärkt in Frühpension schicken. Da sind sich die Brüsseler, die sonst kein gutes Haar aneinander

lassen, einig. So einfach stellen sie sich das vor: Die Bauern schicken wir in Pension. Trifft sich gut, denn die frei werdenden Böden können dann verbaut werden: mit Autobahnen und Satellitenstädten und Flughäfen und Einkaufszentren und Lagerhallen und Fabriken und Reihenhäusern und Fertigteil-Betonburgen und „Vergnügungszentren" und – besonders wichtig – Parkplätzen. Und auf die „Jüngeren" wartet schon die Arbeitslosenunterstützung. Zahlt auch der Staat.
Der Verbraucher hat von den Agrardumpingpreisen gar nichts. Der Bauer kassiert auch nicht. Wer dann? Auf die Frage nach der Ursache zwischen niedrigen Erzeugerpreisen und hohen Verbraucherpreisen hat der deutsche Agrarwissenschaftler Onno Poppinga eine gute Antwort gegeben: „Die Exportsubventionen, die Lagerhaltung, die Profite der Verarbeitungsindustrie – das treibt die Preise hoch. Die Bauern bekommen doch nur einen Bruchteil des Geldes, das der Verbraucher zahlt. Wer die Erzeugerpreise noch weiter senken will, der hat die Interessen der Agrarindustrie und des Exporthandels im Auge und schert sich den Teufel um die Bauern, die aufgeben müssen, weil sie von noch niedrigeren Preisen nicht mehr leben können" (*Der Spiegel*, 50/1987). Weltmarktpreise, so Poppinga, seien nichts anderes als „von Exportinteressen diktierte politische Preise". Der Bundesvorsitzende der „Arbeitsgemeinschaft bäuerlicher Landwirtschaft", Josef Jacobi, kennt die tausend Kanäle, in denen die EG-Subventionen versickern: „Es wird . . . von einigen wenigen nur viel Geld abgesahnt. Doch bei der Mehrzahl der Bauern kommen die Gelder gar nicht an. 85 Prozent der EG-Subventionen gehen in die Lagerhaltung, zu den Importeuren und Exporteuren, zu den Transportfirmen, oder sie bleiben in der Agrarverwaltung hängen. Da wird geschoben und betrogen." [3]
Wer die Maßlosigkeit der Landwirtschaft kritisiert, muß wissen, daß die Mehrheit der biederen und ein wenig gutgläubigen Landwirte von einer verschwindend kleinen, raffiniert ihre Gier nach immer mehr stillenden Gruppe in die Katastrophe getrieben wird. Weltweit. Beim Getreide etwa überwacht ein internationales Konsortium mit Satelliten die gesamte Weltproduktion. Die Preise werden hinter dicken Polstertüren ausgehandelt.
Dazu gehören auch die Genossenschaften, die längst in Banken, Versicherungen und Handel „diversifiziert" und ihren Bezug zur Landwirtschaft immer mehr abgebaut haben. Raiffeisen ist der größte EG-Befürworter in Österreich: „Volle Kraft voraus in Richtung EG!" – „Aufspringen, so lange es noch Zeit ist!" heißen die Parolen der Manager im „Minimundus Austriacus". Bauernfänger aller Couleurs

beteuern gegenüber den Schäfchen, die sie scheren, daß die EG heute „voll auf den bäuerlichen Familienbetrieb setzt“. Sie vergessen nur dazuzusagen, was Sicco Mansholt offen ausspricht: voll auf den bäuerlichen Familienbetrieb – ab 100 Hektar.
Noch eine Gruppe profitiert vom Bauern- und Konsumentenmelken: die Lebensmittelriesen. Ab 1993 rechnen die Top-Nahrungsmittelkonzerne mit besonders fetten Gewinnen. Ein Branchenkenner: „Die Konzernbosse haben großen Appetit. Bei der Massenproduktion für den größten Binnenmarkt der Welt ergeben sich enorme Rationalisierungseffekte. Nur die Großen haben die Infrastruktur und die Fähigkeit, durch paneuropäische Aktivitäten interne Einsparungen zu erreichen.“ Und diese Großen sind zum guten Teil europäische Konzerne: der Schweizer Supermulti Nestlé, die Nummer eins der Welt, die britisch-niederländische Gruppe Unilever Plc-NV, die französische BSN, Joghurt-Weltmarktleader. Unilever hat allein 1990 fast vier Milliarden Schilling in die Vorbereitung auf den Binnenmarkt gesteckt. Aber auch der US-Konzern Philip Morris Cos Inc, die Nummer zwei der Welt, will in good old Europe kräftig mitmischen und absahnen. Vor diesem Hintergrund wird das Bonmot von Alfred Haiger, Professor an der Wiener Universität für Bodenkultur, schon etwas weniger kryptisch: „Was die EG will, ist, daß sämtliche Milch bei Nestlé und sämtliches Fleisch bei Unilever erzeugt wird.“

Die EG exportierte 1990 landwirtschaftliche Güter um fast 460 Milliarden Mark. Die Subventionen lagen bei 28,6 Milliarden Ecu, fast 60 Milliarden Mark. Diese vom Staat gestützte Flut verdrängt andere Anbieter vom Weltmarkt, vor allem Länder der dritten Welt. Am meisten schreien aber die ganz Großen: die USA, Kanada und Australien. Die beschweren sich dann regelmäßig im GATT [4] und fordern, wie Präsident Bush, daß sich die EG nicht „hinter ihrem eisernen Vorhang des Protektionismus verstecken“ solle. Rechnet man weltweit die Subventionen auf die bäuerlichen Einkommen um, erhält man eine lehrreiche Auskunft: Die Subventionsweltmeister in der Landwirtschaft sind die Schweiz, Norwegen, Finnland, Japan und Schweden. Die EG und Österreich liegen im Mittelfeld. Dann folgen die USA, Australien und Neuseeland. [5]
Die EG subventioniert ihre Landwirtschaft etwa ebenso hoch wie Österreich. Die Exportstützungen liegen in Österreich derzeit bei etwa fünf Milliarden Schilling. Die Bauernfunktionäre reden ihren Schützlingen ein, daß nach einem EG-Beitritt der Staat ihre Einkommensverluste in Milliardenhöhe ausgleichen werde. Der Ruf nach

mehr Staat kommt seltsamerweise gerade aus jener Ecke, die nach außen die totale Privatisierung fordert. Das alles widerspricht natürlich hundertprozentig dem Prinzip der freien Marktwirtschaft, auf das sich der siegreiche Kapitalismus westlicher Prägung eingeschworen hat und das die Amerikaner von uns jeden Tag einfordern. So, wie es jetzt aussieht, werden viele Bauern weder mit noch ohne EG eine ausreichende Existenzgrundlage haben.

Die Überschüsse gehören zum Agrarsystem der EG: die Fleisch-, Butter- und Getreideberge ebenso wie Milch- und Weinseen, die explodierenden Kosten für „Interventionen" (das ist die Orwellsche Formel für Vernichtung von Lebensmitteln zur Stabilisierung der Preise) genauso wie die Subventionen. Wo das Angebot größer ist als die Nachfrage, kommt es unweigerlich und unerbittlich zu empfindlichen Preissenkungen: Teil eines Teufelskreises der europäischen und übrigens auch der amerikanischen Landwirtschaft, denn dann sind die Bauern gezwungen, noch größere Mengen zu produzieren, noch mehr Dünger und Spritzmittel einzusetzen, ihren Betrieb zu industrialisieren, wo es geht, um halbwegs kostendeckend arbeiten zu können.

Die Lagerräume für die Überschüsse sind randvoll: 20 Millionen Tonnen Getreide lagen 1991 in den Silos. Überschuß gemessen am Selbstversorgungsgrad: 21 Prozent. Man „befürchtet", daß die Jahresproduktion der EG in den nächsten fünf Jahren trotzdem von 180 auf 187 Millionen Tonnen steigen wird. Der Milchüberschuß in der EG liegt derzeit bei rund 15 Prozent, der Butterüberschuß bei 12 Prozent. Jahr für Jahr wandern die Butterberge in die Kühlhäuser. Da kassieren die Lagerhalter die Subventionen, nicht die Bauern. Detto beim Käse: Überschuß sechs Prozent. Um die Milch lagern zu können (wobei wieder die Lagerhäuser kassieren), wird die Überschußmilch getrocknet. So entstehen neue Überschüsse in Form von weißen Pulverbergen. Der Überschuß bei Magermilchpulver, von dem auch Osteuropa zu viel produziert, beträgt 20 Prozent.

800.000 Tonnen überschüssiges Fleisch – das entspricht drei Millionen geschlachteten Kühen – lagern in den Gefrierhäusern. Wenn es richtig abgelegen ist, muß es verschleudert werden. So wurden 1991 runde 100.000 Tonnen an Brasilien geliefert – zu etwas mehr als einem Zehntel des Preises, den die EG den Bauern dafür zahlte. Die Zuckerberge türmen sich zu wahren Überschußgebirgen von 30 Prozent, 1987 waren es sogar 36 Prozent. Der Weinüberschuß liegt bei etwa drei Prozent.

Kein Wunder, daß etwa zwei Drittel des gesamten EG-Budgets in die

Preis- und Marktstützungen der Agrarwirtschaft fließen: rund 70 Milliarden Mark sind es derzeit. „Eine Agrarpolitik, deren Kosten sich binnen zehn Jahren verdreifachen, ohne daß sich das Durchschnittseinkommen des Bauern auch nur im mindesten erhöht, ist pervers.“ Sagt die EG-Kommission. Es ist sogar noch perverser, denn die Bauern müssen in letzter Zeit Einkommensverluste hinnehmen. Die Kleinbetriebe etwa in Spanien, Portugal und Griechenland haben fast nichts von diesen enormen Subventionssummen. Die kassieren vor allem die Großen, die Guts- und Plantagenbesitzer, die Agrarindustriebetriebe. Zirka 80 Prozent aller Agrarbeihilfen wandern in die Taschen von nur 20 Prozent der Betriebe, Betriebe, die mehr als die Hälfte der Gesamtfläche bewirtschaften. Das sollte man auch in Österreich wissen, wenn man vom EG-Beitritt spricht.
Jetzt will sich die EG wie einst der Freiherr von Münchhausen am eigenen Schopf aus dem Sumpf ziehen: Nach dem ursprünglichen „Reformkonzept“ der einschlägigen EG-Kommission sollten die Landwirte einen Teil ihrer Flächen aus der Produktion nehmen. Nur die kleinen Bauern wollte man dafür mit Ausgleichsprämien entschädigen. Das 1991 vorgelegte Konzept von Agrar-Kommissar Ray MacSharry sah etwa beim Getreide so aus: Alle „Kleinerzeuger“, die nicht mehr als 92 Tonnen Getreide im Jahr erzeugen – und das sind sogar in der EG fast dreieinhalb Millionen oder 90 Prozent aller Getreidebauern –, erhalten Beihilfen als Ausgleich für die Preissenkungen. Die Großen müssen 15 Prozent ihrer Anbaufläche stillegen. Dagegen liefen Großbritannien, Dänemark, die Niederlande und Frankreich Sturm, deren Agrarstruktur von den Großen dominiert wird. Auch die Haltung Deutschlands war eher ablehnend. Also gab es Mitte 1992 eine Kehrtwendung: Die Getreidepreise werden bis 1996 um rund ein Drittel gesenkt. Die Prämien für die Flächenstillegung wird allen Getreidebauern ohne Rücksicht auf Betriebsgrößen zugute kommen. Beim Rindfleisch werden die Abnahmepreise um 15 Prozent sinken, Einkommensverluste werden direkt aus der EG-Kasse ausgeglichen, die Bauern zu Rentenempfängern gemacht. Bei Milchprodukten bleibt fast alles beim alten. Etikettenschwindel wie im Bilderbuch: Die Preisstützungen von früher werden jetzt zu „Einkommenshilfen“, die, auf die Fläche bezogen, direkt den Landwirten zufließen. Der Staat, sprich der Steuerzahler, muß in beiden Fällen blechen.
Und was sagen die Bauern selber? Die sagen nichts mehr, die findet man immer mehr bei Demonstrationen statt auf den Feldern. Kleine und mittlere Landwirte wissen längst, daß es ihnen an den Kragen

geht: Zehntausende Bauern gingen am 12. Februar 1990 in ganz Europa auf die Straße. Die wackeren Ackersmänner demonstrierten gegen die Bürokraten und „Liberalisierer“ des Agrarwelthandels in der EG und in den USA. Viele Transparente transportierten massive Existenzängste. Eines trug die Aufschrift: „Was AIDS für die Menschheit, ist die EG-Agrarpolitik für die Bauern.“
Oktober 1990: Bauerndemo in Bern. „Bauern, es ist Zeit, daß wir uns wehren!“ . . . „Delamuraz & Co. = Mörder von 30.000 Bauernfamilien.“
Herbst 1991: Demonstrierende Bauern in Lübeck führen Transparente mit, die schon an die Bauernkriege des Mittelalters erinnern: „Tötet MacSharry, bevor er uns tötet“, „Kohl und seine Jecken lassen uns verrecken“, „EG = unser Tod“. In Frankreich fangen französische Rinderbauern Lastwagen mit Importfleisch aus Nicht-EG-Ländern ab und vernichten die Ladung. Ähnlich gehen Schafzüchter gegen britische, neuseeländische und australische Konkurrenten vor.
14. September 1991: François Mitterrand soll die sensationellen Ausgrabungen der keltisch-burgundischen Stadt Bibracte (wo Caesar 58 v. Chr. die Helvetier besiegte) einweihen, das künftige Zentrum der Archäologie in Europa. Der Präsident muß „aus Sicherheitsgründen“ darauf verzichten. Tatsächlich gab es Steinwürfe, verbrannte Pneus, gefällte Bäume, viel Mist, Gülle und – Tränengas.
29. September 1991: 200.000 ziehen durch die Straßen von Paris und verlangen den Rücktritt der Regierung, mit dem Schlachtruf „Cresson Démission!“ [6] Die Regierung schickt 10.000 Polizisten und Gendarmen, „um Ausschreitungen zu verhindern“. Unmittelbarer Anlaß für den Bauernaufstand waren Billigfleischimporte aus Polen, Ungarn und der ČSFR.
Dezember 1991: EG-Gipfel in Maastricht. Hunderttausende Bauern in ganz Europa demonstrieren gegen die „Agrarreform“ der „Gemeinschaft“. Sie wollen nicht „zu Hilfsempfängern des Staates“ werden.
In Österreich blockieren Bauern 1991 wochenlang die Grenze nach Ungarn. Unmittelbarer Anlaß: der Verfall der Wein- und Getreidepreise. Antwort der Obrigkeit: Strafmandate von der Bezirkshauptmannschaft. Wer sich unbotmäßig verhält, bekommt den „Rechtsstaat“ zu spüren, der freilich vor allem das Recht der Mächtigen und Reichen vertritt.
9. Januar 1992: Vor dem Berner Bundeshaus demonstrieren 15.000 Bäuerinnen und Bauern gegen die Agrarpolitik der Schweiz. Sie führen einen Gehängten mit: „Wenn GATT diktiert – CH-Bauer

krepiert . . . Regierung, häng deine Bauern nicht.“ Auch in Weinfelden und Luzern demonstrieren je 10.000 Bauern.
6. Februar 1992: 20.000 Bauern aus ganz Europa demonstrieren vor dem Europaparlament in Straßburg gegen die geplante „Agrarreform“ der EG. Ein riesiges Polizeiaufgebot soll die erbosten Landwirte in Schach halten. Es kommt zu Handgemengen und Schlägereien.
Juni/Juli 1992: Bauern und Traktoren im Tränengasnebel. Ein Großaufgebot französischer Polizei räumt die Blockade von Paris. Fernfahrer verbünden sich mit den Bauern. Verkehrschaos in ganz Frankreich. Bergepanzer AMX 30 werden eingesetzt. Bauern zünden Finanzämter an und vernichten britisches Hammelfleisch. Chaos, Revolution, bürgerkriegsähnliche Zustände.
In ganz Europa das gleiche Bild: Hart am Rande des Bauernkriegs kämpfen die Landwirte um ihre Existenz. Sie wollen keine Politikersprechblasen mehr hören, sondern gerechte Preise für ihre Produkte. „Die Erhaltung des bäuerlichen Familienbetriebes ist auch Ziel und Bestandteil der Agrarpolitik der EG“ ist so eine Sprechblase. [7]
Die Bauern, die bisher in totaler Abhängigkeit von Subventionen gehalten wurden, fürchten – bis auf industrielle Großbetriebe in „günstigen Lagen“ –, in der EG vollends unter die Räder zu kommen. Schon jetzt geben jährlich 350.000 europäische Landwirte ihre Höfe auf! Was nützt es da, wenn die UNO „Alarm schlägt“, daß es bis zum Jahr 2000 auf der Erde erstmals mehr Menschen in den Städten als auf dem Land geben wird? Die Welt wird in zwei Lager gespalten: in einen armen großen Teil, der Lebensmittel produziert, und in einen reichen kleinen Teil, der Hochtechnologie entwickelt, Industriegüter herstellt und seine Bauern opfert. In den westlichen Industrieländern arbeiten durchschnittlich nur noch sieben Prozent der Erwerbstätigen in der Landwirtschaft, in der BRD nur noch drei Prozent. Im Ostblock sind es im Schnitt 17 Prozent und in den Entwicklungsländern 63 Prozent.
Wirklich wehren können sich die Bauern kaum. Sie sind abhängig von einem übermächtigen Filz von Politikern, Funktionären, Genossenschaften und Banken, die sie über Produktionsmittel und Kredite in der Hand haben, und vom Staat, der sie am Subventionstropf hält. In der EG stammt derzeit die Hälfte des Einkommens der Landwirte aus Stützungsgeldern. Die Bauern sind zu Abhängigen und Ausgebeuteten geworden. Da sie nur nach Masse und nicht nach Qualität abgefertigt werden, müssen die Bauern voll auf Produktionssteigerung mit Dünger und Giftspritze, auf Hormone und Antibiotika in der

Massentierhaltung setzen. Die Rückstände in den Nahrungsmitteln sind dann in der EG nicht mehr ein Problem des einzelnen Landes, sondern des gesamten Marktes, der völlig frei beliefert werden darf. In der EG ließe sich auch für kleine Landwirte eine „Marktnische" finden, beschwichtigte der Vorsitzende des EG-Agrarministerrates, Peter Bukmann aus Holland, bei einer Pressekonferenz in Wien. Bukmanns wohlmeinender Rat an Österreichs Bauern: Weniger jammern, Produktqualität herausarbeiten. Dankbar schnappten die heimischen Schollenpolitiker den Happen auf und prägten den tollen Slogan von Österreich als „Feinkostladen Europas". Die Wirklichkeit sieht so aus, daß die meisten Bauern zusperren müssen. In Österreich würden von den rund 95.000 Vollerwerbsbauern (175.000 sind Nebenerwerbsbauern) nach einem EG-Beitritt innerhalb der ersten fünf Jahre mindestens 50.000 in den Nebenerwerb gehen oder Schluß machen. Agrarindustrie und Gentechnologie lachen sich ins Fäustchen. Denn sie werden den Tisch Europas decken und nicht die Qualitätsproduzenten. Was Qualität ist, bestimmen nämlich die Eurokraten in Brüssel.

Die Weichen in Richtung (falsche) Qualität wurden schon in den siebziger Jahren gestellt. Sie wurde ausschließlich den Bedürfnissen des Handels und der Agrochemie angepaßt: EG-Bürokraten legen mit Winkelmaß und Zirkel die Krümmung von Gurken fest, normieren die Schale und die Größe von Tomaten. Dieser absurden Oberflächlichkeit wird Lebensmittel um Lebensmittel unterworfen. Eine der jüngsten Schandtaten: Anfang März 1990 diktierte die „Europäische Gemeinschaft" den Durchmesser von Äpfeln: Früchte mit weniger als 55 Millimetern Durchmesser dürfen in der EG nicht mehr zum Verkauf angeboten werden. Alles andere muß ans Vieh verfüttert oder vernichtet werden! Die EG-Behörde begründete diesen Schritt damit, daß auf diese Weise „die Qualität des angebotenen Obstes verbessert werden soll". In Wirklichkeit geht es natürlich nur um die Aufrechterhaltung des Marktpreises, der für und von den Großproduzenten festgesetzt wurde. Für die Eurokraten machen nicht weniger Giftrückstände, mehr Sortenreichtum, mehr Vitamin C, mehr Spurenelemente und Mineralstoffe, mehr Duftstoffe die Qualität des Apfels aus, sondern der Durchmesser, der schöne Schein der Schale. Es wäre aufrichtiger und vernünftiger, jene Bauern zu unterstützen, die auf ökologisch orientierte, biologische Landwirtschaft umsteigen. Aber das verhindern die Chemieriesen und Agrarindustrie-Lobbys, die nach wie vor auf Masse statt auf Qualität setzen. So wandern die kleinen Bauern weiter ab. Zuerst kommt der Nebenerwerb, dann das Ende. Schon sind ganze Regionen vom Aussterben bedroht, weil der Nachwuchs in die Städte flieht, in die „sicheren", leichteren und lukrativeren Jobs, weil die noch ausharrenden Bauern oft keine Frauen auf die Höfe bekommen. In vielen Bergbauernregionen hält nur noch der Fremdenverkehr die letzten Höfe am Leben. Die Landwirte werden zu Almosenempfängern und Prämienjägern degradiert und zu Blattabstaubern auf ihren Äckern gemacht, die nun als absurde Freilichtmuseen, als Potemkinsche Dörfer, als Trugbilder für den Fremdenverkehr herhalten müssen.

Die Bergbauern sind in der EG nicht konkurrenzfähig, auch nicht in Nischen. Von der Industrie angeheuerte „Ernährungswissenschaftler" erklären stereotyp, Eiweiß sei Eiweiß, niemand könne beweisen, daß die Milch von der Alm gesünder sei als von Silo-Bauern, wo die „Hochleistungstiere" oft nicht einmal mehr auf die Weide kommen. Darauf können wir Gift nehmen: Diese Art von „Qualität" ist genau das, was in der EG gefördert wird. Alles andere wird ausgehungert und abgeschoben, wie zum Beispiel der gesamte Bereich des ökologischen Landbaus. [8]

Gerechte Preise wären besser, aber die will man den Bauern nicht geben, schon gar nicht in der EG. Beim Auto oder beim Fernsehapparat oder beim Auslandsurlaub, ja, da scheut der liebe Konsument keine Kosten. Aber wenn's an die Lebensmittelpreise geht, da wird der Schilling oder die Mark, das Pfund oder der Franken mehrmals umgedreht. Und die schlauen Politiker sagen sich: Der Warenkorb und damit die Inflation müssen niedrig bleiben, sonst rebelliert das Volk. Also drücken auch sogenannte Konsumentenschützer auf die Agrarpreise. In schönstem sozialpartnerschaftlichem Einvernehmen mit den Vertretern der Bauern und der Wirtschaft. In den EFTA-Ländern hört man von EG-Agenten ständig den Ruf: „Billiger, billiger, alles wird billiger!" Aber nicht die Preise purzeln, wenn die Lebensmittelmultis in der EG einmal das Monopol haben, sondern die Narren. Ach, was werden das für wundervolle Zeiten für den mobilen Konsumenten, wenn er im Supermarkt zwischen zehn Buttersorten auswählen kann und für ein Viertelkilo statt 1,5 Ecu nur mehr 0,9 Ecu zahlt. Für die Differenz kann er sich schon einen halben Liter Benzin kaufen – für die Fahrt zum Supermarkt!

Daß die österreichische Landwirtschaft einer der größten Verlierer eines EG-Beitritts sein wird, steht „vertraulich" im Avis, in der Antwort der EG auf das Beitrittsgesuch, aber nicht so direkt. Zart wird angedeutet, daß die EG mit dem Agrarsektor selbst Probleme

bis zum Hals hat. Im Avis findet sich zur Land- und Forstwirtschaft folgende Schlüsselstelle: „Die österreichische Landwirtschaft wird also Preiseinbußen hinnehmen müssen ... Zum gegenwärtigen Zeitpunkt wird jedoch jeder Versuch einer detaillierten Erfassung des eventuellen Anpassungsbedarfs und der möglichen Auswirkungen des Beitritts auf die Landwirte dadurch erheblich erschwert, daß die EG selbst auf einen agrarpolitischen Kurswandel sinnt ...“
Auch nach den vorliegenden Reformvorschlägen der EG ist eine Lösung überhaupt nicht in Sicht. Denn die Stützung der Klein- und Mittelbetriebe wird weiterhin Milliarden von Ecu verschlingen. Obwohl drei Viertel aller Mitglieder der rund 420.000 bäuerlichen Familien in Österreich am Rande des Existenzminimums leben, produzieren sie in den Augen der Agrarindustriellen in der EG immer noch zu teuer. Wenn Österreich der EG nicht beitritt, werden mittelfristig 50.000 Bauern „sterben“. Bei einem EG-Beitritt werden es doppelt so viele sein.
Nicht nur der österreichische Politikwissenschaftler und Finanzexperte Gerhard Steger hat sich gewundert, daß die Bauernvertreter, die vorher massiv gegen einen EG-Beitritt waren, sich plötzlich, nach einer Regierungsklausur der Volkspartei in Maria Plain 1988, als EG-Befürworter entpuppten. Es dürften ihnen Agrarsubventionen in Milliardenhöhe versprochen worden sein. Steger warnt in diesem Zusammenhang davor, „falsche Hoffnungen zu nähren“, und sieht noch einen zweiten Grund für den „Sinneswandel“ um 180 Grad: „weil im Bereich bäuerlicher Interessenvertretung das Gewicht jener stark ist, die einerseits vorgeben, im Bauerninteresse zu wirken, andererseits aber zunehmend in agrarfernen Wirtschaftsbereichen investieren und tätig sind ... Nicht umsonst gehören Raiffeisen-Funktionäre zu den entschiedensten Pro-EG-Stimmungsmachern.“

Österreich hat ein strengeres Lebensmittelrecht als die EG. Das bringt schon im EWR gar nichts, denn gegen die Einfuhr von qualitativ minderwertigen Massenprodukten kann sich kein Mitgliedsland wehren. Erst recht gilt das für die „Gemeinschaft“. Dabei geht es weniger um spektakuläre „Kreationen“ wie Schokolade aus Bluteiweiß oder die alten Tricks mit den Würsten aus feinst gemahlenen Fleischabfällen oder Leberpastete ohne Leber oder „Separatorenfleisch“, das durch Pressen von Fleischknochen gewonnen wird, oder Bier aus Bruchreis, sondern um ganz neue Dimensionen in der Imitatpanscherei. Die BRD hat schon einen vergeblichen Kampf gegen Milchimitate innerhalb der EG hinter sich. Als sich die Deutschen gegen die Kunstmilchprodukte aus anderen EG-Ländern wehrten, klagte sie die EG-Kommission wegen Verletzung der Wettbewerbsregeln. Der Europäische Gerichtshof steht auf dem Standpunkt, daß die Konsumenten mündig und die Produkte deklariert seien. Wer die billigeren Imitate kaufe, werde schon wissen, was er tut. *Spiegel*-Kommentar: „In Europa werden immer mehr Produkte verkauft, die mit Lebensmitteln nichts mehr zu tun haben. So werden in Frankreich, Irland und vor allem in Großbritannien Wurst-, Fleisch-, Milch- oder Käseimitate frei gehandelt . . . Wurst aus Innereien, Bindegewebe, Knorpeln, Schlachtabfällen, vermengt mit chemischen Zusatzstoffen, Konservierungs- und Farbstoffen . . . Das heilige EG-Prinzip des freien Warenverkehrs geht auch über die Lebensmittelqualität hinweg." Das alles erinnert fatal an den Spruch: Weil du arm bist, mußt du früher sterben . . .

Mit dem Start des Binnenmarktes gibt es in der EG noch mehr Kunst zu kaufen: Käseimitate, die aus Ölen, Farbstoffen und anderen Zutaten gepanscht werden und nie einen Milchtropfen gesehen haben, oder 22 neue „Mischfette" mit so appetitanregenden Namen wie „fettreduzierte Milchstreichfett Dreiviertelfettmelange" oder „fettarme Halbfettmargarine". Nach der deutschen Konsumentenschützerin Elke Brüser steckt ein solcher „Fettersatz" der Firma NutraSweet mit dem niedlichen Namen „Simplesse" in der EG bereits in zahlreichen Produkten. In welchen, das verrate der Konzern nicht. Auch in manchen Ländern bislang verbotene Pestizide und Lebensmittelzusatzstoffe dürfen ab 1993 wieder eingesetzt werden. Das von einem englischen Fabrikanten erfundene Fleischimitat „Quorn", für das mit Hilfe eines Pilzes Stärke in Eiweiß umgewandelt wird, gilt als Vorreiter für ähnliche Imitate, die man versuchsweise auf Schlachtabfällen züchtet. Der Pilz produziert aber auch giftige Stoffe. Trotzdem ist er in Großbritannien seit zwei Jahren auf dem Markt.

In einer Patentschrift zur Herstellung von „Milchersatz aus diversen Abfällen und Milchrückständen" heißt es wörtlich: „Flüssige Nachprodukte der Molkereien" werden mit „bearbeiteten Schlachtabfällen, Lederabfällen, Abfällen der Fleisch- und/oder Fischindustrie", aber auch mit „Kartoffelschälabfällen" oder „künstlich gezüchteten Einzellern" vermischt und mit Säuren verrührt. Ähnlich gespenstische Rezepturen gibt es für die Herstellung eines Schweineleber-Imitats: Huhnaroma aus Menschenhaar oder Schweineborsten unter Hinzufügung von Säuren in Natronlauge bei 95 Grad köcheln . . . Die traditionelle Grenze zwischen Schmieröl und Speisefett, zwischen Lebensmittel und Chemie scheint sich tatsächlich in Nebel aufzulösen.

Die künstlichen Lebensmittelzusatzstoffe werden auf den Verpackungen nur durch für den Konsumenten unverständliche Kürzel mit der Bezeichnung E 100 bis E 480 angegeben. In einer Presseaussendung des deutschen Landwirtschaftsministeriums hieß es, ohne Einsatz dieser Zusatzstoffe entstünden nur „ausgesprochen unansehnliche Produkte niederer Geschmacksqualität". Synthetisches muß ersetzen, was an Natur beim Fabrikationsprozeß verlorengeht. Beim Bier ist es den Deutschen – für ihr eigenes Gebräu, nicht für importiertes – gerade noch gelungen, das Reinheitsgebot zu erhalten. Die „Rettung" des heiligen Trunkes war aber nur einer Fußnote zu danken, die rechtlich abgesicherten, traditionellen Bierbrauern die Verwendung künstlicher Süßstoffe verbietet. Das Durcheinander in der EG ist komplett: In Italien darf wegen des dort verbotenen Süßstoffs „Aspartame" kein „Cola-light" verkauft werden. (Auf die Frage, ob der „naturnahe Süßstoff" – so die Firmenwerbung der NutraSweet AG – gentechnisch hergestellt werde, verweigerte ein Vertreter des Erzeugers jede Aussage.) Aber „Parmaschinken" dürfen auch Schweine außerhalb Italiens liefern. Griechenland hat (wie Schweden und Norwegen) alle künstlichen Farbstoffe aus Lebensmitteln verbannt, andere EG-Länder lassen sie zu. Die Briten färben Mozzarella mit Titandioxid (E 171) weiß, die Italiener verbieten es. Die Franzosen verbieten die chemische Konservierung bestimmter Lebensmittel, andere favorisieren sie.
Bestrahlte Nahrungsmittel sind in der EG längst im Umlauf. Schon jetzt können Länder außerhalb der „Gemeinschaft" ihre Einfuhr nicht verhindern, weil keine Deklarationspflicht besteht und weil der Nachweis der Bestrahlung nur sehr schwer und nicht in allen Fällen zu führen ist. So ist man auf Vermutungen angewiesen. Erlaubt ist die Bestrahlung von Lebensmitteln in Holland, Belgien, Spanien, Italien, Frankreich, Großbritannien und Dänemark. In den übrigen fünf Staaten ist sie verboten. In Holland etwa wird bestrahlt, was das Zeug hält: Champignons, Tomaten, Zwiebeln, Knoblauch, Kartoffeln, Gemüse, frische Früchte, Fleisch und Geflügel, in Frankreich auch Getreide, Trockengemüse und Gewürze. In Ungarn und Norwegen ist die Bestrahlung von Lebensmitteln generell, in Italien, Dänemark, Spanien und anderen Ländern ist sie teilweise erlaubt.
Amerika und die EG machen daher Druck auf Österreich, Deutschland und andere Länder, die die Lebensmittelbehandlung mit ionisierender Strahlung verbieten. Zyniker, wie Fritz Koppe vom „Verein für Konsumenteninformation" in Wien, meinen, das sei bei einem EG-Beitritt kein Hindernis, weil „vermutlich essen wir schon heute

– ohne daß wir es wissen – bestrahlte Lebensmittel". Weniger abgebrühte Menschen verweisen auf die wissenschaftlich-kritische Literatur, die vor den Folgeprodukten (freie Radikale) warnt, die bei der Bestrahlung entstehen. Vor allem der deutsche Lebensmittelchemiker Konrad Pfeilsticker hat vor möglichen Gesundheitsschäden bis hin zur Krebsentstehung gewarnt. Ein Entwurf für eine EG-Richtlinie legt sich bis jetzt nur auf die Bestrahlung von Gewürzen fest, die nach Pfeilsticker allerdings ebenfalls „technisch nicht notwendig und entbehrlich ist".

Als sei das alles noch nicht künstlich genug, wollen die Nahrungsmittelmultis jetzt Retortenfutter aus dem Gentechniklabor auf den Tisch bringen. Der auch im Waschmittel- und Margarinegeschäft heimische Unilever-Konzern will auf dem englischen Markt gentechnisch hergestelltes Kunstfleisch einführen. Mit Hilfe von genmanipulierter Hefe wird ein Eiweiß hergestellt, das dann durch Aroma und Farbstoffe den Geschmack von Rindsgulasch oder Putenschnitzel bekommt. In einem Genlabor in den Vereinigten Staaten wurden bereits im Reagenzglas Orangen aufgezogen, die nur aus Fruchtfleisch ohne Schale bestehen – damit man den Saft leichter auspressen kann. Gentechnisch veränderte Kartoffeln werden seit 1989 gezüchtet. Bald schon werden wir uns an gen-tech-cheese laben dürfen. In Holland und den USA ist bereits die Patentierung von gentechnisch manipulierten Labbakterien zur Käseherstellung beantragt worden. Und, ja, die Knoblauchzehe, die nicht nach Knoblauch schmeckt, die gibt es schon, in England, weil ihr das Gen für die Produktion der so herzhaft riechenden und gesunden Eiweißverbindungen herausoperiert wurde. Der letzte Schrei der Gentechnik ist die Anti-Matsch-Tomate. Ihr Design bekam sie in Kalifornien verpaßt. Die Neuschöpfer schleusten ihr ins Erbgut ein Gen, das die Produktion des Reiferegulators Ethylen verhindert. Die Tomaten bleiben noch Wochen nach der Ernte orangefarben. Erst wenn man sie mit Ethylen begast, denken sie wieder ans Reifen. Schlagartig.

Martin Bangemann hat Anfang 1992 eine Verordnung über biotechnisch hergestellte Nahrungsmittel vorgelegt, mit der auch die Gentech-Lobby ihre reine Freude hat. Das „Novel Food"-Gesetz sieht keine Kennzeichnungspflicht für Genprodukte vor und „lockert auf beängstigende Weise die bestehenden Einschränkungen und nationalen Zulassungsverfahren" (*Der Spiegel*, 10/1992). Das Herstellungsverfahren bleibt ausgeklammert. Die Eurokraten folgen damit der Argumentation der Gen-Ingenieure, daß es chemisch egal sei, ob Käselab aus dem Magen von Kälbern oder genmanipulierten Mikroorganismen gewonnen werde. Daß diese Argumentation aufgrund der Erfahrungen mit gentechnisch hergestellten Medikamenten wie Insulin und dem Schlafmittel L-Tryptophan, das in den USA den Tod von 27 Menschen verursachte, nicht haltbar ist, schert sie wenig. Sie geben den Genmultis freie Hand fürs Komponieren neuer Kunstspeisen aus dem Bioreaktor. Die Genprodukte werden somit „handstreichartig in gesunde Naturkost umgelogen" *(Der Spiegel).* Europa folgt damit seinem Rivalen USA, wo Mitte 1992 gentechnisch veränderte Lebensmittel ohne entsprechende Deklarationspflicht für den Markt freigegeben wurden.

Der zentrale Irrtum unserer Industriezivilisation ist die Deklassierung des Lebens zur Anhäufung von Zellen, zur bloßen Ansammlung von Molekülen. Die Gentechniker halten alles Leben für verbesserungsbedürftig und schrankenlos ausbeutbar. Mit ihrer Manipulation des Zellkerns spielen sie Gott – mit allen Symptomen des puren Größenwahns. Von der beliebigen Machbarkeit von Leben leiteten sie das Recht auf Patentierung ab, womit sich der Kreis zur Ökonomie schließt. Die Gentechnik nützt ausschließlich den multinationalen Konzernen. Die Landwirte werden dabei zu Erfüllungsgehilfen degradiert.

These 6 Großeuropa bedeutet sozialen Ausverkauf und Zweidrittelgesellschaft

Das geplante europäische Imperium ist eine streng hierarchische Klassengesellschaft: die Reichen im Norden und Westen, die Armen im Osten und Süden. Die „Unterentwickelten" sollen mit den Almosen der Industriegiganten dahinvegetieren, die Arbeiter durch Roboter ersetzt werden. Man braucht sie eigentlich alle nicht mehr. Zunehmend schärfere Arbeitskonflikte sind nicht übersehbare Alarmzeichen. Das Ergebnis wird eine Zweidrittelgesellschaft nach angloamerikanischem Muster sein: Ein Drittel der Bevölkerung wird ausgegrenzt und muß in Armut und Elend leben.

Die großen Streiks in Deutschland und Spanien signalisieren, daß es mit dem sozialen Frieden auch in Zukunft bergab gehen wird. Wenn es schon jetzt – in Zeiten des Wirtschaftswachstums in beiden Ländern – zu derart massiven Arbeitskämpfen kommt, was wird dann in Krisenzeiten folgen? In Deutschland soll hauptsächlich die breite Masse der Arbeitnehmer die teure Zeche der Wiedervereinigung und der immer höher geschraubten EG-Subventionen zahlen. In Spanien betreibt eine „sozialistische" Regierung den Sozialabbau zugunsten der Reichen. Die Nutznießer der Europäischen Gemeinschaft, die großen Wirtschaftstreibenden und multinationalen Konzerne, werden nicht zur Kasse gebeten, sondern hofiert und noch zusätzlich gemästet.

Führende Gewerkschafter halten die EG noch immer für ein Paradies der Arbeitnehmer und Konsumenten. Wir wollen hoffen, daß sie es ehrlich meinen und nicht etwa ihren „Sozialpartnern" in der Industrie zuarbeiten. Bestimmte Facharbeiter und Spezialisten haben es in der EG zweifellos leichter, mehr zu verdienen und ihren Arbeitskreis zu erweitern. Aber insgesamt sieht es in der Arbeitswelt der „Gemeinschaft" finster aus. Sollte Österreich der EG beitreten, könnte es durchaus zu einer Zunahme der Arbeitslosigkeit kommen. Zu diesem Ergebnis kommt jedenfalls eine Studie der Kommission für Raumforschung an der Österreichischen Akademie der Wissenschaften. Andere bezweifeln das. So oder anders: Mehr Arbeit wird es kaum geben, denn die EG hat selbst genug Arbeitslose: 1991 waren es zwölfeinhalb Millionen! Das sind neun Prozent. Anfang 1992 wurde bekannt, daß die Arbeitslosenrate noch weiter ansteigt. Allein im EG-Musterland Frankreich sind fast drei Millionen ohne Arbeit. Und der EG-Vorzugsschüler Deutschland bringt es gar auf über drei Millionen. Tendenz steigend. Der französische Politiker Jean-Pierre Chevènement schreibt: „ Es ist nicht undenkbar, daß zum Ende des Jahrzehnts vier Millionen Menschen in Frankreich ohne Arbeit sind."

Lange Zeit wurde im Österreichischen Gewerkschaftsbund eine offene und kritische Auseinandersetzung mit dem Thema EG vermieden. Die Gewerkschafter hatten vor, den Europäischen Gewerkschaftsbund EGB zu stärken und international effizienter gegen die multinationalen Konzerne aufzutreten. Dieser Kampf hat aber eher zu einer Schwächung der Gewerkschaften geführt. Das hängt wohl vor allem mit der „sozialpartnerschaftlichen" Linie zusammen, die auch der EGB vertritt. Dazu die österreichische Sozial- und Wirtschaftswissenschaftlerin Inge Morawetz: „Daß der ÖGB, der als EGB-Mitglied die problematische Sozial- und Arbeitnehmerschutz-

politik der EG sehr wohl kennt, in der hiesigen EG-Diskussion bislang geschwiegen hat, ist nur mit der ‚sozialpartnerschaftlichen' Verbundenheit seiner Spitzenfunktionäre mit der kapitalfreundlichen Regierungspolitik zu erklären." Diese vor ein paar Jahren getroffene Aussage gilt heute doppelt: Der ÖGB legt sich nämlich inzwischen mit aller Kraft für einen EG-Beitritt ins Zeug.
Die europäischen Gewerkschafter haben sich erst spät mit den – alle bisher gültigen Strukturen verändernden – Bedingungen der Wirtschaftspolitik der EG auseinandergesetzt. Auf die Konzentration und Monopolisierung des Kapitals haben sie bis heute keine Antwort gefunden. Erst 1983, als die Arbeitslosenzahl in Westeuropa auf 18 Millionen angestiegen war, rief der EGB zur ersten Massendemonstration auf, an der 80.000 Gewerkschafter aus Westeuropa teilnahmen, und verurteilte die Weigerung der EG-Staatschefs, „politisch und miteinander abgestimmt eine Verringerung der Arbeitslosigkeit" in Angriff zu nehmen. Bis heute hat sich der Zustand noch verschlimmert. Inge Morawetz schreibt: „Für lohnabhängige Beschäftigte Pro-EG-Argumente zu finden, ist angesichts der mageren Erfolgsbilanz in den EG-Ländern in der Tat nicht leicht. Warum soll ein Regulierungssystem für Arbeitnehmer attraktiv sein, das schon seit einem Jahrzehnt nicht imstande ist, seine Arbeitslosenraten auf dem Niveau der Vollbeschäftigung zu halten, sondern im Gegenteil jährlich Millionen mehr Beschäftigungslose und einen soliden Sockel von ‚neuer Armut' produziert?"
Was bringen relativ niedrige Preise für Konsumgüter, wenn sie nicht nur durch mäßige Qualität der Waren, sondern auch durch zusätzliche Belastungen wieder geschluckt werden? Die wachsenden Abgaben fürs EG-Budget werden, so sieht es auch Inge Morawetz, in „herkömmlicher Manier von der Masse der Arbeitnehmer finanziert". Natürlich: Umverteilung von den reicheren zu den ärmeren Ländern ist notwendig und richtig. Aber die Frage ist, wem sie zugute kommt. Den Arbeitnehmern offensichtlich nicht, wie am Beispiel Spanien deutlich zu sehen ist. Mitte Juni 1992 hat der Europäische Rechnungshof eine Bilanz vorgelegt, die Bände spricht: Die EG ist außerstande, eine wirksame Kontrolle der Milliardenausgaben für die „strukturschwachen Gebiete" zu gewährleisten – zwischen 1988 und 1993 insgesamt 60 Milliarden DM. Beim EG-Gipfel Ende Juni wurde die Geldspritze daher gehörig reduziert. Die Spanier raunten daraufhin von einem „Verrat am Geiste von Maastricht". Zusammen mit den Portugiesen, Griechen und Iren wollen sie den Vertrag von Maastricht nicht ratifizieren, wenn die EG-Mittel nicht verdoppelt werden.

Umfragen in Österreich („market"-Institut Linz, 1992) haben gezeigt, daß die Bürger schon begriffen haben, wer letztlich zahlt: Gegenüber neun Vorteilen – an erster Stelle stehen „größeres Warenangebot" und „Preissenkungen" – bei einem EG-Beitritt werden 19 Nachteile genannt. In erster Linie nannten die Befragten Nachteile für die Landwirtschaft, Zunahme des Transitverkehrs, Nachteile für Klein- und Mittelbetriebe, Konkurrenz für die Wirtschaft, zunehmende Umweltprobleme, Preissteigerung bei Wohnungen, Probleme mit der Produktqualität und steigende Arbeitslosigkeit, aber auch Gefährdung der Neutralität, Verlust der Währung, soziale Probleme und steigende Armut.

So wie weltweit die ärmsten Länder jene sind, die den stärksten Anteil der Landwirtschaft am Sozialprodukt aufweisen, so sind auch in der EG die rein bäuerlich strukturierten Regionen die ärmsten. Statt dem gegenzusteuern, hat Brüssel immer eine Politik der Almosen betrieben, deren Scheitern in der dritten Welt längst offenkundig ist. Statt Hilfe zur Selbsthilfe werden Subventionsmilliarden nach Spanien, Portugal, Griechenland und Süditalien gepumpt, die, wie die EG-Politiker selbst erkennen müssen, kaum zu einer Verbesserung der Lage führen. Das Geld wird in die Monokulturen für den Export gesteckt. Den Löwenanteil kassieren der Handel und die Großgrundbesitzer. Für die kleineren Bauern fallen ein paar Subventionskrumen ab. „Von den EG-Milliarden profitieren fast nur die großen Bauern" *(Die Zeit)*. Spanien investiert die Subventionen vor allem in die Mechanisierung der Landwirtschaft. Folge: Abwanderung der bäuerlichen Bevölkerung in die Städte, Zunahme des Landproletariats, vor allem der Taglöhner. In Andalusien und der Exdremadura hat ihre Zahl allein in den letzten fünf Jahren um 50 Prozent zugenommen.

Der Protektionismus der EG-Agrarpolitik drückt die Länder der dritten Welt immer mehr unter die Armutsgrenze. Nach Schätzungen der Weltbank muß eine Milliarde Menschen mit weniger als einem Dollar pro Tag auskommen. Die Überschüsse der industrialisierten Landwirtschaft führen in der EG zwar zu niedrigeren Lebensmittelpreisen. Aber wer hat schließlich was davon?

Markus Lusser, Präsident der Schweizer Nationalbank, hat seinen Eidgenossen prophezeit, daß ein EG-Beitritt der Schweiz wohl niedrigere Preise, aber auch einen Rückgang der Löhne bescheren würde . . . In der Schweiz beträgt der Nettoverdienst eines Industriearbeiters derzeit umgerechnet rund 300.000 Schilling im Jahr. Die Löhne innerhalb der EG sind sehr unterschiedlich. In Westdeutschland verdient ein Industriearbeiter netto 250.000 Schilling im Jahr, in Belgien, den Niederlanden und Großbritannien noch immer über 200.000 Schilling. In Dänemark, Italien und Frankreich liegt der „Lohn der Arbeit“ schon unter 200.000 Schilling pro Jahr, in Spanien schon nur mehr bei rund 150.000 Schilling, in Griechenland bei rund 120.000 Schilling und in Portugal bei etwa 80.000 Schilling. Die Befürchtung ist durchaus berechtigt, daß die „armen“ Staaten mit einem Niedrighalten oder gar einer Reduzierung von Löhnen und Sozialleistungen versuchen, ihre Wettbewerbsfähigkeit zu erhöhen. Schon jetzt werden Hemden nur zum Knopfannähen nach Portugal gekarrt, um ein paar Pfennig zu sparen. Die Belastung der Bevölkerung an den Transitrouten bleibt unberücksichtigt.

Das jährliche Pro-Kopf-Einkommen liegt in der EFTA um rund 60.000 Schilling höher, die Arbeitslosenrate ist viermal kleiner als in der EG. Alles Daten, die nahelegen, daß die EFTA-Länder negative Auswirkungen auf dem Arbeitsmarkt schon im EWR zu befürchten haben.

London hat bisher innerhalb der EG eine gemeinsame Sozialcharta boykottiert, zuletzt in Maastricht. Schon vor fünfzehn Jahren klagten Gewerkschafter, daß die „Sozialcharta“ der EG nicht vom Fleck komme. Nach zwei Jahrzehnten „Europa“-Politik fühlte sich die EG-Kommission schon damals zur Feststellung veranlaßt, daß die „Lage der Arbeiterschaft, selbst aus monopolkapitalistischer Sicht, völlig unbefriedigend ist“. Die Europäische Gemeinschaft sei „nicht ein sozial fortschrittlicher Raum, sondern vielmehr ein großes, zusammenhängendes Notstandsgebiet in Europa“. Die Lage der ärmeren Schichten der Bevölkerung verschlechtere sich zusehends durch Inflation. Diese Analyse der Kommission müßte heute bei wahrheitsgemäßer Information noch negativer ausfallen. Die wirtschaftliche Entwicklung der EG vollzieht sich jedenfalls nach wie vor „unter Leitung und im Interesse des Großkapitals“, wie es der Gewerkschafter Werner Cieslak vor fünfzehn Jahren formuliert hat.

Den niedrigen Einkommen entspricht die Wirtschaftsleistung der weniger industrialisierten EG-Länder. Zu den „Armen in der EG“ gehören Spanien, Irland, Portugal, Griechenland und der ganze Bereich der Ex-DDR, also Ostdeutschland. Die niedrigsten Sozialleistungen haben Portugal, Spanien, Irland, Italien und Großbritannien. Das korrespondiert weitgehend mit den aktuellen Arbeitslosenzahlen: Spanien und Irland rund 17 Prozent, Großbritannien 11 Prozent, Italien 10 Prozent.

Aber auch Deutschland hat, vor allem durch die katastrophale Ent-

wicklung in den „neuen Bundesländern", drei Millionen Arbeitslose: Im Mai 1992 lag die Quote Ost bei 14,7, die Quote West bei 5,7 Prozent. 4,2 Millionen Menschen leben allein in den „alten Bundesländern" von der Sozialhilfe. 1970 waren es noch 1,4 Millionen.
Niedrigere Lohnkosten und weniger strenge Umweltauflagen ziehen natürlich zahlreiche ausländische Investoren in diese Länder, die versuchen, Sozialleistungen abzubauen oder zu dämpfen, um für die exportierende Industrie Konkurrenzvorteile zu schaffen. Andererseits haben die Unternehmen in den „reichen" Ländern der EG gegenüber ihrer Arbeitnehmerschaft ein immer wieder strapaziertes Druckmittel in der Hand: Wir können ja unsere Betriebe ins Ausland verlegen. Es kommt zu einer erheblichen Konzentration des Kapitals in multinationalen Konzernen, das sich der Mitbestimmung in jeder Form entzieht. Derartige Konzerne werden auch die Politik der Regierungen auf Gemeinschaftsebene bestimmen. Arbeitskräfte aus den „armen" EG-Ländern, aus der Türkei und den Ostländern, werden in den sozial entwickelteren Ländern verstärkt unter Bedingungen arbeiten, die kein Einheimischer akzeptieren würde. Alle diese Phänomene des Sozialdumping sind sehr ernst zu nehmen. Gegenstrategien hat die EG bisher nicht entworfen. Ein gemeinschaftlicher Grundrechtskatalog wurde nicht entwickelt.
Daß das keine Fieberphantasien von Gewerkschaftern sind, zeigt die Entwicklung in Spanien. Seit einigen Jahren setzt die Regierung in Madrid „voll auf soziales Dumping", wie es ein Mitglied des Europäischen Gewerkschaftsbundes EGB in Brüssel formulierte. Dazu Thomas Hanke in der *Zeit*: „Unter Felipe Gonzales will die regierende Spanische Sozialistische Arbeiterpartei in bestem Thatcher-Stil die eigene Wirtschaft beflügeln, indem sie soziale Rechte einschränkt. So sollen Jugendliche nur noch befristete Arbeitsverträge und keinen gesicherten Mindestlohn mehr erhalten, außerdem soll der Kündigungsschutz gelockert werden."
Da ist es nicht weiter erstaunlich, daß Gewerkschafter in den EG-Ländern pessimistische Prognosen wälzen, wenn es um die soziale Seite der europäischen Einigung geht. Sie sprechen von einem Europa der Konzerne, in dem Sozialdumping droht. Sie schließen sich zwar zusammen und wollen darauf mit neuen Mitbestimmungsmodellen antworten. Aber sie wissen schon, daß sie sich an der EG die Zähne ausbeißen werden, daß die Schwachen in der EG schwächer werden, daß der Binnenmarkt die Lage der Arbeitnehmer verschlechtern wird.
Die tristen Millionenheere der Arbeitslosen sind nicht das einzige Sozialproblem der EG. Nach einer Untersuchung der EG-Kommis-

sion leben 14 Prozent der Gesamtbevölkerung der Zwölfergemeinschaft in bitterer Armut: das sind 44 Millionen Menschen! Die meisten Armen hat Portugal (33%), dann folgen Irland, Spanien, Griechenland und Großbritannien (um 20%), Frankreich und Italien (je 16%). Alle anderen Länder liegen unter der 14-Prozent-Durchschnittsmarke. Nach Angaben der „Armuts-Kommission" der EG wird namentlich Großbritannien als „Armenhaus Europas" bezeichnet. Mehr als elf Millionen Briten vegetieren unter der Armutsgrenze. Aber auch im reichen Deutschland leben vier Millionen Menschen von der Sozialhilfe.
Der Europäische Gewerkschaftsbund EGB hat zwar 46 Millionen Mitglieder, ist aber ziemlich zahnlos. Seine Ohnmacht zeigt sich auch darin, daß trotz jahrelanger Diskussionen die Sozialcharta in Maastricht nicht angenommen wurde. Viele Arbeitnehmer hat das in ihrem Mißtrauen gegen das künftige Europa bestärkt. Die Briten haben sich in Maastricht durch die Ausklammerung der sozialen Dimension quergelegt. Sie lehnten die „Sozialcharta" zur Verbesserung der Lebens- und Arbeitsbedingungen, die ab 1993 die Grundrechte aller Arbeitnehmer in der EG regeln sollte, rundweg ab. Die Sozialcharta sollte allen EG-Bürgern gleiche Bezahlung für gleiche Arbeit, gleiche Bezahlung für Mann und Frau bei gleicher Arbeit, Freizügigkeit in der Wahl des Arbeitsplatzes, gesicherte Aus- und Weiterbildung, gegenseitige Anerkennung von Ausbildungsgraden, Bekämpfung der Arbeitslosigkeit, Schutz der Gesundheit am Arbeitsplatz und Beschäftigung von Behinderten, Interessenvertretung einschließlich der Mitbestimmung, ganz allgemein die Verbesserung der Lebens- und Arbeitsbedingungen bringen.
Der britische Premier John Major wehrte sich mit aller Macht dagegen, daß die EG Kompetenzen bekommt, Großbritannien zusätzliche Sozialleistungen vorzuschreiben. Nach der mit allen Mitteln durchgezogenen Schwächung der Gewerkschaften hat die Regierung dieses Gebiet links liegen gelassen. Die Sozialschutzleistungen – etwa Arbeitslosen- oder Karenzgeld – liegen auf der Insel erklecklich hinter den anderen EG-Staaten zurück – ausgenommen Irland, Spanien, Portugal und Griechenland, wo sie noch erheblich schlechter sind. Jeder sechste Arbeiter im Vereinigten Königreich arbeitet mehr als 48 Stunden in der Woche. Was soll Mister Major da mit der angepeilten 35-Stunden-Woche in Deutschland anfangen? Der Thatcher-Zögling weiß, was er seiner Wirtschaftslobby schuldig ist. Eine Senkung der Arbeitszeit auf EG-Normen würde britische Unternehmen einige Milliarden Pfund kosten.

Auch muß Major an die japanischen Geldgeber denken, die, wie Jacques Delors meinte, in Großbritannien „ein Paradies für Arbeitgeber mitten in der EG“ vorfinden. Für London ist es offenbar unakzeptabel, ein Urlaubsminimum und ein Arbeitszeitmaximum, Kündigungsfristen und all die anderen Errungenschaften vorzuschreiben, mit denen Mitteleuropa gut zu wirtschaften versteht. Mitbestimmung bedeutet für die Tories offenbar nur Verlust von Wettbewerbsfähigkeit und Arbeitsplätzen. Für Margret Thatcher heißt Mitbestimmung „Sozialismus durch die Hintertür“. Typischer Spruch von Industrieminister Peter Lilley: „Wir müssen von den Japanern lernen – und es dann besser machen.“ England: das Taiwan Europas, geprägt durch dürftigen sozialen Schutz, ein viktorianisches Arbeitshaus im Nebel.
Das Europa der EG, zumal auch einer um Osteuropa erweiterten, ist drauf und dran, den USA auf dem Weg in ihre Zweidrittelgesellschaft zu folgen: Ein ganzes Drittel der Gesellschaft wird ausgegrenzt, in Armut und Elend gestoßen. England hat unter der Regierung von Margret Thatcher schon ein gutes Stück dieses Sozialabbaus zurückgelegt. Andere Länder und die EG insgesamt sind dabei, den Briten nachzueifern. Die Einkommenspyramide in den USA gleicht zunehmend der eines x-beliebigen Drittweltlandes. Oben nadelförmig, in der Mitte schmal und unten riesig breit. Der Anteil der Mittelklasse schrumpft zunehmend. Von 1978 bis 1990 fiel er von 75 auf 60 Prozent. Abstieg ist die Regel, Aufstieg die Ausnahme. Wenn es so weitergeht, wird die Mittelklasse an der Gesamtbevölkerung bis zum Jahr 2000 auf 50 Prozent sinken.
Nach neuesten Berechnungen der US-Notenbank ist die Kluft zwischen Arm und Reich so groß wie in den asozialen zwanziger Jahren. 30 Millionen Amerikaner sind bettelarm. Ein Prozent der Haushalte verfügt über ein ein größeres Vermögen (5,7 Billionen Dollar) als 90 Prozent der Haushalte (4,8 Billionen Dollar). Seit 1983 ist der Anteil dieser reichsten Familien der USA am Gesamtvermögen von 31 auf 37 Prozent gestiegen. Ob Amerika oder Europa: Auf der Strecke bleiben die Kleinen – Bauern, Arbeiter, „einkommensschwache“ Gewerbetreibende und Angestellte, Alleinverdiener mit kinderreichen Familien, Rentner und Pensionisten, Behinderte.

These 7

Die „Freiheit" des Verkehrs ist der Untergang Mitteleuropas

Mitteleuropa – die Schweiz, Südfrankreich, Bayern, Österreich, Ungarn, Slowenien, Kroatien und die Tschechoslowakei – ist in Großeuropa als Schleuse und Durchzugslager vorgesehen. Oberstes Gesetz im Euro-Empire ist die Mobilität: der unbeschränkte Verkehr von Waren und Personen. Dieser Verkehr hinterläßt kaputte Menschen und Wälder – besonders die Alpen sind das Opfer am Altar Großeuropas.

Die Droge „Mobilität“ triumphiert: Nach allen verfügbaren Prognosen wird der Verkehr in den nächsten Jahren noch weiter zunehmen: Der Flugverkehr wird sich verdoppeln oder verdreifachen, obwohl bekannt ist, daß er einer der Hauptverpester der Atmosphäre ist. Der LKW- und PKW-Verkehr wird noch weiter ansteigen, obwohl er sich bereits jetzt in Megastaus selbst erstickt. Vergiftung der Atmosphäre? Hauptsache schneller dort! Vergiftung der Menschen durch Autoabgase? Hautpsache, jeder sitzt bequem isoliert in seiner „Fahrgastzelle“! Blei in der Muttermilch? Sollen sie im Supermarkt Babynahrung kaufen! Waldsterben? Was geht mich das an? Wenn der Bannwald stirbt, verschütten Muren und Lawinen die Alpentäler? Dann fahren wir eben unterhalb im Euro-Tunnel nach Italien! Verkehrsinfarkt hin, Verkehrsinfarkt her, es wird weiter die Straße bevorzugt. Hämisch überlassen die EG-Verkehrsminister die Bahn dem freien Spiel des Marktes, wohl wissend, daß sie die in den letzten Jahrzehnten in den Ausbau der Straßen und Autobahnen gesteckten Milliarden nicht mehr aufholen kann. Wenn Milliarden für die Schiene locker gemacht werden, dann für die Hochgeschwindigkeitsbahn, die mit über 400 km/h die Landschaft in einen Hochsicherheitstrakt verwandelt.
Die Europäische Gemeinschaft braucht Österreich und die Schweiz, mehr noch als Schweden, Finnland oder Norwegen, denn sie sind geopolitisch ein Riegel, der sie von den Partnern im Süden (Italien) und im Südosten, von Griechenland (EG) und der Türkei (NATO) trennt. Über sie wird sämtlicher Transit abgewickelt. Allerdings hat das System noch ein anderes Loch: das ehemalige Jugoslawien. Durch Belgrad müssen alle Trucks, die von Ankara über Istanbul und Sofia oder von Athen kommen und weiter dann über Kroatien und Slowenien nach Norden und Westen wollen. Die sogenannte „Autoput“, die fast 1200 Kilometer lange jugoslawische Autobahn, soll Griechenland stärker an die EG anbinden, darüber hinaus die Türkei und den Nahen Osten. Und diese „Autoput“ mündet bei Villach (Karawankentunnel) oder bei Marburg/Spielfeld ins österreichische Autobahnnetz. (Daher ist der EG die Pyhrn-Autobahn so wichtig, wo jetzt die letzten Bauern, die noch Widerstand leisteten, enteignet werden sollen.) Bis zum Bürgerkrieg in Jugoslawien wurde die internationale Verbindung zügig ausgebaut. Jetzt stagniert alles. Das ist der Wirtschaftslobby in der EG höchst unangenehm.
Taktisches Manöver oder Wahrheit? Gianni De Michelis sieht „größere Probleme beim Verkehrstransit als bei der Neutralität“. Die Ansicht des italienischen Außenministers steht, wenn man es zynisch sieht, im diametralen Gegensatz zum Punkt Transitverkehr im Avis,

der Antwort aus Brüssel auf das Beitrittsansuchen Österreichs. Schlüsselsatz: „Innerhalb der Gemeinschaft wird der Begriff Transitverkehr bei Vollendung des Binnenmarktes seine Bedeutung verlieren. Wie jeder andere internationale Straßenverkehr wird der Transitverkehr nach 1992 frei von jeder mengenmäßigen Beschränkung sein . . . Dies bedeutet, daß Österreich im Falle eines Beitritts seine restriktive Politik im Bereich des innergemeinschaftlichen Straßenverkehrs aufgeben und den Besitzstand der Gemeinschaft übernehmen müßte . . . Es ist zu erwarten, daß es in den Beitrittsverhandlungen in der Frage des Transitverkehrs zwischen den Mitgliedsstaaten und Österreich harte Auseinandersetzungen geben wird."

Das ist die EG-Wirklichkeit: Wenn die neutralen Länder auf ihre Neutralität verzichten, wenn die Transitländer Österreich und Schweiz Wohlverhalten zeigen und die EG-Obermaxime von der Freizügigkeit des Verkehrs voll akzeptieren, dann wird man sie gnädig in die „Gemeinschaft" aufnehmen. Wenn sie einmal Mitglieder sind, können sie sich als kleine Fische ohnehin nicht mehr wehren. Wobei es natürlich nicht nur um den LKW-Transit geht, sondern auch um den immer irreren PKW-Verkehr, vor allem in „Ferienzeiten", wenn der Norden sich im Hundert-Kilometer-Stau nach Süden wälzt. Günther Nenning zieht daraus folgende Konsequenz: „Gegen die Verwandlung Österreichs in eine EG-Transitrollbahn können wir uns wehren nur als selbständiges Land, als EG-Anhängsel nicht mehr."

Die Verhandlungen über den Transit im Rahmen des EWR-Vertrags gaben nur einen Vorgeschmack auf die Schwierigkeiten, die Österreich nach einem EG-Beitritt erwarten. Zum einen wird der auf zwölf Jahre abgeschlossene Vertrag nach einem EG-Beitritt seine Gültigkeit verlieren: „Es fehlt jede auch nur kleinste Garantie seitens der EG", heißt es in einem offenen Brief des „Transitforums Tirol" vom 3. November 1991. Der Transitvertrag sei nichts anderes als die Festschreibung einer „unzumutbaren Situation an den Transitrouten". Nach einem schon 1990 fast unter Ausschluß der Öffentlichkeit publizierten EG-Gutachten wird der „grenzüberschreitende Lastkraftwagenverkehr" mit der Vollendung des Binnenmarktes, also ab 1993, um 30 bis 50 Prozent ansteigen. Bis zum Jahr 2000 wird sich der Transitverkehr in manchen Regionen verdoppeln oder verdreifachen.

Im EWR-Vetrag ist der Transit durch Österreich zwar durch ein Ökopunktesystem beschränkt. Rein rechnerisch erwartet man innerhalb der nächsten zwölf Jahre eine Reduktion der Schadstoffe um

60 Prozent trotz steigender Durchfahrten: durch Verringerung der schädlichen Abgase. Als Richtwert dient der Stickoxidausstoß der LKW, als Ausgangsbasis das Jahr 1991, in dem 1,3 Millionen Lastwagen aus den EG-Staaten Österreich durchquerten und je 15,8 Gramm Stickoxid in die Luft bliesen. Die neuerlichen Verhandlungen Ende April 1992 waren nur noch Theaterdonner, denn schließlich einigte man sich auf 1,26 Millionen Transitfahrten. Die Szene war basarreif: EG-Verkehrskommissar Karel van Miert wollte 1,3, die Frächterlobby 1,6 Millionen Fahrten, Österreichs neuer Verkehrsminister Viktor Klima ging mit einem Angebot von 1,15 Millionen ins Rennen.

Die Ökopunkte sind das Produkt aus Stickoxidemission und LKW-Fahrten. Insgesamt werden rund 20 Millionen Ökopunkte vergeben. Die Abbuchung der Ökopunkte soll an den Grenzen aufgrund der Fahrzeugpapiere erfolgen. Bis zum Jahr 2003 muß Österreich, so haben die Rechenkünstler herausgefunden, aufgrund von Verbesserungen an den Fahrzeugen und Verlagerung des Verkehrs auf die Bahn nur noch 40 Prozent des anfänglichen Ökopunktekontingents vergeben – wenn Österreich bis dahin nicht schon in der EG ist und alle Extrawürste vergessen kann.

Das vom früheren Verkehrsminister Rudolf Streicher und seinen Leuten ausgearbeitete Ökopunktesystem hat manches für sich. Aber es hat mehrere Schwachpunkte: Zum einen wird das Lärmproblem nicht gelöst, im Gegenteil, und zum anderen wird die Bahn keine ausreichenden Alternativen anbieten können. Das kann man schon daran erkennen, daß entlang der Transitrouten – mit Ausnahme von Tirol – die Bahn kaum ausgebaut wird. Außerdem ist das ganze System – auch wenn man elektronische Datenverarbeitung einsetzt – schwer überschaubar, bürokratisch und anfällig gegen Mißbrauch. Schon bisher wurden, wie Fritz Gurgiser vom Tiroler Transitforum nachwies, jede Menge Transitgenehmigungen gefälscht.

Trotz aller Probleme und Widerstände soll der Ausbau von Autobahnen noch forciert werden: siehe Nordumfahrung Klagenfurt, siehe Umfahrung Wien-Süd, siehe Pyhrn-Autobahn, siehe „Alemagna“, die von Italien her zügig in Richtung Osttirol vorangetrieben wird. Die Fachleute nennen das „Hosenträger-System“: möglichst viele Nord-Süd-Transversalen, verbunden durch Querverbindungen. Die Ökopunkte-Illusionisten können sich auf den Kopf stellen: Bis zum Jahr 2010 wird sich die Warenmenge, die durch die Alpen geschleust wird, verdoppeln (Greenpeace Zürich, EG-Transit-Terror, 1991). Die Transitlawine ist nämlich der sicht-, hör- und riech- bzw. ruchbare

Ausdruck der Hauptziele der EG: freie Fahrt für Waren in einem freien Markt.
Bei all den Ökopunkterechnereien wurde nicht berücksichtigt, daß mindestens ein Drittel aller Transitfahrten Leerfahrten oder „Sinnlosfahrten" sind. Gemeint ist der „Subventionstourismus": Für die „Veredelung" in Ländern außerhalb der EG – oft handelt es sich nur um geringfügige Veränderungen – werden Subventionen kassiert. Zollfahnder berichten, daß meist nicht einmal dieser schöne Schein gewahrt wird. „Oft werden die Waren, immer neu deklariert, einfach zwischen Ländern spazierengefahren, wobei mitunter auch 20mal die Abschöpfung kassiert wird. Da passieren ungeheure Dinge." [1]
Gemeint sind aber auch Transporte von Metallschrott oder Baumaterial, die auf die Bahn gehören. Würde man die Fahrten dazurechnen, die durch reine Profitspekulationen und durch das „just in time"-System entstehen (die Exporteure halten aus Kostengründen keine Lager mehr, die Ware geht sofort auf Achse, der LKW wird zur rollenden Lagerhalle), könnte ohne weiteres die Hälfte des Transitverkehrs eingespart werden.
Daß Frühkartoffeln aus Italien nach Deutschland gekarrt werden, wäre ja noch plausibel. Warum aber werden Unmengen von Kartoffeln von Bayern nach Italien verfrachtet? Kühe gibt es überall, trotzdem lassen die EG-Molkereien Milchprodukte in halb Europa herumfahren. Das gleiche gilt für Mineralwasser oder Bier. Die Belgier schickten in einem Jahr 381.700 Schweine nach Italien. In der Poebene werden sie zu „Parmaschinken" verarbeitet. Die EG gab in einem Gerichtsurteil grünes Licht, daß nicht nur um Parma heimische Schweine den berühmten Schinken liefern dürfen. Das Borstenvieh muß nur einige Zeit in Italien gemästet werden, damit der schöne Schein gewahrt bleibt. Jochen Paulus schreibt dazu im *Öko-Test-Magazin*: „Die Milch für den Fraß stammt aus Hamburg. Eine hanseatische Firma liefert Magermilchpulver nach Hartberg im Süden Österreichs, wo noch Rindertalg dazukommt. 200 Kilometer weiter westlich (in Lienz, Anm. d. Autors) gibt eine Molkerei Wasser dazu. In der Poebene (bei der Firma Nutral in Casalbuttano, Anm. d. Autors) wird das Gemisch dann wieder getrocknet und den Schweinen vorgesetzt." Der „Original-Parma-Schinken" wird dann wieder durch ganz Europa transportiert.
Die Schweizer Wäschefabrik Calida kaufte im nordportugiesischen Amares das marode Unternehmen Rigotextil. Die Näharbeiten sind dort für eine LKW-Ladung Wäsche um 37.000 Franken billiger als in der Schweiz. Die Transportkosten liegen bei 8500 Franken. So daß

allein dadurch ein Gewinn von 28.500 Franken pro LKW-Ladung herausschaut. Während aber die Schweiz ihre Eisenbahn-Alpentransversalen bauen wird und nach dem EWR-Vertrag pro Tag nur fünfzig 40-Tonnen-Fahrzeuge durchs Land lassen muß, werden die schweren Stinker weiter ungehindert durch Österreich düsen – mit einem Ökomascherl. Und selbst die fünfzig 40-Tonnen-LKW müssen die Eidgenossen nur dann durchs Land lassen, wenn die Kapazität der Bahn ausgeschöpft ist, wenn ausschließlich schadstoffarme LKW benutzt werden und wenn es sich um dringliche beziehungsweise verderbliche Güter handelt.

Da ist Österreich in einer viel schlechteren Ausgangslage. Die 30 Prozent Umwegtransit, die derzeit statt über die Schweiz über seine Straßen rollen, werden bleiben. Fritz Gurgiser vom Transitforum Tirol hat die Meinung der Antitransit-Bürgerinitiativen zum „sogenannten Transitvertrag" kürzlich so auf einen Nenner gebracht: „Es wurden eine dauerhafte Lösung, wirksame Maßnahmen gegen den Umwegtransit und eine Verringerung des Stickoxidausstoßes um 60 Prozent innerhalb von zwölf Jahren versprochen. Tatsache ist, daß der Vertrag nur eine Übergangslösung darstellt und bei den EG-Beitrittsverhandlungen neu verhandelt werden muß . . . Wir verlangen eine umfassende und langfristige Lösung und wollen deshalb noch einmal auf das Parlament einwirken, diesen Vertrag – dem das Land Tirol aus uns unverständlichen Gründen zugestimmt hat – außer Kraft zu setzen."

Das sind natürlich fromme Wünsche. Der EG-Hochgeschwindigkeitszug überrollt alles, was sich ihm in der Weg stellt, auch die freiheitsliebenden und tapferen Tiroler.

Das Tiroler Inntal hat schon jetzt die gleiche Luftqualität wie Ballungsräume in Industriegebieten. Die Kinder haben ein geschwächtes Immunsystem und die Frauen viel zu viel Blei in der Muttermilch. Das Blei kommt allerdings von den PKW, die noch immer nicht unverbleit fahren. Den Clou zum Ökopunktesystem lieferte Ende 1991 ein Bericht des Verkehrsplaners Helmut Stickler und zweier Tiroler Landesforstdirektoren, Andreas Werber und Dieter Stöhr: Sie wiesen nach, daß die von Minister Streicher als Verhandlungserfolg ausgewiesene Schadstoffreduzierung fast ausschließlich das Ergebnis der ohnehin beabsichtigten Senkung der Grenzwerte ist. Ihr Resümee: „Der Vertrag wird die Stickoxidemissionen im besten Fall um weitere vier Prozent senken." Der Ökobluff der Jahres, nein, des Jahrzehnts.

These 8 — Die EG ist eine Minus-Macht im Umweltschutz

Die Großeuropäer führen einen Wirtschaftskrieg gegen die übrige Welt. Umweltschutz hat da, außer in frommen Sonntagsreden, keinen Platz. Atmen macht krank in vielen Teilen der „Gemeinschaft", Trinkwasser und Lebensmittel sind verseucht, die Böden kaputt, der Wald ohnehin. Die Atommeiler verrotten zu strahlenden Zeitbomben. Die Meere sind verpestet und klinisch tot. Den schwarzen Peter haben wir alle. Europa ohne Grenzen heißt erst recht: Alarm für die Umwelt.

„Atlantis" hieß die sagenhafte versunkene Insel, von der ägyptische Priester dem weisen Athener Solon erzählten. Astronauten der amerikanischen Raumfähre „Atlantis" sahen die Erde Anfang 1992 in eine dicke Staub- und Rauchschicht gehüllt, viel dichter als noch vor zwei Jahren. Die Erde, der einst so schön blaue Planet, wird immer grauer.

Nach dem 1992 vorgelegten Umweltbericht der Organisation UNEP (United Nations Environment Programme) hat sich die ökologische Zerstörung auf der Erde in den vergangenen zwanzig Jahren weiter beschleunigt. Schlüsselsatz: „Vor allem Kinder sind Opfer des weltweiten Raubbaus."

Die Zukunftsforscher prophezeien für die nächste Zukunft nichts Gutes: eine bedrohliche Verknappung der Energiereserven, einen schwer kalkulierbaren Klimawechsel durch die von der Zivilisation verursachte Anreicherung der Atmosphäre mit Kohlendioxid [1] und anderen Treibhausgasen [2], eine Verschärfung der Konflikte zwischen Armen und Reichen, zwischen Nord und Süd, die Zunahme der Weltbevölkerung auf sieben Milliarden Menschen mit katastrophalen Folgen für Ernährung und Gesundheit.

US-Zukunftsforscher Dennis Meadows, der Anfang der siebziger Jahre erstmals die „Grenzen des Wachstums" berechnete, kommt in seinem im Mai 1992 vorgelegten neuen Bericht zu dem Ergebnis, daß die Erde in 40 Jahren kollabiert. Nach dem neuen Bericht des Club of Rome, „Die erste globale Revolution", wird viel zu wenig für erneuerbare, sanfte Energiequellen getan, fürs Energiesparen, gegen den Treibhauseffekt, gegen die Vergiftung von Wasser, Boden und Luft.

„Wir meinen, daß die gegenwärtigen Regierungssysteme zur Lösung der großen Probleme unserer Welt nicht taugen", erklärte der Generalsekretär des Club of Rome, Bertrand Schneider, in einem Interview (*Natur* 9/1991). Sie seien auf allen Ebenen veraltet, international wie lokal.

Und was sollte an die Stelle dieser Regierungssysteme treten, an die Stelle auch der Demokratie? Eine Art „neue ökologische Weltordnung", eine „Diktatur der Guten"? Darauf bleiben die „Weisen" eine Antwort genauso schuldig wie auf die Frage, weshalb sie meinen, wir müßten „die Kernenergie als Option offenhalten", obwohl sie eine „abschreckende Energiequelle" sei.

Schon die vier Grundfreiheiten, die im EWR und im EG-Binnenmarkt ab 1993 massiv zum Tragen kommen werden – die Freiheit des Personen-, Waren-, Kapital- und Dienstleistungsverkehrs –, si-

gnalisieren, daß die EG an den Umweltschutz erst zuletzt denkt. Die bisher aufgetischten Programme (1992 war es das fünfte) sind nicht das Papier wert, auf dem sie gedruckt sind. Ein paar Retuschen, weiter nichts. Die „Megatrends“ wurden nicht umgekehrt. In einem 1985 publizierten Weißbuch zur Vollendung des Binnenmarktes ab 1993 kommt das Wort Ökologie nicht einmal vor, ebensowenig im Bericht des Sonderbeauftragten Paolo Cecchini. Es ist nur von Ökonomie die Rede. Kein Wunder, daß der zuständige EG-Kommissar Carlo Ripa di Meana selbst fürchtet, die Umweltkatastrophe könne nicht verhindern werden, wenn es so weitergehe wie bisher. Und es geht so weiter. Das weiß er selbst am besten.
Erst 1988 gab die EG-Kommission einen Umweltbericht in Auftrag. Er lag ein Jahr später vor, wurde aber zur geheimen Verschlußsache erklärt, weil das Urteil der Fachleute niederschmetternd und vernichtend war. Ein schrankenloser Binnenmarkt ohne starken politischen Willen und ohne Umdenken in den bisher gültigen Wirtschaftsmechanismen werde, so heißt es in dem Bericht, „mit einem schmutzigen Wachstum verbunden sein“. [3] Für die Zukunft Europas wird Umwelt zur Unterwelt, zum Hades: Die wirtschaftlich schwachen Länder werden auf Wachstum und nicht auf Umwelt setzen. Durch die Forcierung des Mehrheits-Stimmrechts werden die kleinen, fortschrittlichen Länder überstimmt. Schmutzige Industrien werden ihre Fabriken in Länder mit minimalen Umweltauflagen verlegen. Umweltabgaben werden unmöglich, weil das der „Harmonisierung“ zuwiderläuft und beim Europäischen Gerichtshof eingeklagt werden kann. Der Europäische Gerichtshof urteilt entsprechend: Wenn Umweltschutz den Wettbewerb auch nur spürbar beeinträchtigen könnte, muß ein Land, das strengere Bestimmungen beschlossen hat, mit einer Klage rechnen.
In solchen Ländern wegen ihrer Gefährlichkeit verbotene Stoffe und Produkte müssen wegen des Prinzips der gegenseitigen Anerkennung wieder zugelassen werden. Was jetzt bei der Todesfaser Asbest droht – die Bundesrepublik befindet sich bezüglich ihres Verbots gegenüber Frankreich und Belgien im Alleingang –, ist bei giftigen Spritzmitteln schon gelaufen. 1991 beschloß die EG eine Richtlinie (EG-Pestizid-Richtlinie), nach der auf Antrag des Herstellers ein Wirkstoff in jedem Land der Gemeinschaft zugelassen werden muß, wenn dieser auch nur in einem Land erlaubt ist. In Pestizidparadiesen wie Portugal oder Spanien zugelassene Chemikalien, die etwa in Dänemark verboten sind, können dann trotzdem „quasi durch die EG-Hintertür“ auch dort wieder verkauft werden. In der Richtlinie

sind 600 Chemikalien angeführt. Vor ihrem Inkrafttreten waren nur 60 in sämtlichen EG-Ländern erlaubt. Die „EG-Giftlawine" ist in voller Fahrt. Die Trinkwasser-Richtlinie von 1980, vom *Spiegel* „Brunnenvergifter-Richtlinie" genannt, die den Wasserwerken niedrige Grenzwerte vorschreibt, steht zur Pestizid-Richtlinie in krassem Widerspruch: „Die Kommission stellt Freibriefe zum Vergiften von Boden und Wasser aus und verschickt parallel dazu Strafbefehle . . ." In Intensiv-Anbaugebieten (Mais) ist zum Beispiel der giftige Unkrautkiller Atrazin überall im Grundwasser nachweisbar. Atrazin ist in Italien, Portugal und Irland erlaubt, in Deutschland verboten. Der Sieg der Umweltschützer war nicht von langer Dauer. Jetzt ist Atrazin „wieder im Kommen" [4].

Das oberste Prinzip der EG heißt Mobilität. Einem nahezu uneingeschränkten Waren- und Personenaustausch wird absoluter Vorrang gegeben. Im Umweltschutz sehen die EG-Exekutoren eigentlich nur ein Handelshemmnis. Die Umwelt ist in der EG kein wichtiges Wirtschaftsgut. Sie wird, trotzdem es in letzter Zeit doch einige Beschränkungen gegeben hat, immer noch als billiger Abfallkübel gesehen. Diese Einstellung führt zu mehr Umweltverpestung und damit zu mehr Gesundheitsschäden. Die Folgekosten – etwa durch den bis zur Absurdität gesteigerten Straßenverkehr – werden nicht den Verursachern aufgebürdet, sondern der gesamten Bevölkerung. Würde man diese Kosten einkalkulieren, müßte der Preis für einen Liter Treibstoff bei rund fünf Mark, also etwa 35 Schilling liegen. Die EG hat nicht einmal die Einführung des Katalysators zustande gebracht. Als EG-Mitglied könnte Österreich solche Vorstöße überhaupt vergessen. Wobei anzumerken ist, daß der Katalysator in puncto Umwelt nicht annähernd die Patentlösung ist, als die er verkauft wird.
Schon zeichnet sich weltweit ab, daß es in Zukunft „Kriege ums Wasser" geben wird. Nicht nur die Armen werden verdursten, auch die Reichen. „Der Hahn über dem Waschbecken", schreibt der Journalist Helmut Schödel über einen Besuch in der Millionen-Metropole Quito, der Hauptstadt Ecuadors, „ist keine Wasser-, sondern eine Gefahrenquelle voller Krankheitserreger . . . Das Wasser ist kaputt. Auch im Fünf-Sterne-Hotel . . . This is the end, my beautiful friend . . . " Im nächsten Jahrhundert wird es auch in Europa Trinkwassernot geben, wenn nicht eine drastische Reduktion des Kohlendioxid-Ausstoßes erfolgt. Schon jetzt greift die Wüste nach Europa. In Spanien werden in der Extremadura die uralten Steineichenwälder

abgeholzt, um Mais anzubauen. Die ärmeren EG-Länder und Osteuropa können sich Umweltschutz überhaupt nicht „leisten". Ihre Wirtschaftsbosse und Politiker pfeifen sowieso drauf.
Österreich hat für den Umweltschutz relativ viel getan. Die EG hat in manchen Bereichen jedoch strengere Auflagen als Österreich, etwa beim Gewässerschutz. Der niedrige Grenzwert für die Summe aller giftigen Spritzmittel im Grundwasser ist für die nationale Agrargiftlobby bis heute eine harte Nuß. Und aus den Wasserwerken kommt wiederholt die Kunde, daß die Grenzwerte nicht eingehalten werden können. Gutes Trinkwasser ist Mangelware in Europa. Auch hat die EG eine verbindliche Umweltverträglichkeitsprüfung eingeführt. Einschlägige Gesetzesinitiativen kommen anderswo, etwa in Österreich, einfach nicht vom Fleck.
Bei einem Vergleich der Umweltschutzsituation EG – Österreich ergeben sich aber einige gewaltige Problemzonen: Die Grenzwerte für die zulässige Belastung von Einzelpersonen und Bevölkerung durch Radioaktivität sind in Österreich wesentlich niedriger als in der EG. Diese Grenzwerte sind allerdings in jedem Fall nur eine Augenauswischerei. Gerade nach Tschernobyl hat sich gezeigt, daß die bisher für harmlos gehaltenen niedrigen Dosen viel gefährlicher sind als bisher angenommen. Dazu gibt es zahlreiche neue Studien. Die Bestrahlung von Lebensmitteln ist nur in einigen EG-Staaten erlaubt, die anderen müssen aber diese Lebensmittel auf dem Markt auch zulassen.
Es stimmt schon: Nationales – also etwa österreichisches – Umweltrecht darf über EG-Recht durchaus hinausgehen. Jedes Mitglied der Gemeinschaft darf strengere Normen, wenn es sie denn gibt, beibehalten. Aber das ist nur blasse Theorie. In der Praxis herrscht „Gleichschaltungsdruck". In der EG ist auch in puncto Umweltpolitik mit politischem Druck anderer, mächtiger Mitglieder zu rechnen. Im Zweifel haben die Interessen der Wirtschaft Vorrang.
Die EG ist – führend sind die Bundesrepublik und Großbritannien – einer der Toplieferanten von Kohlendioxid, das zu 50 Prozent am Treibhauseffekt beteiligt ist. Hauptverursacher der Kohlendioxidbelastung ist mit fast 30 Prozent der Verkehr, gefolgt von Industrie und Stromerzeugung mit je rund 20 Prozent. Bei der Umweltkonferenz in Toronto 1988 wurde beschlossen, die Kohlendioxidemissionen bis 2005 um 20 Prozent zu verringern. Im Gegensatz zu diesem Ziel sind sie bisher um mehr als ein Drittel gestiegen. Maßnahmen zur Einschränkung blieben, wie so vieles in der EG, nur Lippenbekenntnisse. Und auch die UNO-Klima-Konvention, die im Juni als Herzstück des

Umwelt-Erdgipfels in Rio de Janeiro beschlossen wurde, enthält keine verbindlichen Reduktionsziele. Bremser sind vor allem die Amerikaner. Die EG-Politiker wollen eine Steuer gegen den Treibhauseffekt nur einführen, wenn die großen Konkurrenten USA und Japan mitmachen: das alte Alibi-Spiel mit dem Weltuntergang. Und dabei ist die Kohlendioxiddebatte nur ein fadenscheiniger Ersatz für die Diskussion viel gravierenderer Energieprobleme. Die österreichische „grande dame" der Ökologie, Freda Meissner-Blau, hat die wahre Ursache für dieses Scheingefecht richtig geortet: „Die Kohlendioxidabgabe ist als Ersatz für die ursprünglich beabsichtigte Primärenergieabgabe geplant. Der Wechsel erfolgte auf Druck der Atomlobby: AKW emittieren kein Kohlendioxid. Deren noch schlimmere Gefahren wären somit abgabefrei!" Die Absicht der EG, die Kohlendioxidemissionen bis zum Jahr 2000 auf den Stand von 1990 zu „stabilisieren", nennt Meissner-Blau einen „umweltpolitischen Katastrophenkurs". Ihr Resümee: „Die EG-Umweltpolitik versagt dramatisch!"
Freda Meissner-Blau unterstützt einen Vorschlag der russischen Föderation: die Aufforstung einer Fläche von einer Million Quadratkilometer. Der so entstehende Wald könnte eine Milliarde Tonnen Kohlendioxid binden, fünf bis zehn Prozent der globalen Emission. Aber woher soll Rußland die 700 Milliarden Schilling nehmen, die das kostet? Und würden nicht alle Umweltverpester aufatmen und sagen: Wunderbar, jetzt können wir die Atmosphäre weiter belasten? Österreich gehört übrigens zu den Ländern mit den geringsten Kohlendioxidemissionen in Europa.
Zwar existieren in der EG 136 Umweltrichtlinien, aber viele Länder wenden sie teilweise gar nicht an. Die Schlußlichter sind Spanien, Portugal, Italien und Griechenland. Es ist nicht anzunehmen, daß rückständige Länder der Gemeinschaft, die ohnedies jede Menge finanzielle und arbeitsmarktpolitische Schwierigkeiten haben, von einem kleinen Land wie zum Beispiel Dänemark oder Österreich überzeugt werden können. Die Wirtschaftsgiganten lachen sowieso über die „grünen Zwerge". Österreich gibt 1,88 Prozent seines Bruttosozialprodukts für Umweltschutz aus. Frankreich und Großbritannien nur etwa die Hälfte davon!
Als 1988 in der EG strengere Abgasbestimmungen für PKW eingeführt werden sollten, legten sich die französischen, britischen und italienischen Autokonzerne quer. Der deutsche Staatssekretär Clemens Stroetmann sprach von einen Rückfall in die „Dinosaurierzeit des Umweltschutzes". Dänemark wandte sich an den Europäischen

Gerichtshof, um dennoch strengere Standards durchzusetzen. Vergeblich.
Die Zerstörung des alpinen Lebensraumes ist schon jetzt eine Katastrophe: Alptraum Alpen. Es ist nirgends abzusehen, daß die EG dieser Region in Zukunft mehr Verständnis entgegenbringt. Diesen Leuten ist es nach wie vor egal, wenn der Pesthauch europäischer Industriezentren, wenn der Straßenverkehr den Schutzwald in den engen und oft luftaustauscharmen Gebirgstälern ruiniert, so daß viele von ihnen von Absiedlung bedroht sind, weil die Gefahr von Lawinen und Muren besteht, die alles niederwalzen könnten.

In der EG geben mächtige Wirtschaftskreise den Ton an. Umweltschutz gehört erst seit 1986 zu den vertraglich verankerten Aufgaben der „Gemeinschaft", erst seit 1990 wird die Umwelt als integraler wirtschaftlicher Faktor anerkannt. Die Umweltabteilung ist in Brüssel die kleinste von allen und mit 0,5 Prozent des Budgets nicht gerade fürstlich dotiert. Die Umweltschutzauflagen werden von vielen EG-Staaten einfach nicht vollzogen. Den EG-Umweltschutzbeamten fehlen die Möglichkeiten zu kontrollieren und sich durchzusetzen. Die Algenpest an den Adriaküsten bestätigt das alle Jahre wieder.
Nach EG-Recht geht es um die „Verhältnismäßigkeit" der Maßnahmen. Ein Gummiparagraph. Dänemarks Verbot von Aludosen geriet zur Zitterpartie, als die Kommission die Aufhebung des Verbots wegen Wettbewerbsverletzung verlangte. In diesem Fall rettete der EuGH allerdings die Dänen und bestätigte das Verbot. In anderen Fällen gingen dem Gerichtshof die „verschleierten Handelshemmnisse" durch Umweltschutzmaßnahmen allerdings zu weit, und er hob sie wieder auf. So ist es etwa nicht gelungen, den krebserzeugenden Stoff Pentachlorphenol (PCP) zu verbieten. Die EG-Kommission stimmte gegen das Verbot. Begründung: Behinderung des internationalen Wettbewerbs.
Nicht nur kleine Staaten sind beim Umweltschutz in der EG ohnmächtig. Daß sogar Koalitionen mächtiger Mitglieder scheitern, zeigt gerade das Beispiel PCP. In Brüssel kämpfen Deutsche, Holländer und Dänen gegen PCP. Die Hersteller dieser Länder sind bei Holzschutzmitteln, Lacken und Lösungsmitteln längst vom dioxinverseuchten PCP auf alternative Produkte umgestiegen. Da die EG sich aber nicht zu einem allgemeinen Verbot aufraffen kann, profitiert davon nur der französische Chemiegigant Rhône-Poulenc, der seine PCP-Produktion verdreifachen konnte. Mit einer Jahresproduktion

von 30.000 Tonnen PCP macht er einen Umsatz von 250 Millionen Ecu. Schmutziges Geld. Mit 18 Stimmen (10 + 5 + 3) im Ministerrat erreichen Deutschland, Holland und Dänemark keine Mehrheit. Die qualifizierte Mehrheit liegt bei 54 Stimmen von insgesamt 76. Im Binnenmarkt droht nun die Klage vor dem Europäischen Gerichtshof.

Europa setzt aufs Gigantische. Da bleibt die Umwelt allemal auf der Strecke. Das kann man am besten anhand der europäischen Großbaustellen sehen. Der Kontinent wird untertunnelt (Alpentunnel, Kanaltunnel), von Autobahnen (Moskau–Manchester, „Autoput" Ankara–Manchester) und Hochgeschwindigkeitsnetzen zerschnitten (Madrid–Bordeaux, Narbonne–Barcelona), kanalisiert (Rhein-Main-Donau-Kanal) und durch den weiteren Ausbau von Wasser- und Atomkraftwerken hochelektrifiziert.
Die Energieversorgung ist die Schwachstelle der Europa-Politiker. Bei den fossilen Energieträgern ist der Kontinent vom Nahen Osten (Erdöl) und von Rußland (Erdgas) abhängig. Kohle ist da, wirft aber einige Probleme auf. Sie muß subventioniert werden und schafft Umweltprobleme. Also setzt Großeuropa nach wie vor auf die Kernkraft. Das ist ein gefährlicher Kurzschluß. Denn auch die Atomenergie kann ohne enorme staatliche Subventionen nicht existieren. Sie rechnet sich nicht. Und sie ist gefährlich wie keine andere Energiegewinnungsart. In der EG setzen nur wenige wirklich auf den Ausstieg: Italien hat ihn vollzogen. Schweden will eigentlich noch immer. Osteuropa würde gern, wenn man ihm hilft. Aber woher die Milliarden nehmen? In Deutschland gibt es vielversprechende Ansätze, Hoffnungen, die vor allem mit Joschka Fischer, dem hessischen Umweltminister, verbunden sind. Aber Großbritannien und Frankreich setzen weiter eisern auf den atomaren Größenwahn.
Das hängt zusammen mit dem Glauben an ein Wirtschaftswachstum ohne Grenzen, das zu den unumstößlichen Prinzipien der EG gehört. So erklärte etwa Laurens Jan Brinkhorst, Generaldirektor für Umwelt in der EG-Kommission, erst kürzlich, Umweltmaßnahmen ohne Wirtschaftswachstum hätten wenig Chancen, durchgesetzt zu werden. In der EG existiert also weiterhin die ökologisch und übrigens auch ökonomisch falsche Auffassung, unbegrenztes Wachstum sei für den Umweltschutz unentbehrlich. Energiesparen? Nur Gerede. Keine Rede von Lebensqualität, kein Verständnis für neue Ansätze. Wachstum ohne Grenzen hat unsere Umwelt in eine verheerende Lage gebracht. Das ist keine neue Erkenntnis. Aber die Mächtigen

denken nicht daran, aus ihr Konsequenzen zu ziehen. Das Europäische Umweltbüro BBE (Bureau Européen de l'Environnement), dem mehr als 120 Umweltorganisationen auf dem Kontinent angehören, hat in Brüssel ein Weißbuch zum Thema „EG-Binnenmarkt und Umweltschutz" vorgelegt. Kernsatz: „Die Überlebensstrategie für die kommenden Jahrzehnte ist eine grundlegende ökologische Umorientierung der europäischen Wirtschaft." Es sei nicht nur eine Entkoppelung von Wirtschaftswachstum und Energieverbrauch plus Umweltverschmutzung, sondern eine drastische Verringerung der Umweltverpestung notwendig. Nicht nur der LKW-, auch der private Autoverkehr müsse gedrosselt werden. Diese Strategie sei nur mit Ökosteuern, einer Umorientierung der öffentlichen Investitionspolitik, strikteren EG-Umweltnormen, stärkerer Dezentralisierung und grundlegender Demokratisierung der EG-Institutionen verwirklichbar. Die Energiepreise müßten in den nächsten zehn Jahren verdoppelt werden, um dem Sparen zum Durchbruch zu verhelfen.

Das monströse „Atomium" in Brüssel ist das Wahrzeichen des energiepolitischen Größenwahns der EG. Österreich müßte sich bei einem EG-Beitritt auch der Europäischen Atomgemeinschaft EURATOM anschließen. Beschwichtigungsapostel meinen wohlwollend, Österreich sei damit noch nicht verpflichtet, Atomkraftwerke zu bauen. Aber die EURATOM-Verträge vertragen sich nun wirklich nicht gut mit dem durch Volksentscheid herbeigeführten Atomsperrgesetz vom 15. Dezember 1978. Eine Klippe, auf die EG-Befürworter nur ungern zu sprechen kommen. Als Atomkraftgegner kann man sich, wie der österreichische Journalist Rainer Himmelfreundpointner, dann wirklich fragen, warum 1978 überhaupt abgestimmt wurde. In Österreich wirbt die Initiative „Ja zu Europa" der Bundeswirtschaftskammer mit dem Hinweis, es gebe auch EG-Staaten ohne Atomkraftwerke: Dänemark, Griechenland, Portugal, Irland und Luxemburg. Die EG-Bejaher vergessen nur, daß diese Länder entweder, wie Österreich, einer starken Bürgerinitiative gegen die Atommeiler ihre weiße Weste verdanken oder kein Geld haben, um es für eine Energiegewinnung hinauszuwerfen, die unterm Strich nur horrende Kosten verursacht. Die EG-Protagonisten des Bundeskanzleramtes in Wien werben mit der Behauptung, daß „keinerlei Druck auf EG- und damit EURATOM-Mitgliedsländer zur Installation von Atomkraftwerken besteht". Da sollten sie sich einmal umhören, welchen wirtschaftlichen und politischen Druck die Atomkonzerne tatsächlich ausüben. In letzter Zeit hat sich ihre Aktivität allerdings gen Osten verlagert. Dort wittern sie das große Geschäft auf Kosten der

Armen. Tschernobyl hat ihnen nicht gereicht. Jetzt setzen sie auf den Ökotrick, daß die Atomkraftwerke eine Lösung für den Treibhauseffekt sind. Die Beinahe-Katastrophen in westlichen Atomkraftwerken (nach Tschernobyl) werden vertuscht. Petersburg wird durch Biblis und Vandellos doppelt wettgemacht.
Wenn der Umweltgipfel in Rio scheitert, so erklärte im Frühling 1992 der deutsche Umweltminister Klaus Töpfer, droht ein „neuer kalter Krieg zwischen Nord und Süd". Bei den zentralen Auseinandersetzungen über die Klimakonvention und den Artenschutz versteckten sich die Europäer in Rio hinter den Amerikanern und Japanern, die nicht bereit waren, mit den Forderungen der anderen Länder mitzuziehen. So wurde das Abkommen über die Artenvielfalt, das von 98 Staaten im Mai 1992 in Nairobi gebilligt wurde, nicht nur von den USA und Japan, sondern auch von Frankreich torpediert. Für den wegen seiner konsequenten Politik abgesägten Umwelt-Staatssekretär von Brasilien, José Lutzenberger, stehen hinter der Ablehnung des Artenschutz-Abkommens massive Interessen der biotechnischen Großkonzerne. Diese Unternehmen verfolgen rücksichtslos das Ziel, die Genpools aller Lebewesen zu erforschen, durch Patente unter ihre Kontrolle zu bringen und zu vermarkten. Überall auf der Welt sind „Forscherteams" der „Bio"-Konzerne unterwegs, um die Gene von Pflanzen zu entschlüsseln und auf ihre Nutzbarkeit für Medikamente und Züchtungszwecke zu untersuchen. Die größten Umweltverpester – die Vereinigten Staaten, Japan und die europäischen Industrieländer – spielen die neuen Kolonisatoren und warnen, wie Präsident George Bush, vor „extremer Umweltpolitik". Auch eine Art Krieg.

These 9 Ein europäisches Imperium bedeutet Gefahr für den Weltfrieden

Auf diesem Kontinent entstandene Großreiche haben die Welt immer wieder mit Krieg und Gewalt, Versklavung und Faschismus, Not und Elend überzogen: von den Konquistadoren bis zu den Lords des Britischen Empire, von Napoleon bis Hitler, von den Habsburgern bis Stalin. In einer Zeit, die Großreiche zu Staub zerfallen läßt, will die EG anachronistischerweise aus Europa eine neue Zitadelle machen: für einen Kampf mit den USA und Japan auf Biegen und Brechen.

Die Europäer haben den Wettlauf mit den Japanern und Amerikanern um die Schlüsselindustrien verloren. Die Autoindustrie: am Boden. Der Computersektor: nicht mehr existent. Stahl und Kohle: aus. Chemie: brakedown. Landwirtschaft: ruiniert. Die Deutschen haben sich mit der Sanierung der Wirtschaft und der Umweltschäden in den „neuen Bundesländern“ und Osteuropa, mit der Unterstützung der armen EG-Mitglieder übernommen. Steuererhöhungen, Inflation, Kapitalflucht und Massenarbeitslosigkeit haben die einst so stolze Wirtschaftsmacht ruiniert. Die populistischen Exhibitionisten bieten ihre „starken Männer“ an. Überall in Europa, vor allem in Deutschland, Frankreich, Spanien, Portugal, Griechenland, Italien und Österreich dominieren die Rechten. Plötzlich werden die Weichen in Richtung Atommacht Deutschland gestellt. Plutonium aus eigenen Kernkraftwerken ist ausreichend vorhanden, technisches Know-how ebenfalls. Osteuropa und die Nachfolgestaaten der Sowjetunion haben nichts mehr zu verlieren und machen mit Westeuropa gemeinsame Sache. Nach der Auflösung der NATO werden die Vereinigten Staaten von Europa gegründet, mit gemeinsamer Armee, gemeinsamen Atomwaffen und gemeinsamer Außenpolitik. Großeuropa reicht von Island bis zur Tschuktschen-Halbinsel. Der Handelskrieg zwischen Europa, Japan und den USA hat die Welt zu einem Pulverfaß gemacht, das jeden Augenblick explodieren kann.

Seit dem Ende des „kalten Krieges“ zwischen der UdSSR und den USA ist ein solches Szenario für den Anfang des dritten Jahrtausends nicht mehr undenkbar. Deutschland kommt mit den Folgen der Wiedervereinigung nicht zurecht. Die Staatsschulden haben die astronomische Marke von 1,6 Billionen Mark erreicht. Über vier Millionen Menschen leben allein in den alten Bundesländern unter der Armutsgrenze von 500 Mark im Monat. Die Ex-DDR versinkt ohnehin in Elend und Arbeitslosigkeit. Die neue Völkerwanderung aus dem Osten hat längst begonnen. Asylproblematik und Europapolitik – vor allem die geplante Abschaffung der Deutschen Mark – führen zu einem starken Rechtsruck in der Bundesrepublik: 1992 bekommen in Baden-Württemberg die „Reps“, die Republikaner, wie schon bei den Wahlen zum Europaparlament 1989, elf Prozent der Stimmen und sind drittstärkste Partei. Auch in Schleswig-Holstein zieht die rechtsextreme „Deutsche Volksunion“ DVU mit über sechs Prozent in den Landtag ein. Eine fast ausgestorben geglaubte Art kriecht wieder geifernd aus den Löchern: das deutsche „Faszinosum“. Thomas Mann hat sie längst beschrieben. Kurz nach dem

ersten Deutschland-Besuch seit seiner Emigration, 1949, schreibt er an einen Freund: „Die Entwicklung geht rapide in Richtung der Renazifikation unter anglo-amerikanischem Schutz und Schirm.“ Frankreichs Le Pen ist, begleitet von nationalistischen Opernklängen bei seinen inszenierten Polittheaterauftritten, mit festem Tritt im Vormarsch. In Belgien haut der ultrarechte „Vlaams Blok“ mit Schlägereien auf die braune Pauke. Ein aus der Not geborener Witz macht die Runde: Was unterscheidet Belgien von Jugoslawien? Die Jugos hatten wenigstens eine gemeinsame Landessprache. Auch in Osteuropa ist die extreme Rechte im Vormarsch. Bei den Juni-Wahlen 1992 erreichte sie zum Beispiel in Nordböhmen zweistellige Ergebnisse und ist drittstärkste Partei.
Spätrömische Visionen: Nach den italienischen „Erdbeben“-Parlamentswahlen am 5. April 1992 gibt sich der Chef der Rechtsaußenpartei „Lega Nord“, Umberto Bossi, mit neun Prozent der Stimmen als wandelndes Viktory-Zeichen. [1] In der Lombardei hat er schon die Mehrheit. Nur die Wahlarithmetik rettet der regierenden Vier-Parteien-Koalition eine hauchdünne Mehrheit. Das neofaschistische Polit-Model Alessandra Mussolini, eine Enkelin des „Duce“, zieht ins Parlament ein, von Größenwahn umwallt wie ihr Großvater. Das belegt ihr Statement: „Das wirkliche Ende der Nachkriegszeit wird herbeigeführt durch die Rückkehr einer Mussolini auf die Bühne der Politik.“ Am Samstag, dem 23. Mai 1992, wird der Richter und Mafiajäger Giovanni Falcone mit seiner Frau und drei Leibwächtern mit 1000 Kilo Dynamit auf der Autobahn Palermo–Trapani in die Luft gesprengt. In einem Interview knapp vor seinem Tod sagte Falcone: „Ganz Italien wird von der Mafia regiert.“ Eines der wichtigsten Länder der EG ist total in der Hand des organisierten Verbrechens, das hinter Menschen-, Organ-, Drogen- und Waffenhandel steckt, verfilzt mit Militärapparaten, Geheimdiensten und Geheimbünden. Die EG ist ein idealer Nährboden für die Ausbreitung dieses Mobs. Seine Macht liegt in den Bankverbindungen. Der Versuch, sie aufzudecken, hat jetzt auch Giovanni Falcone das Leben gekostet. Die Mafia ist mehr als ein „neues EG-Land“. Das Problem ist noch viel bedrohlicher, schreibt Giovanni di Lorenzo in einem Leitartikel der *Süddeutschen:* „Denn die Mafia ist nicht nur ein Staat im Staate Italien. Die Mafia ist inzwischen so verwoben mit der italienischen Gesellschaft, daß sie womöglich mit Italien gleichzusetzen ist.“

Ein anderes Szenario: Die Weltwirtschaftskrise ist außer Kontrolle geraten. In Europa und Amerika herrscht Massenarbeitslosigkeit wie nach dem Ersten Weltkrieg. Aus dem Handelskrieg zwischen den USA, Europa und Ostasien ist Japan als Sieger hervorgegangen. Tokio reagiert auf das Handelsembargo der Vereinigten Staaten und Europas mit rascher Aufrüstung, vor allem mit Atomwaffen. Es verfügt über genügend Plutonium aus seinen 50 Kernkraftwerken. Die japanische Flotte wird im Eiltempo kampffähig gemacht, um den Transport der lebenswichtigen Rohstoffe zu schützen. Die Vereinigten Staaten antworten ihrerseits mit verstärkter Präsenz im Pazifik. Die der NATO, der North Atlantic Treaty Organization, verpflichteten Länder Europas haben den USA ihre volle Unterstützung zugesagt. Die Nachfolgestaaten der Sowjetunion halten sich aus dem sich abzeichnenden militärischen Konflikt heraus und wollen neutral bleiben – mit Ausnahme von Rußland, das mit China und Japan alte Rechnungen zu begleichen hat. Die Kriegsgefahr wächst von Stunde zu Stunde.

Auch dieses Szenario hat nicht zu leugnende konkrete Ansätze in der Gegenwart. Die Grundlinien der heutigen Politik weisen in eine unheilvolle Zukunft. Nach dem Zerfall der Sowjetunion greifen neben den USA auch Europa und Japan nach der Weltherrschaft. Diese aggressive Arroganz und der Rechtsruck in der Weltpolitik sind schon jetzt eine ernste Bedrohung für den Weltfrieden. Die USA mißbrauchen die „Völkerfamilie“ der UNO für ihre Großmachtpolitik, für ihre Ölinteressen, für ihr Spielchen als „Weltpolizist“. Der Krieg gegen den Irak hat das in aller Brutalität gezeigt. Eine nach dem gleichen Schema ablaufende Militärintervention auf dem Balkan könnte noch schlimmer werden.
Die USA provozieren Europa und Japan mit ihrem penetranten Größenwahn und ihrem Anspruch, die Nummer eins in der Welt zu sein, der sich zumindest wirtschaftlich nicht begründen läßt. Der Bürgerkrieg mit den Schwarzen im Mai 1992 zeigt, daß sie nicht einmal ihr eigenes Haus in Ordnung halten können. Amerika hat, trotz seiner europäischen Herkunft, den alten Kontinent nie verstanden. Antiquiert spielt es den Feudalherrn und übernimmt sich in seiner Rolle, die es sich selbst aufgehalst hat. So hat der amerikanische Außenminister James Baker den Japanern immer wieder „Scheckbuchdiplomatie“ vorgeworfen. Eine dümmliche Provokation, denn sie halten nur korrekt an der von den USA verordneten Friedensverfassung von 1945 fest, die ihnen jede Entsendung von Militär außerhalb ihrer Grenzen verbietet.
Nach dem Irak-Krieg fordert die US-Administration die Japaner auf,

eine größere Rolle in der „globalen Ordnungspolitik“ zu spielen – und weckt damit schlafende Tiger. Postwendend beschließt die konservative Regierungspartei im japanischen Unterhaus – nach einer chaotischen und handgreiflichen Debatte – eine entsprechende Verfassungsänderung, die allerdings später am Einspruch des von den Oppositionsparteien beherrschten Oberhauses scheitert. Doch das Tauziehen im Parlament geht weiter. Der japanische Ministerpräsident Kiichi Miyazawa erklärte Anfang 1992, sein Land müsse seinen Stellenwert als politische Weltmacht unter Beweis stellen und sich mit seinen Truppen an „UNO-Friedensmissionen“ beteiligen: „Während des Golfkrieges hat Japan einen großen, aber nur finanziellen Beitrag geleistet. Seither ist uns klargeworden, daß wir auch unseren Schweiß für die Welt hergeben müssen.“ Was Miyazawa da sagte, trieb den Nachbarn den Angstschweiß auf die Stirn. [2]
Nippons „Rückkehr zum Militarismus“, so der Tokio-Korrespondent mehrerer wichtiger europäischer Zeitungen und Zeitschriften, Georg Blume, bedrohe den Fernen Osten: „Asien hat Angst.“ Die Amerikaner befürchten, daß die Balance zu China und Indien aus dem Gleichgewicht geraten könnte und daß sie in Ostasien noch mehr an Einfluß verlieren. Das signalisiert nicht nur der Beschluß des philippinischen Senats, Subic Bay, der größte US-Flottenstützpunkt außerhalb der Vereinigten Staaten, müsse bis Ende 1992 geräumt werden, wodurch die legendäre 7. US-Flotte, die seit 1945 im Pazifik patrouilliert, zum Fliegenden Holländer werden könnte. [3]
Die Vereinigten Staaten bekommen jetzt die Rechnung für globale Überheblichkeit, Kolonialismus und kalten Krieg, der den Amerikanern die Verelendung mindestens eines Drittels ihrer Bevölkerung gebracht hat, eine Zweidrittelgesellschaft, angereichert durch Rassenkonflikte. Der Widerspruch zum Anspruch der Amerikaner, nun die einzige Supermacht der Welt zu sein, liegt auf der Hand. Wie sollen die USA zurückfinden zu einer Wirtschaft, die nicht vom „militärischen Komplex“ dominiert wird? Paul Nitze, mit seinen fünfundachtzig Jahren schon Berater von sechs amerikanischen Präsidenten in Abrüstungsfragen, hat es präzis auf den Punkt gebracht: „Ich denke, es genügt, nicht mehr als 3,5 Prozent des Bruttosozialprodukts für das Pentagon zu reservieren, also ungefähr die Hälfte der gegenwärtigen 6,5 Prozent. Schwieriger ist die Frage, wie dieses Geld verwendet werden soll. Darüber zerbrechen sich im Moment Tausende den Kopf.“
So ist der Mensch: Zum Frieden fällt ihm nichts ein. Der Krieg ist ihm der Vater aller Dinge. Jetzt, nach dem Pyrrhussieg der Vereinig-

ten Staaten und dem Hungerwinter in Rußland, weiß keiner mehr, wofür das „Wettrüsten" eigentlich gut war. Der „Weltgeist" muß ziemlich idiotisch sein. Wäre es sonst möglich, daß Jahr für Jahr zwischen 900 und 1000 Milliarden Dollar für die Rüstung verpulvert werden, während Hunger und Not das tägliche Los der großen Mehrheit der Weltbevölkerung sind?
Manche Auguren befürchten, die Japaner könnten ihre alte japanische Kriegs- und Unterjochungsmaschine wieder ausgraben und in kurzer Zeit die modernste und schlagkräftigste Armee im Pazifik aus dem Boden stampfen ... Sie haben nicht aufgepaßt, denn eine solche Armee steht bereits Gewehr bei Fuß. Georg Blume hat kürzlich aus Tokio die Stärke der japanischen Geisterarmee, von der bisher niemand etwas wissen wollte, so beschrieben: „Hinter einem Jahresvolumen von derzeit 360 Milliarden Schilling verbirgt sich eine japanische Armee, deren 275.000 Soldaten zwar weiterhin den Namen ‚Selbstverteidigungskräfte' tragen, deren Ausrüstung jedoch weltweit militärtechnologische Maßstäbe setzt." [4]
Tokio hat schon seit den achtziger Jahren eines der höchsten Militärbudgets der Welt. Besorgte Generalstäbler des Westens, aber auch Moskau und Peking, warnen schon seit geraumer Zeit davor. Aber Japan wurde irgendwie den USA zugerechnet. So wuchs der mandeläugige Siegfried unter der Tarnkappe des Sternenbanners. Auch ein neues südkoreanisches Verteidigungs-Weißbuch bescheinigt den Japanern zum erstenmal seit Kriegsende ein „offensives Potential" und warnt vor der „bedeutenden Herstellungskapazität von Plutonium" für Atomwaffen.
Wer wird „das Land der aufgehenden Sonne" aufhalten, wenn es beschließt, auch militärisch eine Supermacht zu werden? Vieles deutet darauf hin, daß sich Militarismus, Rassismus und Faschismus in Japan seit 1945 nur in einer Latenzphase befunden haben, daß die wirtschaftliche Führungsmacht von heute den alten Weltherrschaftsanspruch wieder ausgraben könnte, getreu dem 1940 von Kaiser Hirohito geprägten Wort, es sei die Aufgabe Japans, „die Welt zu einem geeinten Haus zu machen".
Und wer sollte ein Reps-radikales Deutschland, wer sollte ein nach rechts driftendes Europa daran hindern, mit den Japanern ein Bündnis einzugehen wie im Zweiten Weltkrieg? Man legt ja heute wieder großen Wert auf alte Kameraden. Sie verstehen sich immer noch bestens, die Deutschen und die Japaner. Mitsubishi, der größte Konzern der Welt, und Daimler-Benz, das größte Industrieunternehmen Deutschlands, schmieden nach Edzard Reuter, dem Vorstandsvorsit-

zenden von Daimler-Benz, eine „strategische Allianz". Reuters Zukunftsvision heißt Großmachtanspruch: „Wir, die Deutschen, als Teil der europäischen Familie, können uns einer gesteigerten politischen Verantwortung nicht mehr entziehen. Unseren inneren Kompaß müssen wir freilich erst noch darauf ausrichten."

Die Deutschen als neuer „Motor" der Weltgeschichte ... Wetten, daß Mitsubishi-Chef Yotaro Iida entsprechende Träume von Japan als Sumo-Ringer der Weltpolitik hat? Vor allem für angelsächsische Beobachter erwecken die jüngsten Managertreffs der beiden Weltkonzerne in Singapur, Tokio und Stuttgart Erinnerungen an die unheilvolle Allianz von Japan und Deutschland im Zweiten Weltkrieg. Mitsubishi und Daimler sind auch die bedeutendsten Rüstungsunternehmen ihrer Länder ... Daimler ist nicht nur die Nummer eins in Deutschland. Durch die Fusion mit dem Luft- und Raumfahrtkonzern Messerschmitt-Bölkow-Blohm (MBB) 1989 entstand die größte Waffenschmiede Europas!

Der Gefahr eines neuen Nationalismus in Japan treten die USA und Europa nicht mit einer klaren Friedenspolitik entgegen. Amerika, dessen am kalten Krieg orientierte Wirtschaft dem Land katastrophale soziale Mißstände eingebrockt hat, läßt eine rassistische Anti-Japan-Hetzkampagne zu und denkt nicht daran, radikal, wie es notwendig wäre, auf Friedenswirtschaft umzuschalten. Die USA gehören mit gewaltigem Abstand zu den Hauptexporteuren von „Großwaffen" aller Art. Europa macht es nicht besser. [5] François Mitterrand setzt ganz auf die „neugeborene Großmacht Europa", in die er seine Atomstreitmacht, de Gaulles heilige „force de frappe", allenfalls integrieren würde. Nach dem Ende der UdSSR halten es sogar die Franzosen offenbar für mehr als seltsam-anachronistisch, wie bisher taktische französische Atomwaffen auf deutsches Gebiet, das potentielle Schlachtfeld eines Ost-West-Konflikts, zu richten.

Kaum dem martialischen Warschauer Pakt entronnen, giert Osteuropa inklusive Rußland nach einem Beitritt zur NATO. Ihr „General" Manfred Wörner lächelt fein und spricht von einer Option, die man offenhalten müsse. Seit März 1992 sitzen sämtliche GUS-Republiken im Nordatlantischen Kooperationsrat, ohne freilich NATO-Mitglieder zu sein. Unter dem Vorwand, die 30.000 Atomwaffen der UdSSR seien jetzt quasi herrenlos und damit zur größten Bedrohung der Welt geworden, winken die Schreibtischgeneräle sogar mit der NATO-Mitgliedschaft der osteuropäischen Reformländer. Boris Jelzin, der neue Zar im Kreml, versichert Anfag 1992 vor dem Sicherheitsrat der Vereinten Nationen: „Rußland betrachtet die Vereinigten

Staaten und den Westen nicht als bloße Partner, sondern als Verbündete." George Bush, den die *New York Times* wegen seiner Verrenkungen in der Steuerpolitik als „Präsident Nudel" apostrophierte (*noodle* heißt nicht nur Nudel, sondern hat auch die Bedeutung *Dummkopf, Dummrian*), erwidert hold errötend die Goodwill-Erklärung. Man will die strategischen Atomwaffen nun auf 2000 bis 2500 reduzieren. Auch das reicht noch, um beide Länder auszulöschen. Die Experten sind ganz high. Wieder stehen jahrelange Verhandlungen mit tanzenden Kongressen vor der Tür. Auch ein so waschechter Hardliner wie Fred C. Ikle, unter Ronald Reagan Staatssekretär im Verteidigungsressort, sieht Möglichkeiten für eine russisch-amerikanische „Allianz zum Wohle der ganzen Welt". Es müsse eine fundamentale Umgestaltung der militärischen Beziehungen eingeleitet werden: „Washington und Moskau müßten einen Plan für eine Verteidigungsgemeinschaft entwerfen, daß heißt eine institutionalisierte Verbindung zwischen den beiden militärischen Gebilden, analog zur Europäischen Gemeinschaft." In einer Art Parallelaktion hat Anatoli Sobtschak, Bürgermeister von St. Petersburg, „Deutschland, den Islam und China als Bedrohung" bezeichnet. Es drohe ein „Ungleichgewicht der Macht", das „eines Tages zweifellos auch Krieg verursachen wird". Rußland brauche Amerika als „stabilisierende externe Kraft".

Europa in der Zange von USA und Rußland? Es wird ganz schön heiß werden für die Leute vom Nordatlantischen Pakt, wenn Europa und Nordamerika getrennt mit den Russen flirten. NATO-Generalsekretär Manfred Wörner, der Poet im Kürassierwams, zeigte sich entzückt von dieser Wende der Wende der Wende, aber, wie sich's für einen zünftigen Politiker gehört, auch besorgt. Aus der GUS treffen nämlich täglich Alarmmeldungen ein – nein, nicht über einen neuen „Putsch". An allen Ecken und Enden droht das Aus für Industriekombinate. Die Dimensionen der drohenden Arbeitslosigkeit sind sogar für die EG mit ihren fast 13 Millionen Arbeitslosen gigantisch: Allein in Rußland sind von der Stillegung großer Sektoren der sogenannten Verteidigungswirtschaft zwölf Millionen Facharbeiter betroffen, mit den Familienangehören 30 Millionen Menschen. In der Ukraine sind rund eineinhalb Millionen „Werktätige" in der Militärindustrie beschäftigt. Bei einer Umstellung von Rüstungs- auf Zivilproduktion sind mindestens 300.000 Arbeitsplätze bedroht. Das sind die Folgen der erbarmungslosen Kriegswirtschaft, die immer neue Ungeheuer hervorbringt. Die Russen und Ukrainer wissen, daß eine Umstellung der Industrie auf Friedenswirtschaft immens zeitaufwendig und teuer

ist. Also propagieren sie die Forcierung des Waffenexports. Die vorhandenen GUS-Waffen werden an den Bestbieter versteigert. Krisenregionen der Welt, hört die Signale! Am Ende geht die Welt an „Sachzwängen“ zugrunde.
Nein, Amerika, Japan, Europa denken nicht wirklich an Abrüstung, ebensowenig die neuen GUS-Staaten. Im Gegenteil: Es wird die nächste Runde des kalten Krieges eingeläutet, der diesmal den Dimensionen des allgemeinen Größenwahns noch besser entsprechen wird. Diese Schachpartie mit dem globalen Tod wird nur noch weit gefährlicher, weil die Ausgangslage nicht mehr das atomare Patt zweier Supermächte ist, sondern ein kaum kalkulierbarer Haufen von in aller Welt verstreuten obskuren Nukleardespotien, die auch „konventionell“ bis an die Zähne bewaffnet sind.
Die USA, Japan und Europa bereiten – zunächst noch ökonomisch und ideologisch – den Kampf um die Weltherrschaft vor. Sogar Deutschland, das noch lange mit den Folgen der Wiedervereinigung kämpfen wird, läßt seine Muskeln spielen. „Bewundert, gefürchtet, beneidet – die unbeliebten Deutschen“: so sehen sie sich selbst im *Spiegel.* Konrad Adenauer und seine Industrie-Souffleure wußten schon, warum sie kein neues Großdeutschland haben wollten. Sie nutzten die Gunst der Stunde und tappten nicht in die nationalistische Falle wie Helmut Kohl. [6]
Seit Deutschland und Rußland am 16. April 1922 den Vertrag von Rapallo schlossen, der vor allem ein wirtschaftlicher Schachzug war, zittert die Welt vor einer gemeinsamen Sache der beiden Giganten nach Art der angelsächsischen Zwillinge USA-Großbritannien. Nach der Wiedervereinigung und dem diplomatischen Liebesgeflüster zwischen beiden Nationen haben vor allem die Franzosen ihr altes Trauma wiederentdeckt. Alain Minc, Schriftsteller, schreibt zum Thema Wiedergeburt des Nationalismus in Europa: „Es bleiben von jetzt an den Deutschen zwei Wege: Entweder besitzen sie eines Tages Kernwaffen, oder sie schließen stillschweigend mit Rußland einen Vertrag à la Rapallo.“ [7] Der Witz ist: Deutschland hat keine Atombomben, es baut sie nur. Mit seinem Know-how wurden Südafrika und Pakistan zu Atommächten, Brasilien, Argentinien, der Iran und Taiwan zu Anwärtern für den sinistren „Klub“. Germanische Nuklearmakler versorgten – „oft mit Wissen der westdeutschen Regierung“ *(Die Zeit)* – sogar den totalitären Irak mit allem, was man für „die Bombe“ so braucht. Die Bundesrepublik war und ist einer der größten nuklearen Schwarzmärkte der Welt.
Statt den überschäumenden Nationalismus in aller Welt zu beruhigen

und die Friedensbewegungen zu stärken, praktizieren Großmacht-Politiker in aller Welt eine protzige „Politik der Stärke“, ganz ähnlich wie beim „NATO-Doppelbeschluß“. Die Friedenssehnsucht der Menschen wird in unverschämter Weise diskriminiert. Ex-Bundeskanzler Helmut Schmidt verstieg sich in einem *Zeit*-Artikel sogar zu der Behauptung, die deutsche Friedensbewegung habe außer der Abwahl der sozial-liberalen Regierung nichts bewirkt. Gegenüber Waffenindustrie und Waffenhandel haben sich die großmächtigen Herren immer konzilianter gezeigt. Wenn sie nicht spuren, werden allerdings auch sie von der Waffenmafia erledigt. [8]

Nicht nur Ex-Präsident Richard Nixon sieht in der NATO das entscheidende Instrument der USA in der neuen Weltordnung: die NATO inklusive Osteuropa wohlgemerkt. In seinem neuen Buch „Seize the Moment – America's Challenge in a One-superpower World“ meint er, auch die GUS könnte unter dem Dach eines „Transatlantic Home“ Unterschlupf finden. Nicht nur Politiker seines Schlages spielen gern mit dem Feuer des Größenwahns. Allerdings wird Nixon gerade in puncto Großeuropa auch von der dumpfen Ahnung geplagt, das neue Gebilde könnte sich selbständiger machen, als den Amerikanern lieb ist: „Wenn wir in Europa nicht militärisch präsent bleiben, werden wir auch keine Stimme in Europa haben.“
Die Europäer gehen nach dem Verschwinden der Bedrohung aus dem Osten mit den amerikanischen Super-Supermacht-Allüren auffällig ruppig um. EG-Kommissions-Präsident Jacques Delors verlangt immer wieder die Schaffung eines neuen Kräftegleichgewichts zwischen der Europäischen Gemeinschaft und den USA: „Wir wollen, daß Europa seine eigenen Interessen in der Welt nach außen vertreten kann . . . Europa braucht ein kollektives Sicherheitssystem.“ Jacques Delors ist der Meinung, die EG befinde sich mit Japan bereits jetzt in einem „Wirtschafts- und Handelskrieg“. Im September 1991 erklärte er im französischen Fernsehen, Japan wolle ökonomisch „die Welt erobern“. Deshalb sei die europäische Einigung um so dringlicher.
„Der Mann verdient jede Unterstützung“, erklärt der deutsche Ex-Kanzler Helmut Schmidt. Er sei „ein Glücksfall für Brüssel“. Jacques Delors als heilige Johanna, als Jeanne d'Arc der EG? Schmidt denkt in erster Linie in monetären Kategorien und pro NATO [9]: sorgenvoll wie deren Generalsekretär Manfred Wörner, der vor einem möglichen Isolationismus der USA warnt, gleichzeitig aber auch vor deren Alleinherrschaftsanspruch: „Das ist kein Rezept für eine neue Weltordnung.“ Willem van Eekelen, Generalsekretär der Westeuro-

päischen Union, ist noch konfuser. Er will die WEU unbedingt zum europäischen Pfeiler der NATO machen, gleichzeitig aber auch zum künftigen militärischen Arm der EG. Der martialische Holländer will sich dazu auch Ungarn, Polen und die ČSFR holen, nicht aber die GUS-Staaten.
Der deutsche Generalstab weiß hingegen ganz genau, wieviel es geschlagen hat. Unter dem Titel „Größenwahn der Generäle" berichtete der *Spiegel* [10] Anfang 1992 über Geheimpapiere der Bundeswehr, die mit einem Jahresbudget von über 52 Milliarden Mark etwa so viel Geld ins Militär steckt wie die Japaner. In diesen Dossiers wurden laut *Spiegel* Konzepte für die „nationale Führungsfähigkeit" der deutschen Streitkräfte entwickelt – „außerhalb der NATO-Befehlsstränge und für Einsätze fern der Heimat, out of area". Devise: „Mehr Macht den Generälen – für weltweite Einsätze der Bundeswehr." Die Generalstäbler wünschen sich eine „schnelle Eingreiftruppe" von etwa 100.000 Mann. Damit man bei Einsätzen wie im Golfkrieg nicht wieder abseits stehen muß. Der *Spiegel:* „Das Oberkommando der Wehrmacht läßt grüßen . . . Ein neuer großdeutscher Generalstab? Kein Zweifel: Die Militärs sind außer Rand und Band geraten . . ."

Im April 1991 einigten sich die USA und die EG darauf, die kurdischen Flüchtlingslager notfalls auch mit Gewalt zu schützen. Damals ging der Blick in Richtung Irak. Was ist 1992 davon geblieben? Nichts, denn jetzt will die der EG assoziierte Türkei, NATO-Mitglied und EG-Anwärter, die Kurden ausrotten. Die Waffenschieber in Deutschland waren stärker als das Parlament und lieferten dazu deutsche Panzer – in ein Land, in dem Terror und Militär herrschen, in dem nach wie vor gefoltert wird. Verteidigungsminister Gerhard Stoltenberg, der „Verteilungskünstler für Rüstungsaufträge aller Art", wie ihn der Zeitsatiriker Dieter Hildebrandt im TV-Kabarett „Scheibenwischer" nannte, wußte von nichts und wollte die politische Verantwortung auf einen Beamten abwälzen, um seinen dann doch unvermeidlichen Rücktritt zu vermeiden. Hildebrandt: „Vielleicht sind wir schon so dumm, daß wir glauben, daß der Fuß, der uns tritt, auf dem Boden des Grundgesetzes steht."
Auf Kanzler Kohls Beschwörung der „traditionellen Freundschaft mit der Türkei", seine Ermahnung des Bündnispartners „an die Pflichten der westlichen Wertegemeinschaft" und seine Forderung nach Einhaltung der Menschenrechte gegenüber den Kurden antwortet der türkische Präsident Turgut Özal mit einem Vergleich der

Bundesrepublik mit Hitler-Deutschland. Die Türkei müsse sich ja nicht bei den Deutschen mit Waffen eindecken, fand Regierungssprecher Akin Gönen, sondern könne ihren Bedarf auch in Rußland, der Ukraine oder in der Tschechoslowakei decken. Der erste „Freundschaftsgruß" der Paschas traf bei den deutschen NATO-Waffenbrüdern im Golfkrieg ein. Die mehr als gerechtfertigte Zurückhaltung der Deutschen quittierte der ziemlich feiste Präsident Özal mit der Bemerkung, sie seien „zu fett und zu feig zum Kämpfen". Ein Vorgeschmack auf den künftigen Kasernenhofton in der EG. Mit Schweden, der Schweiz, Österreich, Finnland, Malta und Zypern steht auch die Türkei in der Warteschlange vor der EG-Tür. Die illustre „Gemeinschaft" sollte sich – wie die USA – zu allererst darum kümmern, ihr eigenes Haus in Ordnung zu bringen, bevor sie „Weltpolizei" spielt. Ein hübsches Bild: Ehemals so nobel-neutrale Länder wie die Schweiz, Österreich und Schweden zusammen mit solchen Rabauken unter einem Dach. Und das bei einem außenpolitischen Krisenmanagement des totalen Unvermögens, wie sich in Jugoslawien gezeigt hat. Da ist dann der Brandstifter bald Feuerwehrhauptmann.
Alle alten Faschisten, alle alten Nationalisten rasseln wieder mit den Säbeln. Welcher Unterschied besteht eigentlich wirklich zwischen der Türkei und Deutschland? Generalinspektor Klaus Naumann, Vier-Sterne-General und Protektionskind von Kanzler Kohl, sagt offen, was sich seine konservativen Freunde erst denken: Für ihn zählen von nun an nur noch „wirtschaftliche Macht und die militärischen Mittel, sie umzusetzen". Sein Credo läßt frösteln: „Zur Führungsaufgabe der Bundeswehr gehört, die Soldaten mit dem Tod vertraut zu machen."
Otto Habsburg, der emsige Präsident der Paneuropa-Bewegung, drohte schon 1988, der Binnenmarkt werde zwangsläufig auch politische Konsequenzen haben. Die Gemeinschaft müsse neu strukturiert werden, als „politischer Körper, in dem sich die Weltmacht Europa heranbildet". Mit dem Grafen Richard Nicolas Coudenhove-Kalergi, dem „Propheten Europas", der 1923 die Paneuropa-Bewegung gründete, weiß sich der Kaiserssproß schon früh einig, daß die „Idee der Vereinigten Staaten von Europa . . . greifbare Formen angenommen hat". In seinem Buch „Damals begann unsere Zukunft" (1971) regt er die EWG-Gewaltigen an, nach dem Modell des Vielvölkerstaates Altösterreich „eine europäische Großmacht aufzubauen" . . . Dunkel kommt Otto Habsburg der Gedanke, daß die Idee der Vereinigten Staaten von Europa und der „Weltmacht Europa" auch

dem Dritten Reich nicht ganz fremd war. Hitler habe, so Habsburg, diese Idee bloß „nach 1940 für seine Ziele mißbraucht". [11]
Habsburgs Thesen lesen sich wie eine Blütenlese des rechten Spektrums der Politik. Für ihn bedeutet europäische Sicherheits- und Verteidigungspolitik nicht, „wie so manche Pazifisten behaupten, kalter Krieger oder gar kriegslüstern zu sein. In Wahrheit ist das echter Dienst am Frieden." Das erinnert an Generalinspektor Klaus Naumanns Spruch: „Wenn man den Weltfrieden will, muß man sich engagieren . . ." Die Herren scheinen George Orwells „1984" und seine Kleine Grammatik der Neusprache nie gelesen zu haben. Gutdenk bedeutet neusprachlich orthodoxe Haltung, gutdenkvoll heißt linientreu und Friedensministerium oder Minipax ist gleich Kriegsministerium. Alles andere ist Undenk.
Am heutigen Vokabular, zumal der Politiker, hätte der „Große Bruder" von „Ozeanien" schon auch seine Freude: Ausbeutung heißt Chancenausgleich, Abschaffung der Neutralität nennt man Neuinterpretation, Krieg heißt Verteidigung, atomare Bedrohung Restrisiko, Werbung ist Information, Anschluß bedeutet Integration, Zweidrittelgesellschaft Wertegemeinschaft, Mafia bekanntlich ehrenwerte Gesellschaft. Waffenschacher ist Dienst am Frieden, Angriffspolitik Verteidigungspolitik. Krieg ist Frieden.
Wer immer die „Neuordnung" der Welt oder Europas zu seinem Ziel macht, wer Weltmachtpläne wälzt, muß wissen, daß er sich unvermeidlicherweise im Fahrwasser der Nazis bewegt: Der nationalsozialistische Chefideologe Alfred Rosenberg phantasiert schon 1939 von einer „Neuordnung Europas". Die „Neuordnung des Kontinents" hieß für ihn „Abwehr und Überwindung des Bolschewismus und seiner jüdischen Führung". Nazi-Ökonomen träumten von „Europas Wirtschaftsfreiheit", von einer „europäischen Schicksalsgemeinschaft", von „europäischer Großraumwirtschaft" und – von einer „Europäischen Wirtschaftsgemeinschaft". Auf der natürlichen „Wirtschaftseinheit des Kontinents" müsse die „neue Ordnung" aufgebaut werden: eine „festgegründete europäische Wirtschaftsgemeinschaft", die gleichzeitig auch die „Grundlage der künftigen Wirtschaftsfreiheit" sei. Die Verwandtschaft zur „Freien Marktwirtschaft" und zu den „Vier Freiheiten der EG" (freier Verkehr von Menschen, Waren, Dienstleistungen und Kapital) ist unverkennbar.
Der Schoß ist fruchtbar noch, aus dem das kroch. Hitlers Aufstieg hat sich in einer westlichen, aufgeklärten, kultivierten und demokratischen Gesellschaft vollzogen. Der Wiederholungsfall ist daher eine real existierende Gefahr.

Die Nazis sprachen von „Europa und dem neuen Weltbewußtsein“, von „Lebensraum und gerechter Weltordnung“ für Europa. Es war die Rede von „Adolf Hitlers europäischer Sendung“. Der nationalsozialistische Propagandist Max Clauss versucht in seinem 1943 erschienenen Buch „Tatsache Europa“ dem Leser einzuhämmern, daß Deutschlands Krieg zu einer „Neuordnung des Kontinents“ führen werde. Durch die „Urentscheidung“ vom 22. Juni 1941 für den Krieg gegen die Sowjetunion sei der „Limes der deutschen Kultur kühn und konsequent an die Grenzen der Steppe vorgetragen“ worden: „Damit entstand in Wahrheit unser Kontinent neu und zum ersten Mal ganz.“ Der „Führer des Großdeutschen Reiches“ habe die „kontinentale Entscheidung zwangsläufig herbeigeführt“. Dem „Zwang zur Einigung Europas“ habe sich auf die Dauer keine seiner Nationen mehr entziehen“ können. [12]
Das alles kommt aus dem Dunstkreis von Propagandachef Joseph Goebbels, der „Die Neuordnung der Welträume“ verkündet: „Entweder findet unser Kontinent durch den Kampf des Reiches um seinen Bestand eine neue Form, oder er wird nach diesem Kriege nur noch ein Spielball in den Händen europafremder oder gar europafeindlicher Mächte sein ... Es kann kaum noch ernsthaft bestritten werden, daß Europa in seiner heutigen Buntscheckigkeit und politischen Zerrissenheit den übrigen, zu festen Wirtschaftseinheiten zusammengeschlossenen Kontinenten gegenüber jede Konkurrenzfähigkeit verloren hat.“ Den „Untergang des Abendlandes“ inszenierten die Nazis schon sehr früh als Kulisse für ihren eigenen Ruin – zu den Klängen der „Götterdämmerung“.
Neben der „großostasiatischen Mächtegruppe“ und dem „panamerikanischen Wirtschaftsreich“ sahen NS-Trommler trotz der schon manifesten Niederlage auch Europa als kommenden Machtfaktor: „Europa mit seinem natürlichen Kernstück Deutschland als Führerstaat und mit seinem östlichen und afrikanischen Vorfeld ist ohne weiteres sowohl rohstoff- als arbeitsmäßig und natürlich auch kapitalmäßig in der Lage, als vollberechtigtes drittes ‚Weltreich‘ mitzuarbeiten an der Ordnung einer neuen, besseren Welt.“ [13]
Die heute von führenden EG-Politikern vertretene Ideologie der Europäischen Union und von Europa als Weltmacht hat also eindeutige Bezüge zum „Dritten Reich“. Sie zeigt aber auch Züge der 1922 in Wien von Graf Richard N. Coudenhove-Kalergi gegründeten reaktionären, rechtsorientierten Paneuropa-Bewegung. Ihr eigener Glaube führt sie heute ad absurdum, denn Coudenhove-Kalergi begründete seine Forderung, Europa dürfe sich nicht zu einem Staa-

tenbund entwickeln, sondern müsse ein „Bundesstaat" werden, mit dem „russischen Druck", mit der militärischen und politischen Bedrohung Europas durch Rußland. Wenn Europa nur ein Staatenbund sei, so der Graf, könne man nicht „eingreifen", wenn in einem der „Gliedstaaten" die Kommunisten – etwa nach Prager Muster – die Macht ergreifen. Coudenhove-Kalergi hat übrigens schon damals des Pudels Kern erkannt: Nichts könne Europas „Gesundung rascher vorantreiben" als eine „gesamteuropäische Währung, vermutlich auf Goldgrundlage": „Eine solche gemeinsame Währung erheischt aber mehr als einen bloßen Bund: sie braucht die Staatshoheit der Föderation und bedeutende Opfer an einzelstaatlicher Souveränität." [14]

Das demokratisch-konservative England war Pan-Groß-Europäern vom Schlage eines Coudenhove-Kalergi nichts als verdächtig: „Wenn möglich mit, wenn notwendig ohne England." Das „Pan" hat sich da von „Europa" plötzlich verabschiedet. Die moderne Geschichte „Paneuropas" beginnt ja auch, nach der paneuropäisch orientierten Volkswirtschaftlerin Vidosova Rogulic, mit Napoleon, dem „guten Europäer", und endet – vorläufig – bei Adolf Hitler, der die gute Fee der Europa-Idee, „die sich immer wie ein Komet am Himmel gezeigt hat", allerdings schändlich „mißbraucht" hat. [15] Die „Vereinigten Staaten von Europa" haben auch Aristide Briand und Gustav Stresemann schon in den zwanziger Jahren dieses Jahrhunderts – in dem die Europa-„Visionen" offenbar nur so überkochten – im Visier gehabt. Es scheint sich immer um Nachkriegsvisionen zu handeln, denn Winston Churchill hat ebendiese „Vereinigten Staaten von Europa" am 19. September 1946 in Zürich gefordert. Naive Beobachter meinen, einem Europa zwischen den Supermächten USA und UdSSR sei nichts anderes übriggeblieben, als die nationalstaatliche Organisationsform mit einer überstaatlichen Ebene zu überlagern. Churchill ging es natürlich ausschließlich um ein Gegengewicht zur Vormachtstellung der UdSSR auf dem „Kontinent". Darin trafen sich seine Interessen mit denen der Paneuropäer und anderer Antikommunisten, vor allem jenen „christlicher" Politiker. Die „Europäische Integration" steht ganz im Zeichen der katholischen „Gründerväter" Konrad Adenauer und Robert Schuman.

Der „christliche" Verschmelzungsprozeß Europas begann denn auch hart wie Kruppstahl: 1951 wurde auf Vorschlag von Jean Monnet und Robert Schuman die Montanunion gegründet, die Europäische Gemeinschaft für Kohle und Stahl. Schon damals wurde eine eigenstän-

dige Europa-Armee geplant. Mitglieder der Montanunion waren Belgien, die Bundesrepublik Deutschland, Frankreich, Italien, Luxemburg und die Niederlande. Ihre Außenminister verlangen 1955 in Messina einen neuen Vorstoß zur „Schaffung eines Vereinigten Europa". Monnet gründet im gleichen Jahr das Aktionskomitee für die Vereinigten Staaten von Europa. Am 25. März 1957 gingen dann mit den Verträgen von Rom aus der Montanunion die Europäische Wirtschaftsgemeinschaft EWG und die Europäische Atomgemeinschaft EURATOM hervor.
Großbritannien versuchte das bis zuletzt zu verhindern. Schatzkanzler Harold Macmillan wollte statt der EWG eine allumfassende Europäische Freihandelszone durchsetzen. Als das scheiterte, kam es 1959 zur Gründung der kleinen Europäischen Freihandelszone EFTA (European Free Trade Association). Die Dramatik ließ nichts zu wünschen übrig. De Gaulle berichtet, Macmillan habe bei einem Gespräch am 29. Juni 1958 in Paris plötzlich erregt erklärt: „Der Gemeinsame Markt, das ist die Kontinentalsperre! England akzeptiert ihn nicht. Ich bitte Sie, geben Sie ihn auf! Sonst gibt es zwischen uns einen Krieg, der zwar anfangs nur wirtschaftlicher Art sein wird, sich aber schrittweise auf andere Gebiete auszudehnen droht."
Die Bruchlinien, Widersprüche und Spannungen von damals sind unter der Oberfläche der Paneuropa-Euphorie noch heute sichtbar und wirksam. Charles de Gaulle notiert in seinen Memoiren, es sei damals das Ziel Frankreichs gewesen, in der „Wirtschaftsgemeinschaft der Sechs regelmäßige Abstimmung im politischen Bereich herbeizuführen und dafür zu sorgen, daß gewisse andere, vor allem Großbritannien, das Abendland nicht in ein atlantisches System hineinziehen, das unvereinbar wäre mit jeder Möglichkeit eines europäischen Europa . . ." Er war fest entschlossen, eine eigene Atommacht aufzubauen, „auf die das Integrationsprinzip nicht angewendet werden könne". De Gaulle sah die NATO-treuen Briten als Gefahr: Europa werde niemals „europäisch sein noch seine beiden Hälften vereinigen können", wenn die „Weststaaten der Alten Welt der Neuen unterstellt bleiben". Englands Beitritt zur EWG komme einer „Quadratur des Kreises" gleich. Frankreich ist bis heute nur „politisches", nicht militärisches Mitglied des Nordatlantischen Pakts.
De Gaulle hat immer vor einer Verschmelzung der Volkswirtschaften in einer europäischen Gemeinschaft gewarnt, vor einem „künstlichen Vaterland, dem Gehirn von Technokraten entsprungen". Allenfalls schien ihm eine lose Konföderation erreichbar, da doch alle Nationen „von derselben weißen Rasse, derselben christlichen Herkunft, der-

selben Lebensart" seien. Gegenüber dem Europa-Geschrei der Deutschen ging er klar auf Distanz, etwa zu Walter Hallstein, der 1958 bis 1967 Präsident der EWG-Kommission war. Hallsteins „These des Superstaates" war in de Gaulles Augen allzu durchsichtig: „Im Rahmen eines Europa, wie er es möchte, könnte sein Land ohne Gegenleistung das Ansehen und die Gleichberechtigung wiederfinden, die ihm durch Hitlers Wüten und Niederlage verlorengingen." Deutschland könne dann „das Übergewicht erwerben, das ihm seine Wirtschaftskraft zweifellos einbringen wird". Das sei mit Frankreichs Zielen „unvereinbar".

Die Gegenwart spricht für den Spürsinn des Generals. Deutschland hat mit der auf Biegen und Brechen durchgezogenen Wiedervereinigung, mit der in der EG durchgeboxten Anerkennung Sloweniens und Kroatiens, mit der Prestigepolitik in Maastricht, mit der von der Bundesbank ohne Rücksicht auf die Nachbarn beschlossenen Leitzinserhöhung Anfang 1992, mit dem Auftreten gegenüber Österreich in der Transitfrage und mit der türkischen Panzeraffäre innerhalb eines kurzen Zeitraumes gleich mehrere gravierende Beispiele „deutscher Anmaßung" *(New York Times)* geliefert.

Jetzt fürchten die Osteuropäer, daß ihre Länder nach dem Muster der Ex-DDR, wo die „Treuhand" schon alles in „rechte Hände" gebracht hat, frisch und frank kolonisiert werden. Schon ist bei Deutschlands Nachbarn von „Großmachtstreben", „Erniedrigung der Nachbarn", „Germanisierung", „Pangermanismus", vom „Vierten Reich" die Rede. Dem deutschen Ex-Außenminister Hans-Dietrich Genscher wurde vorgeworfen, er habe in der Tschechoslowakei „Geheimverhandlungen wie ein Barockfürst" geführt. Zur gleichen Zeit versicherte Bundeskanzler Helmut Kohl dem slowakischen Ministerpräsidenten Jan Carnogursky, im künftigen „Europa der Regionen" liege auch die große Chance der Slowakei – mit freundlichen Separatistengrüßen nach Prag. Jiři Grusa, ČSFR-Botschafter in Bonn, mußte angesichts sudetendeutscher Forderungen daran erinnern, daß die Tschechoslowakei „keine Bananenrepublik der Deutschen" sei.

Mittlerweile sind nicht nur die Škodawerke durch Siemens germanisiert. Der Konzern hat mit einem Joint-venture-Vertrag 67 Prozent des auf Kraftwerke spezialisierten Teils von Škoda übernommen. Zehn Prozent des Siemens-Pakets hält die französische Framatom. Geplant ist unter anderem die Errichtung des Prototyps eines Atomheizreaktors mit einer Leistung von 200 Megawatt in Pilsen. In einer Greenpeace-Studie heißt es zu diesem Projekt: „teuer, gefährlich, überflüssig". Mit ihrem Engagement im Osten hat die deutsche

Atomlobby einen Bleifuß für ein Comeback in der Tür. Statt bei Energiesparen und modernen, sanften Technologien zu helfen, wollen Deutsche, Franzosen, Amerikaner und Briten sich in Osteuropa einen Milliarden-Dollar-Kuchen teilen: durch die „Sanierung“ nicht sanierbarer alter und den Bau neuer Atommeiler.
Bloß eines fehlt den Deutschen noch zum Sieg: die Anerkennung des Deutschen. Das Europa der EG ist durch und durch französisch: seine Sprache, sein Kabinettsystem, die Entscheidungsprozesse, seine Tendenzen zu Seilschaften und Zentralismus. Deutsch soll nun neben Englisch und Französisch zur „lingua franca“ Europas werden. Angeblich bekniet Helmut Kohl Jacques Delors, eine Stärkung des Deutschen innerhalb der EG-Bürokratie zu fördern. Sprache: ein Medium für Markt und Macht. [16]

Dieses Spiegelkabinett kleinlicher Großmachtpolitik liefert nur verzerrte Bilder. Die entscheidenden Ränkeschmiede agieren auf anderen Ebenen. Ein durch Indiskretionen Mitte März 1992 bekannt gewordenes und in der *New York Times* veröffentlichtes geheimes Strategiepapier der US-Regierung wirft ein grelles Licht auf die gegenwärtige Weltpolitik. Die Vereinigten Staaten sehen sich in dem 46-Seiten-Dossier nach dem Zusammenbruch der Sowjetunion als die einzige Supermacht der Welt. Und sie möchten das mit allen Mitteln bleiben. Wörtlich heißt es: „Primäres Ziel der USA ist es, das Wiederauftauchen eines neuen Rivalen auf dem Gebiet der früheren Sowjetunion oder anderswo zu verhindern.“
Vorrangig, heißt es in dem „Anleitung zur Verteidigungsplanung“ genannten Papier, müsse die Schaffung eines nur auf Europa beschränkten Sicherheitsbündnisses verhindert werden, von dem die USA ausgeschlossen seien: „Wir müssen den Aufbau eines rein europäischen Sicherheitssystems verhindern, das die NATO unterminiert.“ Die Vereinigten Staaten müßten ihre Politik so gestalten, daß die Welt „unipolar“ bleibe. Zitat: „Es gilt, andere Staaten davon abzuhalten, sich gegen unsere Führung aufzulehnen oder die etablierte politische und wirtschaftliche Ordnung umzustoßen.“
Die USA machen sich folglich stark für eine bleibende Militärpräsenz in Europa und Asien. Vor allem biedern sie sich weiter als Nuklear-„Schutzmacht“ an. Im Pentagon-Konzept zur Weltherrschaft der USA wird daher auch ein militärisches Vorgehen gegen die Weiterverbreitung von Atomwaffen ins Auge gefaßt, wobei der Irak und Nordkorea namentlich erwähnt sind. Ob sie sich bei dieser Großdiplomatie noch daran erinnern, daß ihr treuester Verbündeter

in Europa, die Bundesrepublik Deutschland, nach einer Studie der angesehenen Carnegie-Stiftung in Washington aus dem Jahr 1990 der Hauptverbreiter von Know-how und Materialien für Atomwaffen und Trägersysteme auf illegalen Wegen in der ganzen Welt ist?

Unausgesprochen meinen die Amerikaner mit ihrem Atomwaffenstopp natürlich vor allem Japan und Deutschland, die beiden „Großmächte im Wartestand", deren bisher geübte Zurückhaltung in bezug auf Großmachtpolitik offenbar sogar ihren Freunden unheimlich wird. „Tatsächlich gibt es in der Geschichte kein Beispiel für Staaten, die auf Dauer darauf verzichtet hätten, ihre wirtschaftliche Potenz in militärische Muskelkraft umzusetzen." [17] Das ist der Pferdefuß der „Neuen Weltordnung" unter amerikanischer Knute: Sie stützt sich auf rein militärische Gewalt. Denn wirtschaftlich blasen die Vereinigten Staaten auf dem letzten Loch. Ökonomisch können sie weder mit dem Europa der EWR noch mit Japan mithalten. In diesem Bruch zwischen ökonomischer und militärischer Macht liegt eine eminente Gefahr für den Weltfrieden. Zur Zeit sind weder Deutsche noch Japaner daran interessiert, Atommächte zu werden. Aber sie könnten das schon in naher Zukunft sein. In der Vergangenheit hat Franz Josef Strauss versucht, die Atomoption Deutschlands offenzuhalten. Beide Staaten sind jedenfalls technisch und wirtschaftlich in der Lage, von heute auf morgen Mitglieder der gar nicht mehr so exklusiven Nuklearclubs zu werden.

Der von einigen EG-Größen ausgerufene „Wirtschaftskrieg" mit Japan soll offenbar kaschieren, daß der Euro-Moloch auch noch – und das ist das Schlimmste an dieser Großmachtbastelei – militärisch mächtiger zu werden droht als irgendein anderes Staatengebilde der Erde. Die NATO ist nach der gängigen Definition ein „gegen eine kommunistische Aggression gerichtetes Verteidigungsbündnis". Um so erstaunlicher, daß wir heute das Schauspiel erleben dürfen, daß ebendiese NATO mit der GUS liebäugelt, mit jener kaleidoskopartig entstandenen „Gemeinschaft Unabhängiger Staaten", die am 21. Dezember 1991 im kasachischen Alma Ata gegründet wurde.

Geographisch ist Europa nicht viel mehr als eine wild zerklüftete Halbinsel von Asien. Wirtschaftlich fühlt sich dieser Appendix allerdings stark genug, um den ganzen euroasiatischen Kontinent zu beherrschen. Das Großmachtstreben eines Vereinten Europa, die europäische Integration, entwickelt sich komplementär zum Zerfall des Sowjetreiches. Die Wirtschaftsdaten bescheinigen Europa die Spitzenposition. Der Ausbau der militärischen Vormachtstellung ist dann nach den Regeln der bisher praktizierten Politik nur eine Frage der Zeit.

Ronald Reagans „Reich des Bösen", wie er die Sowjetunion 1983 vor Vertretern verschiedener Sekten und Kirchen in Florida bezeichnete, hat sich durch die Hintertür der Weltgeschichte davongemacht. Die Kommunisten sind fast alle verschwunden oder haben sich umbenannt. Jetzt, nachdem die „Roten" nicht mehr zur Verfügung stehen, fragen sich die verzweifelten Prinzipale des Welttheaters, wer die Rolle des schwarzen Schafes übernehmen soll. Aus der alten Rüstkammer bietet sich die „gelbe Gefahr" an: Chinesen und Japaner, überhaupt „Asiaten". Auch die „Fundamentalisten" kommen in Frage oder die „Asylanten", die „Araber", Libyer, die Perser, die Iraker, die Palästinenser, die Moslems generell, die „Schwarzen" sowieso.
Der Weltfrieden ist doppelt bedroht: vom Vakuum durch den Zerfall der Sowjetunion und durch die Ideologie der herrschenden Kreise in der EG, in Japan und den USA vom Endsieg des Kapitalismus, durch den die Weltgeschichte – wieder eine Parallele zum Nationalsozialismus – buchstäblich zu Ende sei. Sie haben sogar einen „Philosophen" gefunden, der dieses „Ende der Geschichte" wortwörtlich verkündet: den amerikanischen Neokonservativen Francis Fukuyama, den das Nachrichtenmagazin *Time* ironisch als „Terminator II" feiert. Den Aberglauben, der Kapitalismus habe triumphiert, kritisiert sogar Papst Johannes Paul II. in seiner Sozialenzyklika „Centesimus annus" [18] vom 1. Mai 1991. Viele Menschen müßten als „Randexistenzen" ihr Leben fristen, in einem „Kapitalismus der Gründerzeit", der in seiner Erbarmungslosigkeit den „finstersten Jahren der ersten Industrialisierungsphasen nicht nachsteht". Die Behauptung, die „Niederlage des sogenannten realen Sozialismus lasse den Kapitalismus als einziges Modell wirtschaftlicher Organisation übrig", sei unhaltbar, sagt der Papst.

Nicht der Kapitalismus hat gesiegt, sondern das Wettrüsten. Das haben einflußreiche Kreise um Michail Gorbatschow, wie der deutsche Psychoanalytiker Horst Eberhard Richter berichtet, schon zu Beginn der achtziger Jahre erkannt. Es wäre natürlich zu simpel, nur das Wettrüsten als Ursache des Zerfalls der Sowjetunion zu sehen. Nach Helmut Schmidt, dem eisernen Ex-Exekutor der „westlichen Wertegemeinschaft", ist Michail Gorbatschows Perestrojka, der totale „Umbau" im wirtschaftspolitischen Bereich, durch „bodenlosen ökonomischen Dilettantismus" und „irrsinnige Geldpolitik" gescheitert: „Überall in den Republiken wird das Geld in ähnlichem Tempo gedruckt und in Umlauf gebracht wie bei uns die Morgenzeitungen." Dennoch sollte der Westen

aufpassen, so Helmut Schmidt, „daß sich nicht der irreführende Irrtum ausbreitet, der Kapitalismus habe gesiegt".
Die beabsichtigte Transplantation des Hurra-Kapitalismus westlicher Prägung nach Rußland und Umgebung wird jedenfalls ironisch-groteske Züge annehmen, würdig der literarischen Bearbeitung durch einen Nikolai Wassiljewitsch Gogol. Wenn es nicht gelingt, zu einer gerechten Verteilung der Güter zu kommen, wird die Menschheit sich in weiteren Weltkriegen selbst zugrunde richten, in Kriegen um Wasser, um Erdöl und andere Ressourcen, durch die Verpestung und Zerstörung ihrer eigenen Lebensräume. Der Kapitalismus hat ebenso verloren wie der Kommunismus, denn beide konnten die entscheidenden und eng miteinander verwobenen Probleme der Menschheit nicht lösen: die gerechte Verteilung der Güter in Frieden und Freiheit, den Größenwahn der Wachstums-Ideologie und die Vernichtung der Umwelt.
Die EG könnte sehr rasch in die nationalistischen und religiösen Konflikte im Osten und Südosten hineingezogen werden. Insofern ist es nur Politgeschwätz, wenn argumentiert wird, Neutralität und Friedensliebe seien heute durch den Zerfall der Sowjetunion überflüssig geworden. Im Gegenteil. Die Bedrohung ist sogar noch gefährlicher. Michail Gorbatschow sagte in einem Interview im März 1992, in dem auch die Gefahr eines Bürgerkrieges angesprochen wurde, über sein Land: „Das war keine Föderation . . . Dies war ein eiserner Einheitsstaat. Und als wir Sauerstoff zugeführt haben – wir waren damals überzeugt, daß wir keine Nationalitätenprobleme haben –, verloren wir Zeit bei der Formulierung einer Politik und sind deswegen zu spät gekommen. Die Separatisten haben das ausgenutzt, sie haben darauf spekuliert . . . Mein Ziel war, eine politische Evolution zu vollbringen . . . Ein großes Blutbat konnten wir bislang verhindern." Bislang.
Der Zusammenbruch von Imperien hinterläßt immer ein Vakuum der Macht, in dem sich Konflikte ausbreiten. Vor mehr als 70 Jahren führte der Kollaps der einstigen Weltmacht des Osmanischen Reiches zu mehreren Kriegen im Mittleren Osten. Das Ende der Habsburger Doppelmonarchie war die Ursache beider Weltkriege und wirkt noch heute, zum Beispiel im jugoslawischen Bürgerkrieg, nach. Der totale Zusammenbruch des japanischen Militär-Imperiums 1945 zog eine Reihe von Kriegen im pazifischen Raum nach sich. Helmut Schmidt: „Es bedarf nicht allzu großer Voraussicht, um nach dem Zusammenbruch des sowjetischen Imperiums ähnlich lang dauernde und ähnlich weitreichende Wirkungen zu erwarten."

Wie die jüngste Entwicklung zeigt, wird die Nachfolgeorganisation der UdSSR weiter zerfallen – wie eine Windschutzscheibe, die durch Steinschlag in tausend Scherben zerspringt. Zu auseinanderstrebend sind die Interessen, zu gravierend die ökonomischen und ökologischen Schäden, zu schmerzlich ist das historische Erbe von Umsiedlungen und Unterdrückung, das Moskau als Zentralmacht in den einzelnen Republiken angerichtet hat. Der Teufelskreis ist vorgezeichnet: Durch den Widerstand nichtrussischer Völker wächst der russische Nationalismus, der wiederum den Chauvinismus der anderen Nationen anfacht. Nationalitätenkonflikte ohne Ende stehen bevor. Armenien und das Tschetschenen-Problem im Kaukasus waren nur ein Vorgeschmack davon. Um das Maß voll zu machen, spielen auch rassistische, pantürkische, panslawistische Ideologien herein. [19] Auch das religiöse Konfliktpotential in der GUS ist besorgniserregend. In Kasachstan, Kirgisien, Usbekistan, Tadschikistan und Aserbeidschan leben mehr als 50 Millionen Moslems. Es gibt Kontakte zu den Fundamentalisten im Iran und in der Türkei, aber auch im Mittleren Osten. Umgekehrt träumen die Türken und Perser von einstiger Großmachtherrlichkeit. Die Minderheitenprobleme in den Republiken sind ohne Zahl. Im März 1992 ist ein weiterer Brandherd entstanden: Die russische Minderheit in Moldawien will mit Waffengewalt eine eigene Staatsgründung, die „Dnjestr-Republik" durchsetzen. [20] Die Krise sitzt überall tief. Denn die Sowjetunion ging aus einem duch russische Expansionsgelüste in Jahrhunderten mit Waffengewalt zusammengerafften Reich hervor. [21]
Jetzt steht wegen des bodenlosen ökonomischen Desasters eine riesige Migrationswelle in den Westen bevor, mit Millionen von „Wirtschaftsflüchtlingen". [22] Einige Migrationsexperten sehen jedoch vielmehr in der Einwanderung der Ostmafia das entscheidende Problem. Aber über eine Million Flüchtlinge allein in Jugoslawien sprechen eine andere Sprache. Das kann schon morgen in Rußland in zehnfacher Auflage passieren. Der Moskau-Korrespondent der *Zeit,* Christian Schmidt-Häuer, diagnostiziert einen „gefahrvollen Niedergang vom dritten Rom zur dritten Welt". Alle sozialen Netze einer „Gleichheit in Armut" seien zerrissen, und es gehe nur noch um die Wahl zwischen harter Schirmherrschaft à la Jelzin und einer „Militärdiktatur mit Dunkelmännern im Hintergrund". In diesem nationalistisch-fundamentalistischen Hexenkessel existieren zu allem Überfluß im Mangel noch jede Menge Atomwaffen. [23]
Die Folgen der Kriegswirtschaft, deren Anfänge in Rußland bis in die Zeit vor dem Ersten Weltkrieg zurückreichen, Nationalismus und

Fundamentalismus enthalten ein ungeheures Potential an sozialem und politischem Sprengstoff. Das zeigt nicht nur der Krieg zwischen Armenien und Aserbeidschan um die Enklave Nagorny-Karabach, in dem es schon Tausende Tote gab, oder die Kämpfe in der nach Unabhängigkeit strebenden nordkaukasischen Tschetschenen-Republik, wo beim Versuch prorussischer „Aufständischer“, die Radio- und Fernsehstation in der Hauptstadt Grosny zu besetzen, zahlreiche Menschen getötet wurden. Millionen Russen leben in anderen Republiken. [24] Man kann sich leicht vorstellen, was passiert, wenn sie angegriffen oder verfolgt werden.
Die Lage ist verworren und irrational vernetzt. Das war in der Geschichte immer wieder der Zündstoff für Kriege. Sogar renommierte russische Reformer malen die akute Gefahr eines neuen Weltbrandes an die Wand. Der aus dem altösterreichischen Czernowitz stammende amerikanische Biochemiker Erwin Chargaff hat schon im Juni 1990 davor gewarnt, daß die Öffnung der Ostgrenzen langfristig einen dritten Weltkrieg auslösen werde. Das bisher den Weltfrieden erhaltende „Gleichgewicht des Schreckens“ sei zerstört. Im Osten habe eine „Konsumentenrevolte“ unter Vorspiegelung falscher Tatsachen vom Wohlstand im „goldenen Westen“ stattgefunden. In Wirklichkeit gebe es dort „Millionenheere von Bettlern“. Das einstige Vorzeigeland USA sei „zum ersten Entwicklungsland dieser Erde verkommen“.

Die Tragödie im ehemaligen Jugoslawien zeigt, daß das keine willkürliche Schwarzmalerei ist. Statt endlich den Waffennachschub zu unterbinden und mit echtem Friedenswillen zu verhandeln, werden die Serben verteufelt, wird von der westlichen Rechten Öl ins Feuer des Nationalismus gegossen, werden die EG-Mitglieder Frankreich und Griechenland als „Serbenfreunde“ denunziert. Otto Habsburg kroch mit dem kroatischen Präsidenten Franjo Tudjman „in Frontnähe“ sogar in einen Bunker, wo er einem Fotografen seinen „zähen Kampf für ein unabhängiges Kroatien“ zur Schau stellen konnte: „Small talk mit dem Tod“. [25] „Wie kann man Tudjman und dieses ganze Ustascha-Gesindel leichtsinnig und vorbehaltlos anerkennen?“ Bange Frage des Zukunftsforschers Robert Jungk in einem Interview mit dem *Presse*-Redakteur Andreas Unterberger. Dem Hause Habsburg hat es offenbar nicht genügt, den Ersten Weltkrieg vom Balkan aus mit angezettelt zu haben. Jetzt will die EG mit gütiger Erlaubnis der USA eine „Eingreiftruppe“ nach Jugoslawien abkommandieren. Die Brandstifter sind wieder unter uns.

Schon zu Beginn des Bürgerkrieges in Jugoslawien forderten einige EG-Länder – unter ihnen auch Deutschland – die militärische Intervention durch eine europäische Eingreiftruppe. Delors sah dafür mit Recht keine Rechtsgrundlage. Europa, so Delors, habe sich seine friedliche Einheit mühsam genug erkämpft: „Es wäre Wahnsinn, diese Errungenschaft auf den Müllhaufen der Geschichte zu werfen und ein völlig neues Großeuropa aus dem Nichts zu entwerfen, wie manche das vorschlagen." Doch die „europäische Verteidigungsidentität", wie es im Schlußkommuniqué des NATO-Gipfels in Rom vom November 1991 heißt, wird vor allem von Deutschland und Frankreich eisern vorangetrieben. Seit Mai 1992 steht fest, daß das deutsch-französische Armeekorps mit 35.000 Mann den Kern der Euro-Armee bilden wird. Die Deutschen wollen das „Euro-Korps", dem schon bald auch Belgien beitreten will, der „operationellen Kontrolle" der NATO unterstellen. Die Franzosen denken nicht daran, sich von ihren Partnern an die Atlantische Allianz „heranführen" zu lassen: „Der Kern hat sich zum Keil entwickelt, der sowohl Europa als auch das atlantische Gefüge zu spalten droht", schreibt der deutsche Kolumnist Josef Joffe.
EG-Vizepräsident Martin Bangemann, den der deutsche Karikaturist Murschetz einmal als rotierendes Nilpferd im europäischen Porzellanladen zeichnete, darf jubeln, denn ursprünglich war ihm die EG-Truppe erst für das Jahr 2000 versprochen. Sein Kabinettschef Manfred Brunner war in Sachen „Neuordnung Europas" immer schon recht deutlich. Im Februar 1991 schrieb er in einem Artikel: „Eine Europäische Union kann und wird nicht ‚neutral' im klassischen Sinne sein können. Das paßt nicht zum Charakter eines europäischen Bundesstaates . . . Eine solche Union kann sich nicht einfach klein machen, sondern sie muß gemeinsam Flagge zeigen. Mehr als jetzt am Golf." Die Europäer, so Brunner, dürften sich nicht zu „bloßen Zuschauern der Geschichte degradieren" lassen.
Was Franzosen und Deutsche nicht wissen: das Spiel heißt Blinde Kuh. Statt einander zu finden, haben sie plötzlich John Major im Arm – und der ist zusammen mit den Holländern stocksteif bei solchem Watteau-Getändel. Er kann sich Euro-Truppen nur unter dem Oberbefehl der NATO vorstellen. Auch Labor-Chef Neil Kinnock hatte erklärt: „Wir akzeptieren keine eigene Verteidigungsidentität der EG." Man könne beim KSZE-Prozeß, bei UN-Friedensmissionen, bei der Nichtverbreitung von Atomwaffen, beim Waffenexport und beim Kampf gegen Terrorismus und Drogenhandel miteinander reden. Gemeinsame Verteidigung? No! Die Angloamerikaner fürchten

ein Europa unter deutsch-französischer Flagge. Daher boykottieren sie alles, was von dieser Seite kommt, wie sich beim EG-Gipfel in Maastricht Ende 1991 zeigte. Zu Ostern 1992 melden die Briten sogar ihren – so Außenminister Douglas Hurd – „Führungsanspruch innerhalb der EG“ und eine stärkere Präsenz auf der „weltpolitischen Bühne“ an.
Die „Kontinentaleuropäer“ in der EG machten in Maastricht enormen Druck für eine gemeinsame Außen- und Sicherheitspolitik, für eine eigene Armee. Die Außenminister Deutschlands und Frankreichs forderten „als europäischen Pfeiler der NATO“ eine eigenständige, „gemeinsame europäische Verteidigung“ auf der Basis einer gestärkten „Westeuropäischen Union“ (WEU), der außer Griechenland, Dänemark und Irland alle EG-Staaten angehören, bei gleichzeitiger Stärkung des kompetenzschwachen außenpolitischen EG-Gremiums für „Europäische Politische Zusammenarbeit“.
Im Juni 1992 forderte Wim van Eekelen, Generalsekretär der WEU, erneut, Europa müsse künftig zu militärischen Interventionen in der Lage sein. Das zeige nicht zuletzt der Konflikt in Jugoslawien. Das wollen neben den Briten auch die Holländer, Dänen und Norweger verhindern. Auch Kommissionspräsident Jacques Delors kann seine Linie, eine „EG-Armee“ müsse „neben“ und nicht mehr unter dem amerikanischen Schirm aufgebaut werden, nicht durchsetzen. In einem *Spiegel*-Gespräch vor Maastricht sagte Delors: „Aus der dynamischen Wirtschafts- und Handelsmacht, die wir schon sind, muß eine politische Großmacht hervorgehen, sonst ist zu befürchten, daß sich die Gemeinschaft am Ende auflöst . . . Wenn uns die politische Union nicht gelingt, wenn wir einen Vertrag zum Schleuderpreis abschließen, dann wird der historische Niedergang Europas, der mit dem Krieg von 1914 begann, wieder einsetzen.“
Der das fordert, ist kein Einzelgänger, kein politischer Außenseiter. Der Sozialist Delors war ab 1981 vier Jahre lang Wirtschafts- und Finanzminister Frankreichs. Die EG-Behörde mit ihren 17 Kommissaren und 10.000 Beamten befehligt er nach Aussage seiner Mitarbeiter „wie ein Offizier der Fremdenlegion sein Wüstenfort“. Europa ruft er zu: „Wir müssen uns schnell bewegen, sonst wird Europa zu einer archäologischen Ausgrabungsstätte, wo Amerikaner und Japaner nach untergegangenen Gedanken und Lebensstilen suchen werden.“
Die Deutschen werden von der „westlichen Wertegemeinschaft“ ähnlich wahnwitzig provoziert wie die Japaner. Für den Golfkrieg, für den Ruhm der USA und die Konfetti-Siegesparaden von General

Schwarzkopf & Co., durften sie 1991 fast zwölf Milliarden Mark locker machen und wurden gleichzeitig von ihren Verbündeten als „Drückeberger" geschmäht. Manche munkeln, die Vereinigten Staaten hätten an der monetären Kriegshilfe noch verdient. Die Drachensaat wird aufgehen, da kann man sicher sein.
Mitte 1992 durften die Deutschen endlich ein paar Blauhelme der Bundeswehr – 140 Sanitätssoldaten – nach Kambodscha schicken. Nach heißen Debatten im Bundestag setzte sich damit fürs erste die SPD durch, die sich nur Blauhelmeinsätze *ohne* Waffen vorstellen kann. Der neue Herr auf der Harthöhe, CDU-Mann Volker Rühe, kann sich solche Einsätze auch *mit* Waffen vorstellen. Das heißt, Kambodscha war nur die Vorhut, dahinter marschieren schon die bewaffneten Divisionen. Die Geplänkel im Bundestag sollten den Blick fürs Ganze nicht trüben. Ob EG-Streitmacht oder nationale Armeen unter dem NATO- oder WEU-Dach: Militarismus bleibt Militarismus. Das Prestigeobjekt „Jäger 90", ein zur Abwehr sowjetischer Bomber konzipiertes Kampfflugzeug, wurde nur unter dem Eindruck des traurigen Zustands der Staatsfinanzen und durch den Druck der Öffentlichtkeit zurückgestellt – in Deutschland. Stückkosten des Wahnsinnsprojekts: mehr als 150 Millionen Mark. Die anderen an der Entwicklung beteiligten Staaten – Großbritannien, Italien und Spanien – wollen auch ohne die Deutschen weitermachen, mit einem Gesamtvolumen von 60 Milliarden Mark! Die Deutschen sparen durch ihren Verzicht auf den Größenwahn in den Lüften 30 bis 40 Milliarden Mark. Im Juni 1992 hat ausgerechnet das Euro-Parlament eine Resolution verabschiedet, den „Jäger 90" nicht einzustellen. Kein gutes Omen für eine Demokratisierung der EG.

Die von Frankreich betriebene kontinentale Blockbildung ohne die Angelsachsen steht in den Sternen, denn schon mehren sich die Konflikte mit Deutschland. Rudolf Augstein schrieb Anfang 1992 in einem *Spiegel*-Kommentar: „Es geht darum, daß Frankreich seit dem Ende des Zweiten Weltkriegs seine Führungsrolle gegenüber Deutschland bewahren wollte. Das hätte nur in einer kleinen und überschaubaren Gemeinschaft funktionieren können, in einer EG der sechs Gründungsmitglieder. Deshalb haben sich die Franzosen bis zuletzt dagegen gesträubt, in diesen Kreis England aufzunehmen, dem sie bis heute unterstellen, ein Anhängsel der USA zu sein."
Da ist nach wie vor – unabhängig vom Ende des kalten Krieges – der nukleare „Schutzschild" gemeint, über den England und Frankreich selbst verfügen, Deutschland aber nicht. Rudolf Augstein spricht sehr

deutlich die Kluft zwischen militärischer und wirtschaftlicher Macht an, die von deutscher Seite nach der Wiedervereinigung schmerzlicher denn je und beinahe schon als nationale Schande empfunden wird: „Auf militärischem Gebiet klaffen die Grundsätze zwischen Frankreich und Deutschland bis heute hoffnungslos auseinander. Es läßt sich nicht übersehen, daß Paris den neuen Gegebenheiten militärisch nicht Rechnung tragen will."
Neutrale EG-Aspiranten wie Österreich, die Schweiz und Schweden dürfen angesichts dieses Säbelrasselns darüber rätseln, wie man sich mit den aktuellen militärischen Ambitionen der „Gemeinschaft" anfreunden könnte. In Österreich hält Bundeskanzler Franz Vranitzky die Teilnahme an einer von den sozialdemokratischen Parteiführern Europas vorgeschlagenen „Europäischen Friedenstruppe" für möglich, nicht aber bei der „Westeuropäischen Union". Was da bei den Beitrittsverhandlungen herauskommen soll, weiß nicht einmal der sonst allwissende EG-Fan und Außenminister Alois Mock. Er unternimmt in der ersten Jahreshälfte 1992 einen Vorstoß nach dem anderen, um endlich die Westeuropäische Union zum Eingreifen in Jugoslawien zu bewegen. Die Beteiligung eines EG-Mitglieds Österreich könne er sich in einem solchen Fall nicht vorstellen, wohl aber „eine Durchfuhrerlaubnis wie im Golfkrieg", sagt Mock. Und die Neutralität? Muß die auch im EG-Vertrag stehen? Mock: „Es wäre falsch zu sagen: Wenn sie dort nicht drinnen steht, bedeutet das die Aufgabe der Neutralität. Nur, ob das da drinnen steht, ist nie festgelegt worden . . ." [26] Ein EG-Eiertanz der Sonderklasse.
Eines könnten sich die Neutralen jedenfalls merken: „Jedes beitrittswillige Land muß bereit sein, den bestehenden ‚Acquis communautaire', also den bisher erreichten Integrationsstand, vorbehaltlos zu akzeptieren." So sieht es nicht nur Manfred Brunner, der Bangemann-Mann. Vorbehaltlos! Das gilt selbstverständlich auch für militärische Verträge. Nach dem Unionsvertrag von Maastricht, so dürftig er auch ausgefallen sein mag, ist jedenfalls der Spielraum der Neutralen bei einem EG-Beitritt auf die Fläche einer Nadelspitze geschrumpft. Ende Mai 1992 verlangten mehrere EG-Kommissare, von Beitrittskandidaten einen „Blankoscheck" (Otmar Lahodynsky) für die noch nicht einmal in der EG realisierte Verteidigungspolitik zu fordern.
Erst kürzlich wurde einer österreichischen Journalistendelegation von Spitzenfunktionären der EG-Kommission klargemacht, daß „eine Mitgliedschaft mit Fußnoten" nicht möglich sei. Man solle endlich den Bürgern reinen Wein einschenken. Mitgliedschaft und Neutrali-

tät seien unvereinbar. WEU-Generalsekretär van Eekelen hatte kurz zuvor in Wien ohne Umschweife erklärt, für Neutrale sei in der EG kein Platz. Er denke an eine Eingreiftruppe von „zwei, drei Divisionen" für „humanitäre Aufgaben", an der sich alle Mitglieder zu beteiligen hätten. Österreichs konservative EG-Enthusiasten klatschten dieser Orwell-Formulierung frenetisch Beifall. Österreich solle, so Vizekanzler Erhard Busek in einem Interview [27] Ende Mai 1992, „Truppen stellen und multilaterale Stationierungen zulassen" – gerade auch in Hinblick auf den „Konflikt in Jugoslawien". Verteidigungsminister Werner Fasslabend denkt an österreichische Heereseinsätze im Rahmen einer europäischen Friedenstruppe. Was Friedenstruppe heißt, wissen wir seit dem Irak-Gemetzel.

These 10

Im „Vereinten Europa" ist für Neutrale kein Platz

Im Europäischen Empire ist für Neutrale wie Schweden, Finnland, Österreich und die Schweiz kein Platz mehr. Sie werden von der NATO und von der EG in einen Militärpakt getrieben, der von den Atommächten England und Frankreich dominiert wird. Und, wer weiß, auch einmal von den Russen und anderen GUS-Staaten, die der NATO beitreten wollen. Der Verlust der neutralen Pufferstaaten in Europa erhöht die Spannungen, statt sie abzubauen.

Österreich hat seine Unschuld längst verloren. Bruno Kreiskys kleinbürgerliche Nachfolger verspielten den Vertrauensbonus des Landes in der Welt durch schwere Neutralitätsverletzungen. Für Kreiskys unmittelbaren Nachfolger Fred Sinowatz war im Durchblick alles „sehr kompliziert", auch die illegale Lieferung von Noricum-Kanonen an den kriegführenden Iran. Aber ist es nicht ungerecht, Firmenmanager, ihn und andere Politiker wegen „Neutralitätsgefährdung" anzuklagen, wenn die jetzige Koalitionsregierung die Neutralität ständig mit Füßen tritt – ohne vor Gericht gestellt zu werden? Vizekanzler Erhard Busek erklärte Mitte Juni 1992: „Für mich ist klar, daß die Neutralität, wie sie seit 1955 bestanden hat, beendet ist." Ein klarer Verfassungsbruch. Lutz Holzinger, Journalist und Gewerkschafter, hat das so kommentiert: „Seit Vizekanzler Busek ‚das Ende der Neutralität' verkündet hat, ist der Punkt erreicht, wo das Verhalten der Regierung in den Fragen von Staatsvertrag und Neutralitätsgesetz Hochverrat bedeutet."
Im Golfkrieg 1991 wurden amerikanische „Bergepanzer" per Bahn durch Österreich transportiert, mit Erlaubnis der Regierung. Dabei fehlte es nicht an Hinweisen, daß die Panzer „zum Einsatz in der bevorstehenden Bodenoffensive der amerikanischen Streitkräfte bestimmt" seien, wie es in einem Aufruf des „Komitees zur Verteidigung der Neutralität" am 13. Februar 1991 hieß. Tatsächlich wurden die Panzer, wie sich später herausstellte, nicht zum Bergen, sondern zum Zuschütten irakischer Schützengräben mit Mann und Maus verwendet. Ein führender US-Militär erklärte, man habe diese Horrorstrategie bewußt eingesetzt, um den Krieg möglichst schnell zu beenden. Aber das konnten die neutralen Österreicher nicht ahnen, ebensowenig, daß in den Hunderten Großladeflugzeugen, die ihren Luftraum passierten, sich möglicherweise auch anderes Zeug befand als der offiziell angegebene Zivilbedarf.
Unter anderen hat damals Erwin Lanc, lange Regierungsmitglied und zuletzt Außenminister, gegen die Waffentransporte per Bahn und Flug protestiert. Bei der Durchfahrt der „Bergepanzer" leisteten vor allem junge Leute Widerstand, ketteten sich an die Bahngeleise, wehrten sich gegen Schikanen der Sondereinheiten von der „Kobra", diskutierten mit Gendarmen, die noch in der Ära Kreisky eingesetzt worden waren. Nach Augenzeugenberichten schämten manche dieser Polizisten sich, daß sie Verteidiger der Neutralität einsperren und anzeigen mußten: wegen „Verstößen gegen das Versammlungs- und gegen das Eisenbahngesetz". 150 Leute wurden festgenommen.
Die internationale Waffenmafia hat Österreich als Drehscheibe von

Lieferungen in Richtung Jugoslawien mißbraucht. Und Österreich ließ sich mißbrauchen. Erst im Juli 1991, als sich alle schon mit martialischem Gerät aller Art eingedeckt hatten, wurde eine Verordnung zur Unterbindung solcher Waffen- und Munitionsexporte verabschiedet. Bundeskanzler Franz Vranitzky bestätigte, daß der Export größerer Waffenlieferungen vorbereitet wurde, schwieg sich aber über Art, Herkunft und Adressat aus. Die Haltung österreichischen Konservativer vom Schlage des Außenministers Alois Mock in der Jugoslawienfrage verärgerte sogar die EG, vor allem Frankreich. Botschafter Wolfgang Schallenberg bekam bei einer Besprechung im Pariser Außenministerium Mitte Juli 1991 zu hören, Österreich nehme einseitig Partei und unterscheide zwischen „guten Jugoslawen, die zur Monarchie gehörten und katholisch sind", und den anderen, den „schlechten, die unter ottomanischer Herrschaft standen". Dieses Verhalten sei „gefährlich für die Zukunft Europas und führe zum Wiederaufleben alter Konflikte". Über die Kritik an der Jugoslawienpolitik der EG aus Österreich waren die Franzosen besonders „erstaunt": Da kritisiere „der Brandstifter die Feuerwehr". Nicht gerade ein Kompliment für einen neutralen Staat. Oder, wie Michael Scharang in seinem Essayband „Das Wunder Österreich" schreibt: „Diesen Staat kann kein Skandal erschüttern, er ist selbst ein Skandal."

Michael Scharang weist nach, daß die Demontage der österreichischen Neutralität durch Politiker der Volkspartei schon in der Stunde Null begann: 1955. Julius Raab erklärte unmittelbar nach dem Abschluß des Staatsvertrages im Rundfunk, dieses Ereignis werde „das Schicksal Österreichs auf Jahrzehnte entscheiden". Seinesgleichen, so Scharang, erfüllt nun auch diese Voraussage. Der ehemalige amerikanische Botschafter in Österreich, Ronald Lauder, hat schon vor einigen Jahren daran erinnert, daß Österreichs Neutralität kein Dauerzustand sein könne. Da war die Sowjetunion noch nicht zerfallen. Aber Alois Mock muß schon seit damals wissen, was er den Amerikanern schuldig ist: Treue. Michael Scharang: „Wenn Österreichs Rechte die Neutralität abgeschafft hat, wird sie der Welt zeigen, was ein echter Verbündeter ist: ein Knecht, der die Menschenverachtung seines Herrn nicht müde wird als Menschlichkeit zu preisen."

Offenbar hält Alois Mock rein gar nichts davon ab, als Vater des österreichischen EG-Anschlusses in die Geschichte eingehen zu wollen. Um das Maß des Eifers voll zu machen, genehmigte er Anfang 1992 im Alleingang, daß „Awacs"-Radarflugzeuge der

NATO sich frei im österreichischen Luftraum bewegen könnten. Als in Österreich gegen diese Neutralitätsverletzung protestiert wurde, meldeten sich sofort die EG-Oberen. Manfred Brunner, Kabinettschef des deutschen Vizepräsidenten der EG-Kommission Martin Bangemann, sieht in dieser Neutralitätsverletzung eine „Selbstverständlichkeit“ und nicht etwa eine Vorleistung von Außenminister Alois Mock an die EG. Das sei eine „rein innenpolitisch motivierte Kunstdiskussion“. Man solle der österreichischen Bevölkerung endlich reinen Wein einschenken und sie darüber aufklären, daß die Neutralität ein alter Hut sei, der endlich abgelegt werden müsse. Brunner im Originalton: „In einer Welt der überwundenen Gegensätze an der Neutralität festzuhalten, bedeutet Isolationismus.“ Wo Manfred Brunner den Optimismus herholt, daß wir in einer Welt der überwundenen Gegensätze leben, weiß wohl niemand außer ihm selber. Die Bürgerkriege in Ost- und Südosteuropa dürften ihm jedenfalls entgangen sein und offenbar auch der Gesamtzustand unseres schönen blauen Planeten.

1991 signalisierten Umfragen, daß eine Mehrheit der österreichischen Bevölkerung bei einer Volksabstimmung gegen einen Beitritt Österreichs zur EG stimmen würde. Spielt keine Rolle, sagte sich die Regierung, dann beschließen wir eben eine „Informationskampagne“. Brigitte Ederer, die den offenbar zu laxen Peter Jankowitsch als EG-Propagandachefin der Bundesregierung ablöste, spricht in einem ORF-Interview am 10. April 1992 von einer „Werbekampagne für Informationen“. Da freut sich Orwells „große Bruder“: Werbung ist Information, Propaganda ist Wissensvermittlung, Gehirnwäsche ist Aufklärung. Der ganze Spaß soll 35 Millionen Schilling kosten.

Und siehe da, aus der Ecke der Sozialwissenschaftlichen Studiengesellschaft SWS des EG-Befürworters Heinz Kienzl kommt Anfang Februar 1992 wie gerufen die frohe Kunde: Schon ganze 38 Prozent der von den Meinungsforschungsinstituten Ifes und Fessel befragten Bürger sind „eher für“ eine Vollmitgliedschaft Österreichs bei der EG, 30 Prozent „eher dagegen“. Und was erwarten die Österreicher laut Umfrage von der EG? Richtig: Da ist vor allem einmal die Hoffnung, daß zahlreiche Produkte billiger werden, darunter Lebensmittel, Kleidung, Elektrogeräte und Autos.

Nach der Neutralität wurde vorsichtshalber nicht gefragt. Denn da erklärten bei einer repräsentativen SWS-Umfrage nämlich schon im Januar 1989 75 Prozent der Österreicher, sie lehnten einen EG-Beitritt ab, wenn er mit einer Aufgabe der Neutralität verbunden sei! Bei einer ähnlichen Meinungsbefragung durch das Fessel-Institut Anfang März 1991 wollten sogar 82 Prozent eher auf einen EG-Beitritt als auf die Neutralität verzichten. Wenig später, im Mai 1991, bemühte sich die SWS schon wieder um das Seelenheil der Österreicher: Diesmal zählten sie immer noch mehr als 64 Prozent, die auf einen EG-Beitritt lieber verzichten würden als auf die Neutralität. Für 80 Prozent ist die Neutralität sogar „Bestandteil der Staatsidee". Wieder ein wenig später im gleichen Theater: Im November 1991 will die SWS erneut wissen, wie die Österreicher zur Neutralität stehen. Hat die Info-Werbekampagne der Regierung schon gegriffen? Diesmal halten 57 Prozent der Befragten an der Neutralität fest, auch um den Preis, nicht EG-Bürger werden zu können. Weiteres Ergebnis, oh Schreck: Die Zahl der EG-Befürworter sinkt seit dem Frühjahr von 48 Prozent auf 40 Prozent. Heinz Kienzl wünscht sich ein anderes Volk: „Die Österreicher halten die Neutralität für eine Art kostenlose Versicherung gegen internationale Unbill." Für die Befragten, so Kienzl bitter, sei die Neutralität ein „Mythos", sie zeigten großes Unwissen über den Charakter der Neutralität: mehr als die Hälfte glaubten fälschlich, daß die Neutralität zu humanitärer Hilfe in Krisengebieten verpflichte.

Bei einer neuerlichen Befragung Anfang 1992 meinte Kienzl, die Antworten der Befragten seien unentschlossen gewesen: „Wir müssen die Bürger entschuldigen, oft wissen ja auch Politiker nicht, was das Kernstück der Neutralität ist." Ob sich Herr Kienzl die Frage stellt, ob's vielleicht an seinen Fragen liegt? Was soll selbst der willigste Meinungsforscher machen, wenn das Volk nicht so antworten will, wie er es sich wünscht? 1992 hat sich das Bild kaum geändert: Nicht einmal jeder dritte Österreicher sieht Vorteile in einem EG-Beitritt. So das Ergebnis einer Meinungsumfrage des Linzer Imas-Institutes, Anfang Juni 1992 publiziert. Das Nein der Dänen zur Europäischen Union hat diesen Trend noch verstärkt.

Die Neutralitätsfrage begleitete die Beziehungen Österreichs zur EG von Anfang an wie ein roter Faden. 1961, also vier Jahre nach der Gründung der Europäischen Wirtschaftsgemeinschaft in Rom, bemühte sich Österreich im Alleingang um eine Assoziierung mit der EWG. Nach langen Verhandlungen, in denen auch die Vollmitgliedschaft diskutiert wurde, legt sich 1967 Italien wegen des Bombenterrors in Südtirol mit einem Veto quer, das erst zwei Jahre später zurückgezogen wird. Fritz Breuss und Jan Stankovsky vom Wirtschaftsforschungsinstitut in Wien schreiben zu der schon damals am Horizont aufgetauchten EG-Option: „Das Recht, mit Drittstaaten

Verträge abzuschließen („Treaty making power"), sollte aus neutralitätspolitischen Gründen von Österreich nicht an die EWG übertragen werden." 1967 war übrigens auch aus anderen Gründen ein denkwürdiges EG-Jahr: Frankreich legte gegen den EG-Beitritt Großbritanniens ein Veto ein. Das Vereinigte Königreich wird erst 1972, in der sogenannten zweiten Integrationsphase, zusammen mit Dänemark und Irland EG-Mitglied. Bei einer Volksabstimmung in Norwegen wird der EG-Beitritt des Landes von der Mehrheit abgelehnt. Im gleichen Jahr wird das Freihandelszonen-Abkommen zwischen der EG und Österreich abgeschlossen. Denkwürdiger Kommentar der beiden Experten Fritz Breuss und Jan Stankovsky: „Aus neutralitätspolitischen Erwägungen ist Österreich nicht Vollmitglied der EG geworden."

1979 tritt Griechenland der EG bei (Vollmitglied ab 1981). Im gleichen Jahr finden die ersten Direktwahlen zum Europaparlament statt. 110 Millionen Wähler der „Neunergemeinschaft" wählen 410 Abgeordnete. 1986 werden Portugal und Spanien EG-Mitglieder. Von nun an besteht die Zwölfergemeinschaft. 1987, im Jahr, als der Mitgliedsantrag der Türkei abgelehnt wird, taucht in der österreichischen EG-Politik wieder die „Beitrittsoption" auf, unter Bedachtnahme auf die Erfordernisse der immerwährenden Neutralität. Im Juli 1989 stellt die österreichische Bundesregierung den Antrag auf Vollmitgliedschaft bei der EG, allerdings und wiederum unter dem ausdrücklichen Vorbehalt der Wahrung der Neutralität, und erhält im August 1991 das sogenannte Avis der EG-Kommission, eine Art Verkündigung. Unter den Problemzonen wird naturgemäß prompt die immerwährende Neutralität genannt. Schlüsselsatz: „Damit stellt Österreich die Gemeinschaft vor ein Problem, das bisher in der Reihe der Beitritte seinesgleichen sucht . . . " Als Beispiel werden die vom EG-Rat verhängten Wirtschaftssanktionen gegen Argentinien, die UdSSR, Südafrika und den Irak genannt: „Im Kriegsfall würden solche Sanktionen mit den sich aus der Neutralität herleitenden Verpflichtungen kollidieren."

In der Erziehung der Jungmänner im österreichischen Bundesheer wurde bisher mustergültig auf die Treue zu Österreich Wert gelegt. „Bereit sein für Österreich": Das hieß auch „Wille zur Freiheit, Neutralität und Verteidigung". Neutralitätspolitik war und ist ein wesentlicher Teil der „umfassenden Landesverteidigung". General Wilhelm Kuntner hat in seinem Buch „Ist Europa noch zu retten?" Österreichs Neutralität als „Alternative zur Allianzpolitik" und als konstruktiven und friedenserhaltenden Beitrag zur Weltpolitik dar-

gestellt. Soll das jetzt auf einmal alles Schall und Rauch gewesen sein? Die Österreicher sind jedenfalls mit überwältigender Mehrheit für die Beibehaltung der Neutralität, weil sie einen wesentlichen Teil ihres internationalen Prestiges bestimmt und ein Garant für Beständigkeit und Frieden war und ist – nicht nur in Mitteleuropa. Das ist absolut unvereinbar mit einem EG-Beitritt.
So sagte unlängst der britische Europastaatssekretär Tristan Garel-Jones in einem Interview [1], in der EG werde es außenpolitisch zu „kräftigen Aktionen" kommen, „an die Österreich in den vergangenen 20 oder 30 Jahren nicht einmal gedacht hat". Es könnte sich dabei um einen „Teil der Welt handeln, zu dem Österreich bisher vorsichtige Beziehungen aufrechterhalten hat". Garel-Jones ist nicht der einzige Scharfmacher in der EG. Lucian O. Meysels hat Joao Deus Pinheiro, Präsident des EG-Ministerrates, im März 1992 in einem Interview darauf angesprochen, ob für Österreich nicht die irische Neutralität als Vorbild dienen könne. Seine Antwort: „Das geht nicht, nicht nach Maastricht, wo es klarwurde, daß wir eine gemeinsame Außen- und Sicherheitspolitik anstreben . . . Da gibt es keine Ausnahmen." Das klingt nach Schlachtgesängen à la Golfkrieg. Deshalb fügt der EG-Deus-ex-machina beruhigend hinzu: „Wenn wir von Sicherheitspolitik reden, meinen wir Verteidigung und nicht Angriff." War der letzte Ölkrieg also ein „Verteidigungskrieg"? Martin Bangemann sagte es im März 1991 während des Golfkriegs rundheraus: „Klassische Neutralität ist obsolet" und „ein klassisch neutrales Land paßt nicht in die EG". Wenn Österreich in die EG wolle, solle es seinen Neutralitätsstatus „neu definieren". Frei nach Orwell: Neu definieren heißt abschaffen.
Anibal Cavaco Silva, Ökonom und Technokrat, portugiesischer Premier und Chef der Sozialdemokraten seines Landes, die ideologisch eher rechts stehen, peitscht gerade ein Programm zur Industrialisierung Portugals mit Hilfe von Privatisierungen und Anlockung von Auslandskapital durch. In einem Interview [2] wurde ihm die Frage gestellt: Die EG-Bewerber Österreich, Schweden und Finnland sind Neutrale. Ist das ein Problem? Antwort von Cavaco Silva: „Ja, das kann ein Problem sein, falls ein Bewerber diese Position aufrechterhält. Darauf wurde ja schon im EG-Avis betreffend Österreich hingewiesen. Man kann sich kaum vorstellen, daß ein potentielles Mitglied nicht alle Prinzipien befolgt, die in Maastricht festgelegt wurden." Frage: Für Neutralität wird da kein Platz sein? Antwort von Cavaco Silva: „Wenn ich etwa sehe, was in der ehemaligen Sowjetunion vorgeht, dann scheint mir die Neutralität ein Konzept der

Vergangenheit zu sein. Sie war vielleicht für manche Länder ein lebensnotwendiges Mittel in der Vergangenheit – heute gilt das nicht mehr . . .“

Absolut transparent wurde der EG-Größenwahn in einem Interview, das die die *Profil*-Redakteure Ferdinand Hennerbichler und Michael Siegert [3] mit dem italienischen Außenminister Gianni De Michelis führten. Der Polit-Zampano mokierte sich über die kritische Berichterstattung in der österreichischen Presse und herrschte das ganze Land an: „Sie müssen doch wissen, wenn Sie in der EG sind, haben Sie sich an die Regeln zu halten. Was hätte Europa für eine Zukunft, wenn Sie beitreten und dann alles blockieren? . . . Die Gemeinschaft wird eine gemeinsame Verteidigungspolitik haben. Die österreichische Armee wird eingebettet in eine europäische.“ Die Euro-Armee steht in De Michelis Großeuropa-Vision im Jahr 1998, inklusive Ungarn, ČSFR, Polen und: „Für 1995 sehe ich sogar einen Vertrag der Atlantischen Allianz mit der Sowjetunion voraus.“ Schüchterne Frage der Journalisten: Gegen wen werden Sie sich dann noch verteidigen? Antwort: „Gegen mögliche Gefahren von außen“. Aus der dritten Welt? „Nein, auch gegen Risken aus dem Inneren . . . Morgen kommt in Polen vielleicht ein Diktator an die Macht . . .“ Signore De Michelis sollte sich einmal ansehen, wer in Italien an der Macht ist und vor allem, wer an die Macht kommt. Da ist Polen noch lange nicht verloren.

Die martialischen Töne von Gianni De Michelis finden eine schöne Parallele in den Aussagen der Rechten in Österreich. Der „freiheitliche“ Wehrexperte Hans Helmut Moser „will die Neutralität lieber heute als morgen ad acta legen und sich an einer EG-Armee beteiligen, und zwar voll und ganz.“ Moser im Originalton: „Nur die Militärmusik zu stellen ist uns zu wenig.“ [4] Mosers Parteiobmann Jörg Haider fordert ein Berufsheer. Rita Klicpera aus Wels, Enkelin eines Feldmarschall-Leutnants der kaiserlichen Armee, antwortet ihm: „Das ist eine klare Vorleistung für die EG, fordert diese doch seit längerem die Abschaffung der allgemeinen Wehrpflicht in ihren Mitgliedsländern mehr oder minder verhüllt zugunsten einer wohl von Brüssel aus dirigierten EG-Eingreiftruppe . . . Ein Berufsheer kann auch sehr viel leichter als ein Milizheer gegen das eigene Volk eingesetzt werden, etwa gegen Umweltschützer oder gegen demonstrierende Bauern . . .“ Vielleicht hat Gianni De Michelis das mit „Polen“ verwechselt. Mittlerweile wurde Heeresminister Werner Fasslabend, einem strammen ÖVPler, für die Westeuropäische Union eine 10.000-Mann-„Eingreiftruppe“ genehmigt. Andreas Khol, außenpolitischer Sprecher der Volkspartei und Ober-EG-Lobbyist, sieht diesen Staatsstreich händereibend: „Ich verstehe die Heeresreform von Minister Fasslabend so, daß sie auf dieses Bündnis hin konstruiert ist.“ (*Die Presse*, 17. 6. 1992) Feldherr Fasslabend in einem Interview: „Es hat alles seine Zeit.“

Vorläufig letzter Höhepunkt im Neutralitätsstechen lieferte Brüssel nach dem dänischen Nein zur Politischen Union: Die Kommission will nun jeden Beitrittskandidaten zur Mitgliedschaft in der NATO und der Westeuropäischen Union verpflichten.

Worauf wollen also jene österreichischen Politiker noch warten, die meinen, die Neutralität von 1955 sei auf einen Ost-West-Konflikt ausgerichtet gewesen und heute überflüssig, weil es diesen nun nicht mehr gebe? Bis die Meinungsumfragen signalisieren, daß sie diese Neutralität, der Österreich so viel verdankt, lang genug schlechtgemacht haben. Diese begnadeten Politiker müssen sich schon die Frage gefallen lassen, ob sie die einmalige Chance für Österreich nicht erkennen können, Europa und der Welt als vielleicht einziger wirklich neutraler Verhandlungsplatz zu dienen, vor allem dann, wenn die Schweiz ihre Neutralität aufgeben sollte. Die EG verfolgt offenbar andere Interessen. EG-Kommissar Peter Schmidhuber hat sie in einem Interview [5] durchblicken lassen: „Die EG hat ein großes Interesse an der Aufnahme Österreichs. Es geht nicht nur um die Transitfrage, sondern ich halte Österreich für eine ganz wichtige raumwirtschaftliche Ergänzung der EG zur Stärkung der Nord-Süd-Verbindungen . . . Die EG sollte zudem ihre Verbindungen zu Ost- und Südosteuropa verbessern. Auch hier hat Österreich eine Schlüsselfunktion. Das gleiche gilt für den Landweg nach Griechenland.“ Brüsselkenner Klaus Emmerich hat es in seinem Buch „Anders als die anderen“ auf den Punkt gebracht: „Neutralität als Preis“ – 1955 für den Staatsvertrag, jetzt für den EG-Beitritt. Da gibt es nur einen wesentlichen Unterschied: Der Staatsvertrag hat Österreich seine Identität wiedergegeben, mit dem EG-Beitritt würde Österreich nicht nur seine Neutralität, sondern auch diese Identität wieder verlieren.

„Rechte“ Politiker kommen immer in harmlosen Verkleidungen daher – bis sie an der Macht sind. Niemand sollte sich täuschen lassen. Die Auseinandersetzung um die EG-Mitgliedschaft plus Neutralitätsverzicht wird kein Honiglecken. Günther Nenning weiß, wovon er redet: „Es ist wie 1938. Da wurde auch gesagt: Österreich ist zu klein, um selbständig zu sein.“ Der „Neokonservative“ (Eigendefinition) Andreas Khol, hat das schon 1988 „Hochverrat“ genannt. In einem Interview mit dem Magazin *Wochenpresse* [6] wurde er mit der Vorstellung einiger „strukturkonservativer“ Parteifreunde konfrontiert, die „EG-Euphorie der ÖVP“ lasse sich „nur noch mit der Anschlußpropaganda in den dreißiger Jahren“ vergleichen. Khols Antwort: „Ich finde jeden Vergleich, Österreich und die Europäische Gemeinschaft mit dem Anschluß zu vergleichen, für hochverräterisch.“ Zukunftsforscher Robert Jungk spricht im Gegensatz dazu von der EG als einer „höchst subtilen Form des Faschismus“. Der unlängst nach Wien heimgekehrte Kabarettist Werner Schneyder sieht den Anschluß weniger problematisch: Österreichs Bemühen, in die EG zu kommen, beruhigt er, heißt nicht „heim ins Reich“, sondern vielmehr „heim zu den Reichen“.

Nach dem Staatsvertrag, genauer gesagt, nach dem Moskauer Memorandum, das den Weg zum Staatsvertrag öffnete, hat sich die Republik Österreich zu immerwährender Neutralität nach dem Vorbild der Schweiz verpflichtet. Genau lautet die Formulierung, Österreich verpflichte sich, „immerwährend eine Neutralität derart zu üben, wie sie von der Schweiz gehandhabt wird“. Das kann heute nicht auf einmal ungültig sein.

Die Neutralität der Schweiz ist das Vorbild für die Neutralität Österreichs. Es wird daher sehr stark darauf ankommen, was die Eidgenossen entscheiden, die mit ihrer Neutralität schon viel länger gut gefahren sind als Österreich. Ihr Außenminister René Felber sagte schon vor drei Jahren in einem Interview [7]: „Vor einem allzu innigen Verhältnis zur EG schreckt die Schweiz hauptsächlich aus neutralitätsrechtlichen Gründen zurück . . . Ich habe meinem österreichischen Amtskollegen Alois Mock anläßlich von dessen jüngstem Besuch in Bern deutlich gemacht, daß eine Diskussion über die Interpretation der Neutralität unbedingt zu verhindern sei und eine Auslegeordnung von dritter Seite die Schweiz empfindlich stören würde. Nach unserer Auslegung wäre es fatal, wenn die Sowjetunion oder die EG darüber befinden würden, ob ein Beitritt der Republik Österreich mit der Neutralität vereinbar sei oder nicht: Die Neutralität ist unser ureigener außenpolitischer Fixstern und muß das auch bleiben. Der EG kann man nicht mit Vorbehalten beitreten: Falls Österreich das versuchen sollte, müßte Brüssel ihm eigentlich wie uns kategorisch erklären, ‚Trittbrettfahrer‘ seien unerwünscht.“

An der Aktualität dieser Aussage ändert sich nichts, auch wenn die Sowjetunion seither als Supermacht und „Imperium“, wie Boris Jelzin sagte, zu bestehen aufgehört hat. Die Konfliktmöglichkeiten und Bedrohungspotentiale sind seither womöglich noch größer ge-

worden, zum Beispiel durch die „herrenlos“ gewordenen Atomwaffenarsenale, die mafiosen Methoden im internationalen Waffenhandel oder die zahlreichen Nationalitätenkonflikte und Bürgerkriege. Der stellvertretende Landesparteiobmann der ÖVP Tirol und ehemalige Botschafter, Ludwig Steiner, hat Anfang 1992 erklärt: „Wir wissen heute nicht, was sich im Osten alles noch ereignen wird. Kommen neue Diktaturen? Wie lange ist Jelzin noch im Amt? Die Neutralität kann in wenigen Wochen oder Monaten neuerlich aktuell werden. Die Abschaffung zu überlegen ist eindeutig zu früh. Wir müssen erst die künftige geopolitische Situation abwarten.“ Ludwig Steiner schreibt zwar in dem 1992 erschienenen Sammelband „Neutralität – Mythos und Wirklichkeit“, die immerwährende Neutralität Österreichs sei keine „Staatsreligion“ und man müsse über sie diskutieren können, aber er teilt nicht die Position eines Herbert Krejci, bis April 1992 Generalsekretär der Industriellenvereinigung, jetzt „EG-Experte des Parlamentspräsidiums“, der Österreichs Neutralität leichtfertig als ein „Konzept von gestern“ abqualifiziert, das den (wirtschaftlichen) Interessen der Republik im Wege steht. Krejcis Nachfolger als Industriegeneral, Franz Ceska, ist natürlich, wie in einer Tageszeitung zu lesen war, „ein neues Zugpferd für den EG-Beitritt“. Da steht er in einer alten Tradition: „Das Drängen in die EG . . . kommt von Unternehmerseite: Am offensivsten propagiert die Vereinigung Österreichischer Industrieller, das Sprachrohr der in Österreich ansässigen Großkonzerne, eine Mitgliedschaft Österreichs in der EG“, schreibt die Sozial- und Wirtschaftswissenschaftlerin Inge Morawetz 1988.
Herbert Krejci, wie sein „Sozialpartner“ Heinz Kienzl ein militanter Befürworter der Atomenergie, ist quasi der Vorbeter der Integration Österreichs unter Aufgabe der Neutralität. Sie ist ihm so „obsolet“ wie dem Deutschen Martin Bangemann: „Mit der Auflösung des Zwei-Block-Systems in Europa hat die österreichische Neutralität ihren Hintergrund verloren . . . Eine falsch verstandene Neutralität als selbstzweckorientierter Mythos eines österreichischen Schrebergartens in Europa würde kaum Akzeptanz finden . . . Österreich braucht eine Sicherheitspolitik, die den neuen Herausforderungen Rechnung trägt.“ Auch für Herbert Krejci ist der Radetzkymarsch als Beitrag Österreichs zur künftigen Euro-„Eingreiftruppe“ offenbar zu wenig. Österreich dürfe sich nicht, meint er, „gewissermaßen aus der Weltgeschichte wegstehlen“. Im Gegenteil: Österreich sollte das durchaus tun, denn sein Beitrag zur Weltgeschichte ist durch den Kriegstreiber Conrad von Hötzendorf, den Generalstabschef der

k. u. k. Armee, und Adolf Hitler in diesem Jahrhundert reichlich gedeckt.

Auch rechtlich gibt es keine Ausreden, denn die GUS, die Gemeinschaft Unabhängiger Staaten, hat deutlich erklärt, alle rechtlichen Verpflichtungen der vormaligen Sowjetunion zu übernehmen. Die vier Vertragspartner des Staatsvertrages existieren also nach wie vor. Peter Rabl schrieb dazu schon 1989 in der Zeitschrift *Profil*: „In der historischen Wahrheit haben wir mit der Zusage dieser Neutralitätserklärung die Zustimmung der Sowjetunion zum Staatsvertrag erkauft und sind ihr damit im Wort."

Bruno Kreisky hat im zweiten Teil seiner Memoiren mit dem Titel „Im Strom der Politik" natürlich auch auf die Neutralität Bezug genommen, ohne die Österreich niemals seinen heutigen Wohlstand und sein Ansehen in der Welt erreicht hätte, woran auch Kreisky persönlich maßgeblich beteiligt war: „Es müssen gewisse Grundsätze meiner Meinung nach heute unbedingt beachtet werden. Grundsätze, an denen festzuhalten wichtiger ist als die Teilnahme an der europäischen Integration. Wir verdanken unsere Freiheit und unsere neue staatliche Existenz dem 1955 abgeschlossenen Staatsvertrag und unserer freiwilligen immerwährenden Neutralität. Ihr müssen wir treu bleiben, wollen wir uns einen gesicherten Platz in der Mitte Europas bewahren."

In einem Interview mit Elisabeth Horvath von der Zeitschrift *Profil* hat der größte Staatsmann, den Österreich in diesem Jahrhundert hervorgebracht hat, mit Bezug auf den ehemaligen deutschen Bundeskanzler Helmut Schmidt, der einen EG-Beitritt Österreichs aus Neutralitätsgründen ausschloß, erklärt: „Die EG ist ein politischer Block, und wir sind neutral. Wir können die supranationale Zielsetzung nicht aufgeben . . . Wollen wir den Staatsfeiertag abschaffen? Sollen wir die Grundfesten des Staates, mit denen wir damals in die Weltgeschichte eingetreten sind, sollen wir diese aufgeben? Nur für ein taktisches Spiel?" Und pragmatisch: „Wir haben bereits einen hohen Integrationsgrad erreicht, also können wir warten."

Durch den EWR-Vertrag ist der „Integrationsgrad" noch wesentlich höher geworden. Also kann Österreich erst recht warten. Auch ohne EG-Beitritt müßte es möglich sein, die Zollgrenzen weiter abzubauen und uneingeschränkt Handel zu betreiben. Mit einem EG-Anteil von 64 Prozent der Ausfuhren und 68 Prozent der Einfuhren ist Österreich ohnehin ausreichend mit der Europäischen Gemeinschaft verbunden. Warum soll es auch noch seine Souveränität und seine Neutralität aufgeben? Interessant ist in diesem Zusammenhang, daß

Außenminister Mock kurz nach der Unterzeichnung des EWR-Vertrages dessen Bedeutung für Österreich herunterspielte. *Standard*-Korrespondent Werner Stanzl aus Brüssel sprach von „Kindesweglegung“ [8]. Die Absicht war durchsichtig: Das Volk sollte nicht glauben, man könnte auch ohne Vollmitgliedschaft leben und sich mit dem EWR zufriedengeben. Genau dieser Ansatz sollte aber wohlüberlegt werden.
Auch ein anderer bedeutender Staatsmann und wahrer Patriot, Altbundespräsident Rudolf Kirchschläger, hält EG-Beitritt und Neutralität für unvereinbar. Wie das Volk bleibt er lieber beim Bewährten. Günther Nenning hat dieses richtige „G'spür“ der Österreicher für eine international orientierte, block- und bündnisfreie, friedenstiftende Politik schon 1990 auf die Formel gebracht: „Neutralität ist der Versuch, sich abzukoppeln vom abendländischen Größenwahn.“ [9] Und er fügte hinzu: „Ich glaube an die Zukunft der Kleinheit in einer Welt des Größenwahns . . . Der Kern der Neutralität ist das Bestehen auf dem Eigenen, die Nichtanpassung . . . Unaggressivität . . .“

Das Ende des Größenwahns

Da liegt Europa. Wie sieht es aus?
Wie ein buntes Irrenhaus!

Kurt Tucholsky

„Das Volk sind wir!“ Ein Schlachtruf wie Schlüsselrasseln und Töpfeklappern. Nicht nur gefürchtet von Diktatoren und Despoten. Katzenmusik in Wahrheit auch für demokratisch gewählte Parteiapparatschiks. Das Aufbegehren gegen Rechtsbrüche und Rechtsverbiegungen im Rechtsstaat, auf den in den „westlichen Wertegemeinschaften“ immer so lautstark gepocht wird, gegen den undurchdringlichen Filz aus Bürokratie, Wirtschaft und Politik, empfinden sie allemal als politische Geschäftsstörung. Oft hat man auch im „Westen“ während der historischen Umwälzungen in der ČSSR, DDR, in Ungarn, Polen, Rumänien, Bulgarien und in der UdSSR den Satz gehört: „Bei uns ist doch manches genauso arg wie im Ostblock.“
Die Bürger werden enteignet, wenn sie sich gegen den Bau von Autobahnen, Bahntrassen oder Starkstromleitungen einsetzen, bespitzelt und in ihrer Existenz bedroht, wenn sie gegen Umweltvergifter auftreten, beiseite geschoben, wenn sie sich mit Behörden und Politikern anlegen.
Die Politiker sind nicht mehr fähig, „dem Volk aufs Maul zu schauen“. Sie haben nur eins im Sinn: die „Fortdauer des Machtkartells“, wie es der Kölner Soziologe Erwin Scheuch formuliert. Und die Exemplare der Spezies, die „populistisch“ agieren, die schauen nur den Lumpen aufs Maul.
Die „Ossis“ in der Ex-DDR gaben bei den ersten freien Wahlen den kommunistischen Roten die rote Karte, stürmten die Mauer, verhalfen der CDU zu einem triumphalen Wahlsieg. Doch statt der „Wende“ kam nur das Ende. An einer Berliner Hauswand war neulich zu lesen: „Wir sind ein blödes Volk.“ Demonstranten der Leuna-Werke halten ein Transparent hoch mit der Aufschrift „Das Filetstück habt ihr, nehmt nun auch die Knochen“. Im politischen Klima Deutschlands blieb alles beim alten. Längst gibt es eine neue, unsichtbare Mauer. Die sogenannte freie Marktwirtschaft zeigt nun ihr wahres

Gesicht in gigantischen Arbeitslosenmassen und im Ausverkauf von allem und jedem an Mafiosi, Wendehälse, Schieber und Kalte-Kriegs-Gewinnler. Die „Wessis" zahlen jetzt die Rechnung für die Wiedervereinigung: Die Bürger der „alten Bundesländer" müssen dafür allein 1992 rund 125 Milliarden Mark auf den Tisch legen. Die Bürger in den „neuen Bundesländern" fühlen sich trotzdem „verraten und verkauft". Sie haben ihre Identität verloren. Sie teilen das Schicksal der Chamisso-Figur Peter Schlehmil, der seinen Schatten verkaufte. Dafür läßt der „Einigungskanzler" Westmänner aus seiner Führungscrew im Osten „aufräumen". Sie sind die neue Herrenschicht in Politik, Wirtschaft, Justiz und Medien. Die „Ossis" kann man doch nicht ranlassen. Da gibt's doch beinah über jeden eine Stasiakte. Das Schlagwort von der Kolonisierung der „neuen Bundesländer" macht die Runde. Bei einer Demonstration in Berlin im April 1992 sind nebeneinander zwei Transparente zu lesen: „Wir sind das Volk 1989/1990" und „Wir war'n das Volk". Resignation '92.

Die Großparteien bleiben bei der bewährten Machtaufteilung, von der sie am meisten profitieren. Wenn alle Stricke reißen, wird's eine Große Koalition. Es kommt zu einer unappetitlichen Einheitsbrühe. Nichts ist mehr unterscheidbar und unverwechselbar. Alles trifft sich in der sogenannten Mitte. Die Inhalte werden vermanscht und verwaschen, so daß nichts Kenntliches mehr übrigbleibt.

Die Sozialdemokraten verlieren bei den Kommunalwahlen 1991 in Wien ihre seit Menschengedenken gehaltene absolute Mehrheit. Macht nichts, sie bleiben an der Macht. Bei der Volksbefragung im Mai 1991 über die Weltausstellung „Expo '95" stimmt bei hoher Wahlbeteiligung eine satte Mehrheit gegen das mieten- und preistreibende Projekt. Für die abgetakelten Politiker kein Grund, die geplanten Betonburgen nicht zu errichten. Für nahezu 60 Milliarden Schilling soll, wie sich jetzt herausstellt, ohne Rücksicht auf Verluste eine „Donau-City" aus dem Boden gestampft werden, deren Wolkenkratzer die 120 Meter hohe UNO-City noch um 30 Meter überragen soll. Die Betonierer und ihre politischen Handlanger wollen sich nun endgültig ihr Mega-Denkmal setzen. Da ist es wieder, das Motiv des Größenwahns.

Bei der nach der Verfassung zwingenden Volksabstimmung über den EG-Beitritt Österreichs wird das ganz ähnlich laufen. Die Politiker, die jeden Kontakt zu den Bürgern verloren haben und völlig isoliert nach Brüssel starren, werden, wie bei der Abstimmung über das Atomkraftwerk Zwentendorf und die „Expo '95", ihr Volk erst nach vollendeten Tatsachen befragen. Und das Volk wird ihnen etwa so antworten, wie es solche Roßtäuschermethoden verdienen: „Die regierende Klasse, ohnehin immer wackliger auf ihren rot-schwarzen Sesseln, rodelt in eine Super-Expo-Niederlage.“ So sagt's Günther Nenning in Herbert Krejcis Sammelband „Neutralität“.

Das Bild ist immer das gleiche, vom Imperium Romanum bis zur heutigen EG oder den Vereinigten Staaten. Der Größenwahn drückt sich in Masse und Material aus, in Menschenmasse, in kritischer Masse, in Massentierhaltung, in Massenkundgebungen, in Materialschlachten, in Menschenmaterial. Da geht alles auf Knopfdruck – und Menschen setzen sich in Bewegung wie Computer, wie Roboter. Dieser Ideologie entsprechen Aufputschfilme für die „westliche Wertegemeinschaft“ vom Kaliber „Terminator“. Der „Held“, die „steirische Eiche“ Arnold Schwarzenegger, entspricht als politisierender Muskelpaketmann genau dieser Vergötzung von Masse, Material und Macht. Sogar sein Slogan „Ich mach euch fit“ klingt wie eine brutale Drohung.
Wie kommt es, daß Systeme – Staaten, Betriebe, Parteien, Organisationen, Städte, Verkehr – zu unbeschränktem Wachstum neigen, zu unaufhörlicher Expansion und schließlich an ihrer eigenen Größe zugrunde gehen? Small is beautiful. Ja, aber die Welt gehorcht, bisher zumindest, einem anderen Gesetz. Aus zwei Supermächten ist eine einzige entstanden – nach dem Anspruch der USA. Die Amerikaner demonstrierten ihn mit der Annektion des winzigen, nur 344 Quadratkilometer großen südamerikanischen Inselstaats Grenada und im Irak-Krieg unter der Tarnkappe der Vereinten Nationen. Saddam Hussein schmiedete mit der widerrechtlichen Besetzung des kleinen, aber ölreichen Kuwait Großmachtpläne – panarabische. Die roten Chinesen besetzten, ebenso widerrechtlich, das religiöse Tibet, das Dach der Welt.
Multinationale Konzerne fusionieren zu noch größeren Supermultis, Großparteien schließen sich zu beinahe unangreifbaren, nicht abwählbaren Koalitionen zusammen, ebenso wie Gewerkschaften, die oft die Probleme im eigenen Bereich nicht lösen können, zu internationalen Verbänden konglomerieren. Städte, der Stolz des Mittelstandes, wuchern zu Megalopolis-Gebilden mit vielen Millionen Einwohnern, wachsen zusammen zu noch größeren Ballungszentren mit Hunderten Kilometern Ausdehnung wie zum Beispiel an der Ostküste der USA zwischen Boston und Washington. Der Verkehr entwickelt sich mit Höllenlärm und -gestank zum Alptraum aller. Die Großeuropäer wollen Europa um jeden Preis zur Weltmacht machen. Warum tun sie das?

Alles, was groß ist, war einmal klein. Selbst das Universum, folgt man der Theorie des Urknalls, entwickelte sich, verglichen mit seinen heutigen Dimensionen, aus einem Punkt, wenn auch in seiner Qualität nicht begreifbar. Offenbar folgt alles in diesem Universum dem Gesetz von Ausdehnung und Zusammenziehung. Aber ebenso offenbar gibt es Grenzen der Ausdehnung, die von Fall zu Fall verschieden sind. Im menschlichen Bereich sollten es wohl eher bescheidene Größenordnungen sein, es sollte ein „menschliches Maß“ nicht überschritten werden. Doch die Menschen lassen sich leicht täuschen. Wie die Sonne aufsteigt über der Erde, scheint ihnen meist der „Fortschritt“, die immer weitere Ausdehnung, rasch und leicht. Die Grenze, die Begrenztheit können viele nicht akzeptieren.
Das erste im heutigen Sinn europäische Weltreich war das Imperium Romanum. Die Griechen, mit ihren überschaubaren, aber ständig im Clinch liegenden Stadtstaaten, hatten dem römischen Anspruch nichts entgegenzusetzen. Diese souveränen und unabhängigen hellenischen Stadtstaaten – von Marsilias, dem heutigen Marseille, über die süditalienischen und sizilianischen bis zu den phönikisch-kanaanitischen, von Byzanz am Schwarzen Meer bis Nordafrika – führten ständig Krieg gegeneinander. Arnold J. Toynbee spricht sogar von einem „eingefleischten griechischen Hang zu Bruderkriegen“. Und ist das Grüppchen noch so klein, sie schlagen sich die Schädel ein. Kein Wunder, daß sie von den Römern kassiert wurden. Die Griechen stellten die Literaten und Wissenschaftler. Die Römer waren die Organisationsgenies, die geborenen Verwalter und Geschäftemacher. Die Griechen erfanden die Demokratie, die Römer praktizierten den totalen Staat, ähnlich einem Termitenbau, dominiert schließlich von einem vergöttlichten Herrscher.
Die Griechen brachten Homer, Phidias, Sophokles, Heraklit, Sokrates, Platon, Aristoteles, Archimedes, Thales von Milet und Pythagoras hervor. Die Römer hatten die Macht, die aus der Masse hervorgeht. Elias Canetti hat in seinem großartigen Werk „Masse und Macht“ umfassend dokumentiert, wie das zusammenhängt. Die künstlerische und wissenschaftliche Entwicklung der Menschheit braucht keine kriegerischen Despoten, keine alles zusammenraffenden Massenmörder, sondern den Schweiß und das Hirn einzelner, die teilnehmen am Leben der „Polis“, die am Gemeinwohl interessierte, politische Menschen sind. Warum konnten diese Kulturquellen des Abendlandes, weshalb konnten die Stadtstaaten des Mittelmeers dann nicht auch politisch überleben? War es ihr „Partikularismus“, ihr „unmittelbarer Egoismus“, ihr „Hang zu Bruderkriegen“, ihr

Individualismus, ihre Unfähigkeit, sich gegen äußere Feinde zusammenzuschließen? Sie waren lebendig, vielseitig, kultiviert. Warum gingen sie zugrunde?
Kathleen Freeman hatte in ihrem 1950 erschienenen Buch „Griechische Stadtstaaten" zu einer Zeit, als von einem wiedervereinten Deutschland keine Rede sein konnte, offenbar Visionen von Ereignissen, die erst vierzig Jahre später wie Gespenster am Horizont auftauchen: „Je größer die Konglomeration, je kleiner der Raum für Diskussion und differenzierte Auffassungen, desto größer das Gefahrenpotential für den Rest der Welt. Ein vereintes Deutschland war eine größere Gefahr für den Weltfrieden als die vielen kleinen Königreiche und Fürstentümer, aus denen es hervorging." Werden nicht, so die amerikanische Historikerin, am Ende die unvermeidlichen Gegensätze zwischen den übernationalen Gebilden wie UdSSR, Europäische Union, USA (vielleicht Union Süd- und Nordamerikas) zu schrecklichen Kriegen führen, in denen die eine Hälfte der Menschheit die andere auslöscht? Würde eine Weltregierung nicht bloß eine „lauwarme Mischung" ergeben, von der nichts zu erwarten wäre als reine Nützlichkeit, Sittsamkeit, stumpfsinnige Industrie und eine allgemeine Indifferenz für alle weitergesteckten Interessen? Materielle Prosperität und Frieden, ja, aber intellektuelle und kulturelle Stagnation? Das würde, so Kathleen Freeman, zu Hoffnungslosigkeit und zu konfusem Pessimismus der Priester des teutonischen Totenkults und des Existentialismus führen: „Der Fortschritt der Menschheit wird nicht von Gruppen, sondern von Individuen erreicht."
Die territoriale Expansion scheint die geistige Schöpferkraft auszuschließen und umgekehrt. Für beides reicht die menschliche Energie nicht aus. Charakteristisch für das Gegenteil des Imperiums war etwa die Auffassung Platons (428 bis 347 v. Chr.) über den Staat, wie in „Nomoi" genußvoll nachzulesen ist: Kleinias schlägt in einem Disput vor, in Kreta einen Staat „gewissermaßen von Anbeginn zu gründen" und „zusammenzuzimmern". [1] Das erinnert an den gebürtigen Österreicher Leopold Kohr, der an der Verfassung von Wales mitgearbeitet hat und 1967 maßgeblich an der Gründung des kleinen Inselstaates Anguilla in der Karibik beteiligt war. Für sein Lebenswerk, das der „Theorie der Kleinheit" (alles Überdimensionierte, Gigantische, Saurierhafte ist nicht menschenadäquat und muß zugrunde gehen) gewidmet war, erhielt er 1983 den Alternativen Nobelpreis. Für die Gegenwart schlägt Leopold Kohr ein „Europa der Kantone" vor. Alle Staaten sollten in ihre ursprünglichen historischen

Landschaften aufgeteilt und so etwa gleich groß und friedfertig gemacht werden . . .
Eine interessante Insel für Europa, dieses Kreta. Zeus wurde dort geboren. In einen Stier verwandelt, raubte er vom Strand weg Europa, die Tochter des Phöniker-Königs Agenor und der Telephassa. Europa auf seinem Rücken, durchquert Zeus das schäumende Meer und stampft auf seiner Geburtsinsel an Land – in der legendären Hippie-Bucht von Mátala. Europa hat seinen Ursprung in Vorderasien und Griechenland.
Die griechischen Stadtstaaten waren der Ursprung der europäischen Kultur. Kathleen Freeman hat in ihrer Studie über diese autonomen Gebilde gezeigt, daß sie in dem Augenblick nicht mehr lebensfähig waren, als sie von der „Schutzmacht" Roms vereinigt wurden. Das wichtigste erschien diesen Stadtstaat-Griechen zur Zeit Platons – sie wußten, woher Krieg und Elend und Not kommen – die Beschränkung auf ein ideales, das heißt überschaubares Maß. Dieser Ansatz ist dem der alten Chinesen sehr ähnlich. Laotse hat in seinem Tao-Te-King [2] ein solches Staatsgebilde in einer für heutige Zivilisations- und Mobilbürger außerordentlich provozierenden Weise beschrieben:

> „Ein Land mag klein sein
> und seine Bewohner wenig.
> Geräte, die der Menschen Kraft vervielfältigen,
> lasse man nicht gebrauchen.
> Man lasse das Volk den Tod wichtig nehmen
> und nicht in die Ferne reisen.
> Ob auch Schiffe und Wagen vorhanden wären,
> sei niemand, der darin fahre.
> Ob auch Panzer und Waffen da wären,
> sei niemand, der sie entfalte.
> Man lasse das Volk wieder Stricke knoten
> und sie gebrauchen statt der Schrift.
> Mach süß seine Speise
> und schön seine Kleidung,
> friedlich seine Wohnung
> und fröhlich seine Sitten.
> Nachbarländer mögen in Sehweite liegen,
> daß man den Ruf der Hähne und Hunde
> gegenseitig hören kann:
> und doch sollten die Leute im höchsten Alter sterben,
> ohne hin und her gereist zu sein."

Geknüpfte Knoten dienten, ähnlich wie im alten Peru, im chinesischen Altertum vor der Schrift als nichtverbales Kommunikationsmittel. Diese Textstelle schildert nach dem bedeutenden Sinologen und Übersetzer Richard Wilhelm das „Goldene Zeitalter der Rückkehr zur Natur, das Laotse als Ideal verkündet". Dieses „Zurück zur Natur" begleitet uns also nicht erst seit Jean-Jacques Rousseau (1712–1778), der im Privateigentum die Hauptursache allen Übels im Staate sieht. Für Rousseau war „Natur" das gleiche wie „Vernunft". Vernunft, nicht Verstand oder Intellekt, Vernunft, wie sie Georg Wilhelm Friedrich Hegel (1770–1831) definiert hat: „an und für sich seiende Wahrheit". Hegel kehrt in seinem Staatsbegriff wieder zu dieser Vernunft zurück. Der Staat ist für ihn nicht mehr wie bei Rousseau ein auf dem „Gemeinwillen" (volonté générale) basierender „Gesellschaftsvertrag" (contrat social), sondern reine Vernunft: „das an und für sich Vernünftige".
Diese Versuche, zu gewachsenen, natürlichen Strukturen zurückzufinden, klingen heute unzeitgemäß und überholt. Unser Zeitalter huldigt genau dem Gegenteil: dem absolut Künstlichen, das möglichst weit entfernt ist von der Natur. Das Volk wirft sich fernreisend in die Flugzeuge, um möglichst weit wegzukommen vom „grauen Alltag". Daß die Atmosphäre durch den Massenflugtourismus kaputtgeht, will keiner wahrhaben. Hauptsache Sonne, Süden, Seligkeit. Das gleiche gilt für die Lindwürmer, die alljährlich zu Ostern oder im Sommer vom kühlen Norden Europas über die Alpen im Stau ans Mittelmeer kriechen. Atemnot, Kindertod, Waldsterben, Lemminge? Verdrängt, nie gehört. Absurd: Mitten in all der „Mobilität" verkommt der Zivlisationskrüppel zum Wrack, weil er zu wenig Bewegung macht, weil er sich zu reichlich Kalorien zuführt, die mit Kunstdünger und Giftspritze in Überschüssen produziert werden.
Wo es nur geht, wird Natur zubetoniert und zuasphaltiert, verbaut, verhüttelt, eingeschnürt, abgezäunt. „Naturbelassenes" gibt es nur mehr in Reservaten oder in Form von sündteuren Extraprodukten, die mit „Öko" gekennzeichnet werden – oft genug täuschend. Natur, „Bio", „Öko" sind schizophrenerweise „in". Sie sind so mega-in, daß damit jede Art von Tricks und Schwindel betrieben wird. Die Sehnsucht des Menschen in all der Künstlichkeit, Stromlinien-Geradlinigkeit, Gleichschaltung und Betonmonotonie gilt dem Runden, Weichen, Vielfältigen, Farbigen. Das Überdimensionale aus dem Buch der Rekorde dient bloß dem kurzlebigen Nervenkitzel. Nur das Maßvolle und Überschaubare bleibt.
Das Problem der „kritischen Größe", der Überdimensioniertheit,

beschäftigt kritische Geister wahrscheinlich seit dem Anfang der Zivilisation. Der berühmteste Satz des 20. Jahrhunderts zu diesem Problem stammt von dem deutsch-englischen Nationalökonomen Ernst Friedrich Schumacher und ist gleichzeitig der Titel seines 1973 erschienen Bestsellers: „Small is beautiful". Gemeinsam mit Schumacher und dem Medizinkritiker Ivan Illich trat der aus Österreich stammende, 1938 in die USA emigrierte Nationalökonom und Politikwissenschafter Leopold Kohr, ein Freund Schumachers, für eine radikale Umkehr zu den kleinen Dimensionen ein.

Leopold Kohr, der „Prophet des menschlichen Maßes", hat schon 1957 in seinem Buch „Das Ende der Großen" eine „Theorie der Kleinheit" entwickelt, die er den „sinkenden Titanics der Großmächte" scharf entgegensetzt, mit deutlicher Sympathie zu einem sanften Anarchismus: „Was Anarchismus predigt, ist, daß der Zweck der Schöpfung das Individuum ist, nicht die Gesamtheit. Das Maß aller Dinge ist daher der Mensch, nicht die Menschheit, die Gesellschaft, die Nation oder der Staat. Da der Mensch klein ist, müssen auch seine Institutionen – Familie, Betrieb, Wirtshaus, Dorf, Stadt, Gesangverein – relativ klein bleiben, wenn sie ihn nicht zerquetschen sollen. Aus demselben Grund ist die beste Regierung nicht die stärkste, sondern die schwächste, die gerade ausreicht, dem Bürger ein aristotelisch gutes Leben zu sichern; eine Regierung, die nicht am meisten für ihn tut, sondern sich am wenigsten in seine Privatsphäre einmischt und ihn in Ruhe läßt."

Eine deutliche Parallele zur Weisheit der alten Chinesen. Laotse sagt: „Wessen Regierung still und unaufdringlich ist, dessen Volk ist aufrichtig und ehrlich. Wessen Regierung scharfsinnig und stramm ist, dessen Volk ist hinterlistig und unzuverlässig." Und: „Daß das Volk schwer zu leiten ist, kommt davon her, daß seine Oberen zu viel machen, darum ist es schwer zu leiten."

Vergeblich habe auch der heilige Augustinus, so Leopold Kohr, den Römern klarzumachen versucht, „daß die beste Gesellschaftsordnung nicht in einem in ständiger Angst vor dem Zusammenbruch zitternden Weltreich liege, sondern, ähnlich den Familien in einer Stadt, in einem schillernd lockeren System friedlich nebeneinander lebender Kleinstaaten". Ähnliche Ansichten haben eine ganze Reihe von Autoren vertreten: Arnold JosephToynbee hat den Niedergang der Zivilisationen im Aufstieg der Universalstaaten gesehen. Justice Brandeis hat in seinem Werk „Fluch der Größe" nachgewiesen, daß ab einer bestimmten, relativ niedrigen Grenze jedes zusätzliche Wachstum zu einer Verminderung von Produktivität und Effektivität führt. Der amerikanische Gewerkschafter Frank Tannenbaum, der sich als „Parochialist“ (Vertreter kleiner Einheiten) bezeichnete, hat den Aufbau kleiner Gewerkschaften propagiert, in denen – im Unterschied zu den großen – das Gefühl von Zugehörigkeit und Individualität noch vorhanden sei.

Leopold Kohrs zentraler Satz ist: „Die Größe – und nur die Größe! – ist das zentrale Problem der menschlichen Existenz, im sozialen und im physischen Sinn.“ Ähnlich wie es beim Atombomben-Uran eine „kritische Masse“ gebe, so besitze alles einen Kipp- oder Siedepunkt, ab dem es zur Katastrophe komme. Leopold Kohr hat in bezug auf den geplanten EG-Beitritt Österreichs in einem Interview gesagt: „Ich glaube, daß hier ein großer Irrtum begangen wird. Alle Probleme unserer Zeit sind Probleme der überwuchernden, unnotwendigen Größe menschlicher oder wirtschaftlicher Gemeinschaften.“

Die Theorie Leopold Kohrs ist bestechend, aber eindimensional, zu „physikalisch“. Sie erklärt nicht, wo die Wurzeln des Größenwahns in der menschlichen Seele und in der Gesellschaft liegen. Und sie kann daher auch nicht erklären, warum es immer wieder zur Gigantomanie kommt. Das beginnt schon bei den Pyramiden- und Tempelbauten der Sumerer und Ägypter. Ihre Herrscher begannen, ihre Untertanen mit „Wundern der Technik“ totzuschlagen, in Form eines gigantischen Totenkults, wie er in totalitären Staaten immer wieder beobachtet werden kann, bis zu Adolf Hitler und dem Mausoleum am Roten Platz. Diese Gigantomanie, dieser Größenwahn taucht auch, um beim Spiegelbild der Architektur zu bleiben, bei der Feldherrnhalle und den von Albert Speer entworfenen Monumentalbauten für das „Dritte Reich“ auf, in den Kolossen der Sowjets, den Wolkenkratzern der Amerikaner und Japaner, in den Silos der Großbanken und Konzerne. Wie heißt die Krankheit, die dahintersteckt? Was gibt Anlaß zur Raffgier, zum Anhäufen um jeden Preis? Was ist die Ursache für Größenwahn und Gigantomanie? Ist sie der Irrsinn einzelner oder ein Massenphänomen?

Offenbar wird Reichtum und Fülle nur in Mengen von Materiellem gemessen. Wer hat mehr Pferde, Rinder, Schweine, mehr Geld, mehr Besitz? Nicht Geistesgaben zählen, die sich in Mengeneinheiten nicht messen lassen (außer man verwechselt sie mit dem Intelligenzquotienten), sondern die Menge des Großen. Menschen, die in der Kleinheit ihr Glück suchen, werden als unstete Gesellen betrachtet: Künstler, Weise, Anarchisten. Daher: Der Größenwahn ist ein Massenphänomen. Gut beobachtbar in Fußballstadien rund um den ganzen Globus. Das ist die Norm. Das ist die eine Seite. Die andere hängt

mit dem Tod zusammen. Wer mehr anhäuft, hat in der Not. Die uralte Angst des Menschen, zu verhungern, für Millionen auf der Welt tägliche Realität, macht ihn zum Ackerbauern, treibt ihn vom Jäger zum Sammler, der Speicher anlegt und Lebensmittel hortet in Zeiten des Überflusses, um Zeiten des Mangels überbrücken zu können. Je mehr, desto besser: Das muß vor mehr als 10.000 Jahren aufgekommen sein, als die ersten Agrokulturen entstanden.
An der kaputten Umwelt und einer hilflosen Technik, die sich selbst blockiert, erkennen viele, daß der Gott des Fortschritts tot ist. Der Weltraum? Nicht zu erobern. Der Mensch ist dort noch kleiner als auf Erden. „Ewiges Leben" durch Gentechnik? Eine gefährliche Utopie. Atomenergie? Ein wahnsinniger Irrweg, der uns die radioaktive Verseuchung des Planeten, Atombomben, nicht beherrschbare Abfälle bringt. Unbegrenzte Mobilität? Gute Fahrt im 100-Kilometer-Stau! Der deutsche Psychoanalytiker Horst Eberhard Richter sieht „das größenwahnsinnige Ego des heutigen Menschen zusammenbrechen". Aber was kommt an seiner Stelle? Noch irrsinnigeres Raffen? Noch mehr Plutokratie? Maßlosigkeit und Größenwahn als Massenphänomen? Wer die weltpolitische Entwicklung betrachtet, kann das durchaus annehmen.

Andererseits: Sollen wir einem kleinchauvinistischen Nationalismus das Wort reden? Einem „Europa der Regionen", der Klein- und Kleinststaaten, die in biedermeierlicher Sattheit Nabelschau betreiben, provinziell bis über die Hutschnur? Sollen nun alle nationalen Minderheiten ihre Ghettos haben, wie neuerdings auch die Buren ihr „homeland" in Südafrika? Kantönligeist der ganzen Welt? Soll auch noch die Enklave der Enklave der Enklave entstehen, Niederösterreich zur „Zukunftsregion" in Europa werden, wie Noch-nicht-Landeshauptmann Erwin Pröll im März 1992 forderte, „bunt, attraktiv, offen für kritische Geister, ökologisch ausgewogen und ökonomisch reizvoll"? Vorarlberg ein zweites Liechtenstein? Slowenien und Kärnten ein Doppelfürstentum unter Peterle und Haider? Neue Kleinstfürstentümer? Vielleicht auch schließen sich die guten alten Kronländer an: Bosnien-Herzegowina, Kroatien, Slowenien. Sollen die Marken des Mittelalters wiederauferstehen: die Windische Mark, die Mark Krain, Istrien, die Mark im Sanntal, die Riedmark? Oder sollen wir gar die römischen Provinzen wieder einführen: Pannonia, Noricum, Raetia, Dalmatia?
Eine Europakarte der Sprachen (bis zur Krim) zeigt 64 verschiedene Völker-Sprach-Familien – von den Basken und Bretonen bis zu den

Tartaren und Malteken. Wer kennt die Völker, nennt die Namen? Manx beispielsweise, eine zur goidelischen Gruppe des Keltischen gehörende, fast ausgestorbene Sprache der Bewohner der zwischen Schottland und Irland liegenden Insel Man. Sie hat sich aus dem Altirischen entwickelt. Die 69.000 Inselbewohner sind selbständig, nur Verteidigung und auswärtige Beziehungen werden von der britischen Regierung wahrgenommen. Gar nicht zu reden von den Romantschen, Friulanern, Ladinern, Aromunen [3], Sorben [4], Tscherkessen [5], Kareliern [6], Liven [7], Wepsen, Samen (Lappen), Komi [8], Samojeden oder Nenzen [9] und Gagausen [10]. Die Gagausen haben übrigens nach dem Sturz Ceausescus im Süden Moldawiens eine eigene Republik ausgerufen, worauf es zu gewalttätigen Auseinandersetzungen kam.
Sollen wir Europa, diesen babylonischen Turm, nach diesem Sprach- und Kulturgewirr aufteilen? Das wäre genauso schwachsinnig, wie dem Größenwahn zu verfallen oder darüber zu trauern, daß Großeuropa einen Verlust der kulturellen Identität bedeutet. Rudolf Burger hat in seinem wichtigen Aufsatz „Die falsche Wärme der Kultur" eine solche Haltung als anfällig für den Faschismus beschrieben: In dem Begriff „kulturelle Identität" schlummere ein „biologistisches Potential", er sei „Nachfolge- und Deckbegriff eines (noch) tabuisierten Rassebegriffs". Aufpassen müsse, wer „das Lob der Differenz und der Vielfalt singt: Denn dieses Lob steht immer an der Kippe zum Schrei nach Segregation und Hierarchisierung". Die „Ausgrenzung des Fremden" ist immer eine rassistische, nationalistische Negation. „Soll Europa nur nach ökonomischen Rücksichten entstehen, ohne einen Begriff von Kultur?" klopft Günter Grass auf den Busch. Ja, Günter Grass, genauso entsteht es. Das Ganze ist hier nicht mehr als die Summe seiner Teile – oder Zukunftsteile.

Was wir brauchen, ist ein Gegengewicht zu beiden Extremen, zum Scheuklappen-Nationalismus ebenso wie zu einer paneuropäischen Heilsbewegung, die ihre Machtgelüste und nackten wirtschaftlichen Interessen hinter dem „Geist von Europa" versteckt. Können wir es uns heute, angesichts der Ozonbelastung und der drohenden Klimakatastrophe, Tausenden, alle Grenzen überschreitenden Giftstoffen, Atombomben- und Tschernobyl-Fallout, zunehmender Radioaktivität überall, noch leisten, in engen Grenzen zu denken und nicht über unsere „Region" hinauszuschauen? Können wir vermeiden, Weltbürger zu sein auf diesem kleinen Raumschiff Erde?
Sicher nicht. Dennoch: Ab einer gewissen Schwellengröße ist jedes

System kontraproduktiv. Seine positiven Eigenschaften schlagen dann ins Negative um, führen zu einer Autoimmunreaktion und schließlich zum Untergang. Man könnte sich stoisch zurücklehnen und sagen: Das ist eben der Lauf der Welt. Ausatmen folgt Einatmen, Abstieg Aufstieg, Zusammenziehung Ausdehnung. Tod folgt Leben, Leben dem Tod, in endloser Kette. Das Gefährliche an der gegenwärtigen Situation ist nur, daß dieser Prozeß zu einem einzigen, planetaren Vorgang zu werden droht.
Es geht darum, ob der deutsche Naturwissenschaftler Theo Löbsack recht behält und die Erde bald gefräßigen Sechsbeinern, Insekten, gehören wird und nicht uns, den gefräßigen Zweibeinern.

Vor allem der Osten entwickelt sich zu einem einzigen, riesigen Krisengebiet, ein Erbe des sowjetischen Monsterreiches. Rußland wird bald 35 Millionen Arbeitslose haben, wenn es so weitergeht. Welchen politischen Druck das erzeugt, kann sich jeder vorstellen. Hier ist eine andere Verantwortung gefragt als jene in den Sprechblasen der Politiker. Krieg gespielt haben die letzten Generationen schon genug in Europa. Jetzt heißt es, Friedenspolitik zu machen, aber nicht verbal, sondern mit großzügiger Entmilitarisierung. Europa muß eine Weltmacht des Friedens werden.
Die frei gewordenen Kräfte in der Weltpolitik nach der Auflösung der Sowjetunion gleichen jenen im Märchen vom Geist aus der Flasche. Mit List bringt der arme Bauernsohn den großmächtigen Mercurius wieder in die Flasche zurück. Indem der Geist, der Gott der Mobilität, des Geldes, der Kaufleute und Diebe, seine Macht beweist, fängt er sich selbst. Für seine neuerliche Freilassung, die er sich mit der Beteuerung des Wohlverhaltens erkauft, erhält der Bauernsohn einen Lappen, der Eisen in Silber verwandelt, der heilende Kräfte hat.
Doch woher die List nehmen? Wie den „Europäischen Geist“ wieder in die Flasche zurückbringen? Der arme Bauernsohn hat gezeigt, wie das geht: Er zweifelt an der Macht des Geistes, stellt in Frage, ob er überhaupt in der Flasche gewesen ist. Und so muß der beweisen, daß er drinnen war. Und dann, schwupps, den Stöpsel drauf. Der listige Zweifel, das Hinterfragen bändigt also die Dämonen.
Die EG-Befürworter sprechen in Orwellscher „Neusprache“ von „Harmonisierung“ und „Integration“, also der „Wiederherstellung eines Ganzen“. Doch welches Ganze soll wiederhergestellt werden? Es hat nie ein Ganzes gegeben. Europa war immer ein „Fleckerlteppich“, ein Sammelsurium auseinanderstrebender Interessen – in jeder

Hinsicht: territorial ebenso wie kulturell, sprachlich, sozial, politisch. Schon bei der geographischen Definition hat man größte Schwierigkeiten. Reicht Europa bis zum Ural? Sind Rumänien, die Türkei, Albanien europäisch? Wo fängt der Balkan an? Etwa in Wien? Und wenn er schon in Wien anfängt, wo endet der Balkan? Wo hört Europa auf?

Die Euro-Konstrukteure machen auch die Rechnung ohne Nationalitätenproblem, an dem bisher noch alle Imperien zugrunde gingen, das Römische Weltreich ebenso wie das Empire, die Hohe Pforte, die Habsburgermonarchie oder gerade eben die Sowjetunion. Weltweit – von Kanada bis Georgien, von Schottland bis Korsika – brennen wieder die Strohfeuer des Nationalismus. Abscheulich, anachronistisch und absurd angesichts der Tatsache, daß das Raumschiff Erde schlingert, drauf und dran, irgendwann den Menschen (wie schon so viele Arten vor ihm) abzuschütteln. „One World“: Das steht in krassestem Widerspruch zu jener Engstirnigkeit, die man Nationalismus nennt. Dennoch sollte nicht übersehen werden, daß der Nationalismus unter anderem auch eine Antwort ist auf den Zentralismus, auf die Terrorisierung von Minderheiten, auf die Aushöhlung ihrer kulturellen und sprachlichen Eigenständigkeit, auf die Unterdrükkung von Vielfalt und Farbigkeit, auf die Monotonie alles Monomanen.

Europa ist, nach den Reichsgründungen im Gefolge des zusammengebrochenen Imperium Romanum, mit dem Ende des Römisch-Deutschen Reiches im Dreißigjährigen Krieg, zu einem Puzzle von Hunderten Kleinstaaten geworden. Im Sog des Wiederauflebens der „Reichsideen“ im 19. und 20. Jahrhundert, von Napoleon bis Hitler, wurde diese Zeit durchwegs als chaotisch dargestellt, als von Zersplitterung geprägt. Sie war aber eine Zeit außerordentlichen politischen Reichtums und kultureller Vielfalt. So wie die Stadtstaaten Italiens, wie Venedig und Florenz, die „für die Geschichte der Menschheit von höchster Bedeutung sind“, wie Jacob Burckhardt in seiner „Kultur der Renaissance in Italien“ schreibt.

Die Eurokraten sind drauf und dran, ihr Europa selbst in Frage zu stellen. Was die Großmachtpolitiker und Militärs anstreben, die Vereinigten Staaten von Europa, die Weltmacht Europa: Sie könnten es in letzter Minute verhindern und damit vielleicht, ohne es zu wissen, der Geschichte einen guten Dienst tun. Wer weiß. Heute könnte Europa, nach dem Scheitern der „Vielvölkerstaaten“ und Zentralreiche, wieder ein Spielfeld partikulärer, buntscheckiger Kräfte werden. Die EG ist der zentralistische Gegenentwurf zu dieser

Entwicklung. Die Großeuropäer wollen die zentrifugalen Potentiale bändigen und rufen sie dadurch erst so richtig auf den Plan. Jugoslawien und die UdSSR sind schon zerfallen, ebenso die ČSFR, in der nicht einmal ein Václav Havel den Nationalismus der Slowaken und Tschechen zügeln konnte. Im März 1992 feierten Tausende Preßburger den 53. Jahrestag der Gründung eines unabhängigen slowakischen Staates von Adolf Hitlers Gnaden. Bei den Wahlen im Juni 1992 erreichten die Preßburger Separatisten unter Vladimir Mečiar fast die absolute Mehrheit. Jetzt fürchtet die ungarische Minderheit in der Slowakei um ihre Existenz. Die Ungarn in Jugoslawien und Rumänien wollen ebenfalls „heim ins Reich", ebenso die rund zwei Millionen Rußlanddeutschen. Die russischen Juden emigrieren nach Israel und Amerika. Die etwa eineinhalb Millionen europäischen Zigeuner werden immer mehr an den Rand der nationalen Gesellschaften gedrückt. In Belgien, dem Machtzentrum der EG, brechen die uralten Zwistigkeiten zwischen Flamen und Wallonen wieder vehement auf. Bei den Wahlen im November 1991 waren die flämischen Rechtsradikalen siegreich. Wie die Rechten in ganz Europa nutzten sie neben ihrer immer hauchdünnen faschistischen Stammkundschaft ein gewisses „Protestpotential", ein wachsendes Ohnmachtsgefühl vieler Bürger gegenüber der maßlosen Bereicherung weniger und dem von dieser Clique ausgeübten Druck, den dürftigen Rest mit noch Mittelloseren, mit „Gastarbeitern" und Flüchtlingen, zu teilen. Dieses Gefühl der Ohnmacht hat in der Geschichte immer wieder in ohnmächtigen Zorn, dann in Mord und Totschlag umgeschlagen. Die Flamen haben keine Lust mehr, den Lebensstandard der Wallonen ohne ethnische und politische Emanzipation mitzufinanzieren, und wollen die Unabhängigkeit. Der Dauerbrandherd Nordirland ist noch lange nicht gelöscht. Die Basken wollen ihre autonome Region nach wie vor durch Terror erzwingen. Viele Schotten wollen die Verbindung zu England lösen. Die Korsen streben nach Unabhängigkeit von Frankreich. Die reichen Norditaliener wünschen die armen Süditaliener zum Teufel. Nationale Südtiroler wollen sich von beiden trennen. Und wer sagt uns, daß sich die Ostdeutschen das onkelhafte Gehabe der Westdeutschen immer so gefallen lassen werden, nur weil Kohl & Co. die alte Reichsidee hochhalten? Der CSU-Freistaat Bayern hat ohnehin immer seine Extrawurst. Rundum also nichts als Zerfall. Er könnte, wenn er nicht unterdrückt wird, für die Zukunft fruchtbarer sein als die neu aufgewärmten zentralistischen Ideen von gestern und vorgestern. Zentralistischer Druck aber erzeugt Gegengewalt und Terrorismus.

Der deutsche Polittheologe Richard Schröder – einst Vorsitzender der SPD-Fraktion der demokratisch gewählten Volkskammer der DDR – meinte einmal in einer Kolumne, daß die Wiederkehr des Nationalen in den mittelasiatischen Sowjetrepubliken, in Ost- und Südosteuropa zeige, daß wir „auf ein vereintes Europa zugehen müssen". Freie Bürger würden einen Souveränitätsverzicht ohne weiteres gegen „anerkannte und geschützte Rechte" tauschen. Umweltprobleme, so Schröder, nehmen keine Rücksicht auf Grenzen, kein Land könne zusehen, wenn „beim Nachbarn die Reaktorsicherheit in souveräner Schlamperei vernachlässigt" werde. Sicher, unsere Lebensgrundlagen auf diesem Planeten sind bedroht, wenn wir so weitermachen wie bisher. Aber haben die Apokalyptiker unter den Umweltschützern recht, wenn sie nach einer neuen „leadership" rufen, wie zum Beispiel Lester Brown vom World Watch Institute, um die Welt vor dem Umweltkollaps zu retten?
Sind das etwa die Lösungsmodelle: die EG als Zwischenstufe für eine „planetarische Rechtsordnung", wie es Schröder formuliert? Die nach dem Krieg im Irak von den Amerikanern verkündete „neue Weltordnung"? Eine „Pax Americana" entsprechend dem großen Augustäischen Frieden? Die Vereinigten Staaten als „Weltpolizist", oder die UNO? Eine „Weltregierung" gar, um das internationale Krebsgeschwür des organisierten Verbrechens und die zahllosen Umweltkatastrophen in den Griff zu kriegen? Das sind ziemlich gedankenlose Utopien, deren Ansätze in gefährliche Nähe des Faschismus oder seiner Spielart des Öko-Faschismus geraten. Sehr schnell landet man dann unter den überdimensionalen Augen eines „Großen Bruders". Eine gigantische Bedrohung der Reste menschlicher Freiheit auf dem gesamten Globus wäre die Folge. Und dann gibt es kein Asylland mehr . . .
Abgesehen davon: „Wenn wir auf eine Weltregierung warten, ehe wir handeln, ist der Planet bald tot", sagt Maurice Strong, UN-Generalsekretär für die Umweltkonferenz 1992 in Rio. Und auch wenn wir eine humane Weltregierung hätten, könnte sie die Umweltprobleme nicht lösen, wenn sich das Bewußtsein der Menschen nicht ändert und in Taten umgesetzt wird. Noch immer herrscht weltweit der vor allem durch Christentum und Islam geförderte Grundsatz „Macht euch die Erde untertan". Die Menschen dünken sich als Herren der Welt, deren Lebewesen ihnen für jede Art von Ausbeutung ausgeliefert sind. Wenn nicht klar wird, daß man „goldene Nockerln nicht fressen kann", wie es Konrad Lorenz formulierte, wenn alle zentralen Herrschaftsansprüche, wenn Atomlobby und multinationale Konzer-

ne nicht endlich verschwinden, dann wird es keinen Frieden geben und kein vernünftiges Zusammenleben.
Neuerdings wird sogar die Souveränität, die Hoheitsgewalt eines Staates in allen inneren Angelegenheiten und in ihrer Repräsentation nach außen, prinzipiell in Frage gestellt: So schreibt etwa der Leiter des UNO-Umweltprogramms, Mostapha Tolba [11]: „Die Idee der Souveränität stammt aus dem 17. Jahrhundert. Sie entstand unter ganz spezifischen Bedingungen, die den Dreißigjährigen Krieg in Europa beendeten . . . Die Idee der Souveränität ist aus dem Frieden von Westfalen hervorgegangen . . . Aber was hat das mit schmelzenden Polkappen, steigenden Temperaturen, Ozonlöchern und einer Flut von Flüchtlingen vor Umweltkatastrophen zu tun? Gar nichts natürlich. Die Prämissen von Westfalen sind für die moderne Welt nicht nur irrelevant, sondern gefährlich." Mostapha Tolba vergißt nur zu fragen, wer der Souverän ist. Der Souverän ist in der Demokratie bekanntlich das Volk, und das will weder abgeschafft werden noch ist es „irrelevant".
Günther Nenning hat es in seiner Studie über Neutralität kurz und bündig formuliert: „Es naht die Stunde der Wahrheit: das supranationale Großreich wird zum Flop des Jahrhunderts." In dieser Stunde muß jeder entscheiden, wo er steht. Aber es sollten keine Tarnanzüge verwendet werden. Wer die Umweltverpestung benützt, um nach der „Weltregierung" zu rufen, der arbeitet versteckt für den Vorteil einer Gruppe von Wirtschaftstreibenden und Großkonzernen. Sie planen ja die Weltherrschaft seit langem oder besitzen sie schon. Sie brauchen dafür kein Umweltschutzmäntelchen. Wir dürfen's uns dann aussuchen: Ökologie-Faschismus oder Ökonomie-Faschismus.
Österreich, die Schweiz und die skandinavischen Länder sollten das durchschauen. Im Handel geübt, sollten sie sich auf das stützen, was sie schon haben, auf gute Wirtschaftsbeziehungen – mit oder ohne EWR. Österreich ist da, wenn man an das Transitopfer denkt, schon einen Schritt zu weit gegangen. Aber sei's drum: EWR, aber keinen Schritt weiter. Keine Aufgabe der Neutralität und Souveränität. Kein neuer Anschluß! Keine 13. Fee in der EG!

Anmerkungen

Vorwort

[1] Bei der Konferenz in Teheran Ende 1943, bei der sich Roosevelt, Stalin und Churchill treffen, sagt Stalin über die Zeit nach dem Krieg: „Daß Deutschland wieder auf die Füße kommen wird, davon bin ich überzeugt." Churchill: „Innerhalb welcher Zeit?" Stalin: „In fünfzehn bis zwanzig Jahren." Churchill: „Der Frieden der Welt muß auf mindestens fünfzig Jahre gesichert werden. Wenn er nur fünfzehn bis zwanzig Jahre dauert, haben wir unsere Soldaten betrogen." Stalin: „Wir müssen eine Einschränkung der deutschen Industriekapazität erwägen. Die Deutschen sind ein tüchtiges Volk, voller Erfindungsgeist und sehr fleißig. Sie werden nicht lange zu ihrer Erholung brauchen." . . . Churchill: „Nichts ist endgültig. Die Zeit steht nicht still . . . Es ist unsere Pflicht, den Weltfrieden für mindestens fünfzig Jahre zu sichern, indem wir Deutschland entwaffnen und es entwaffnet halten . . . Alles steht und fällt damit, ob Großbritannien, die Vereinigten Staaten und die Sowjetunion enge Freundschaft wahren und Deutschland im gemeinsamen Interesse überwachen können . . ." (Zitiert nach Ladislaus Singer: „Alle litten an Größenwahn", Stuttgart, 1966)
Die drei wußten, wovon sie redeten. Die fünfzig Jahre sind inzwischen um.

[2] Für den österreichisch-ungarischen Autor Ladislaus Singer gehören sie alle in „dieselbe Kategorie der Geisteskranken": Lenin und Wilson, Stalin und Roosevelt, Chruschtschow und Chamberlain, Mao Tsetung und Mussolini, Hitler sowieso: „Sie alle litten an Größenwahn." Der Schweizer Psychiater Eugen Bleuler hatte schon 1911 den Größenwahn so beschrieben: „Der Größenwahn nimmt in leichtesten Fällen mehr die Form der Überschätzung des Ichs an . . . Von da an gibt es alle Stufen des eigentlichen Wahns, vom leicht Möglichen über das noch Denkbare bis zur Idee . . ., neue Religionen zu stiften, Gott und Obergott zu sein."

[3] Alexander Gschwind: Ein Stilwirrwarr aus allen Kulturen und Epochen. Expo '92. *Die Weltwoche*, 9. 4. 1992

[4] Den Größenwahn als Erscheinungsbild der progressiven Paralyse, also des Endstadiums von Syphilis, hat Elias Canetti in Verbindung mit den Wahnideen von „Masse und Macht" gebracht. Über Woodrow Wilson schreibt Ladislaus Singer: „Das Schicksal wollte es, daß . . . im Weißen Haus ein weltfremder, an Paralysis leidender Professor saß, ein Bücherwurm und Gelehrter zugleich, der in Verzückung über seine eigene Größe seltsame Reden hielt . . ."
Karl Jaspers hat 1913 in seiner „Allgemeinen Psychopathologie" zum Größenwahn geschrieben: „Für gewisse paranoische Prozesse ist der Wahninhalt

der großen Weltereignisse, in deren Mittelpunkt der Kranke steht, charakteristisch. Der Kranke steht mit der ganzen Welt in Verbindung, mit ihm hängt die ganze Weltgeschichte zusammen, er ist das Zentrum kosmischer Umwälzungen, bei denen er eine ganz besondere Rolle spielt. Der Wahn umfaßt durchwegs beide Pole . . . Größenwahn und Verfolgungswahn gehören zusammen.“

[5] Sabine Sütterlin: „Sie wollen ihren alten Kaiser Wilhelm wiederhaben.“ *Die Weltwoche,* 16. 4. 1992

These 1

[1] In Jugoslawien sind die Brandherde des Bürgerkriegs genau an einer uralten Grenze entstanden. Das Grenzland zwischen Save, Drau und Drina war immer ein heißer Boden, von den Zeiten der Karolinger im 9. Jahrhundert bis zu den Türkenkriegen. Der Erste Weltkrieg wurde nicht zufällig in Sarajevo gezündet. Österreichs Journalisten-Althäuptling Günther Nenning hat in seinem Aufsatz „Keine Brücke über die Drina“ treffend analysiert: „Die Drina, achtzig Kilometer westlich Belgrads in die Save mündend, im Oberlauf grün schäumend durch eine Art Grand Canyon, kennen heute bestenfalls die Wildwasserfahrer. Doch war und ist hier seit mehr als anderthalb Jahrtausenden die Grenze zwischen West und Ost: Entlang der Drina teilte der römische Kaiser Theodosius das Reich in eine West- und eine Osthälfte. In der Folge lag hier die Grenze zwischen den römisch-katholischen und den griechisch-orthodoxen Christen. Und nach Vertreibung der türkischen Imperialisten lag hier die Grenze der Habsburgermonarchie bis 1918.“

[2] Eine Schande, daß gerade auch das neutrale Österreich sich als Drehscheibe der Waffenschieber mißbrauchen läßt. Gegenüber den Vorwürfen der „jugoslawischen Rest-Regierung“ gibt man sich betont salopp. Es seien ohnehin schon 80 Personen angezeigt und 3947 Handfeuerwaffen, 575 automatische Waffen sowie 80.000 Schuß Munition beschlagnahmt worden, hieß es im März 1992. Drei LKW-Ladungen mit vier Kanonen, Flugabwehrraketen vom Typ „Milan“ und „Stinger“, 61 Millionen Dollar, eingezahlt für T-72-Panzer bei einer österreichischen Bank? Nie gehört. Staatspolizeichef Kessler: „Nicht real.“

These 2

[1] Wirtschaftsminister Wolfgang Schüssel meinte, eine Volksabstimmung sei abzulehnen, weil mit dem Vertrag keine Gesamtänderung der Bundesverfassung verbunden sei und weil man „Elemente der direkten Demokratie nicht mißbrauchen“ solle.
Demgegenüber argumentierte der Salzburger Landtagspräsident Helmut Schreiner Anfang 1991: „Das, was jetzt an Konturen des EWR-Vertrags auf

dem Tisch liegt, ist nicht der Weisheit letzter Schluß. Einen derartigen Staatsvertrag mit einer vollständigen Unterwerfungserklärung bei gleichzeitigem Verzicht auf Mitgestaltungsmöglichkeiten habe ich noch nicht gesehen – es sei denn nach einem Krieg.“ Diese Aussage ist heute, nach dem Abschluß der Verhandlungen, ebenso gültig. In Wahrheit, sagte Schreiner, sei der EWR-Vertrag schon eine Vorwegnahme des EG-Beitritts, und man unterschreibe damit „jetzt schon“. Da werden wir doch, meinte der wackere Salzburger, „soviel Überzeugungskraft aufbringen, um bereits jetzt ein Plebiszit zu machen“. Wenn nicht, fügte er visionär hinzu, „schaut es ohnehin auch für später traurig aus“.
Bundeskanzler Franz Vranitzky erklärte, eine Volksabstimmung sei beim EWR-Beitritt „nicht notwendig“. Der Verfassungsdienst habe festgestellt, daß Österreich auch bei Übernahme bestehenden EG-Rechts de jure seine gesetzgeberische Souveränität nicht abgebe. Grundgesetze wie „Das Recht geht vom Staatsvolk aus“ seien nicht tangiert.
Der Chef des Forschungsinstituts für Europafragen an der Wirtschaftsuniversität Wien, Stefan Griller, Professor auch für öffentliches Recht mit besonderer Berücksichtigung des Europarechts, hielt in einem *Profil*-Interview (18. März 1991) dagegen, der Beitritt Österreichs zum EWR sei „eine Gesamtänderung der österreichischen Verfassung“ und daher „volksabstimmungspflichtig“. Nicht wegen der Übernahme des derzeitigen EG-Rechts, sondern wegen der „Ermächtigung zur Weiterentwicklung des gemeinsamen Rechts“, was einen „erheblichen Machtverlust des österreichischen Parlaments“ mit sich bringe. Die EFTA-Mitglieder im EWR haben bei neuen EG-Regelungen allerdings nur ein Anhörungs- und Vorbereitungsrecht, kein Mitbestimmungs- und Entscheidungsrecht. Stefan Griller zusammenfassend zum EWR: „Der Entscheidungs- und Machtverlust ist zumindest so problematisch wie im Falle einer EG-Mitgliedschaft.“
Dabei ist noch nicht einmal die Frage gelöst, wie die österreichische Verfassung für die Wahl der Europaparlamentarier umgestaltet werden muß. Die österreichischen Europa-Wähler werden jedenfalls nach einem EG-Beitritt weniger zu entscheiden haben als die Wähler des österreichischen Nationalrats.
Kritik am demokratiescheuen Vorgehen der Bundesregierung kam auch vom Leiter des Salzburger Verfassungsdienstes, Ferdinand Faber – vor dem Abschluß des EWR-Vertrages: Seine Auswirkungen auf Österreich seien größer als die des Staatsvertrages von 1955. Im Zusammenhang mit dem EWR-Vertrag müsse der Bundesstaat umstrukturiert werden, sonst wären die „Bundesländer nichts anderes als Provinzen in einem Einheitsstaat“. Ihm fehle der Glaube, so Ferdinand Faber im April 1991, daß die EG Österreichs Vorstellungen zur Rechtsetzung akzeptiere. Schon derzeit stoße die Raumordnung an ihre Grenzen. Gegen den wildwuchernden Bau von Zweitwohnungen und spekulative Grundstückskäufe nütze nur eine rigorose Kontrolle des Liegenschaftsverkehrs.
Ferdinand Fabers Befürchtungen wurden voll bestätigt. Die EG akzeptierte keinen eigenen EWR-Gerichtshof. Grundstücksspekulationen, steigende Mieten und Grundstückspreise signalisieren schon im Vorfeld der EG, daß

das Grundrecht Wohnen ein Luxus wird. Das beweisen nicht nur die sprunghaft steigenden Obdachlosenzahlen, mit denen man schon jetzt nicht fertig wird. Alle Durchschnittsverdiener wissen oder ahnen wenigstens, daß es auch ihnen an den Kragen geht, denn schon haben die Mieten etwa die Hälfte eines Durchschnittseinkommens erreicht.

These 3

[1] Nach den Kursen vom Mai 1992 entspricht 1 Dollar 1,6 DM oder 11,4 Schilling. Der EWR-Anteil am Welthandel liegt bei 43%. Die Exporte des EWR waren mit 1575 Milliarden Dollar 1990 dreimal so hoch wie die der USA mit 520 und mehr als fünfmal so umfangreich wie die Japans mit 287 Milliarden Dollar. Zum Vergleich: Das Bruttoinlandsprodukt Österreichs liegt derzeit bei über 1900 Milliarden Schilling.
Nach den Prognosen der Wirtschaftsforscher gibt der Binnenmarkt ab 1993 der EG genügend Schwung, um bis zum Jahr 2000 mit einem Wirtschaftswachstum von insgesamt 34% die USA mit 30% zu überflügeln. Aber unangefochtener Spitzenreiter bleibt Japan mit 53% Wirtschaftswachstum. 1991 lagen die Vereinigten Staaten mit 12% Anteil beim Weltexport noch an der Spitze, gefolgt von Deutschland mit 11,4 und Japan mit 8,9%.

[2] Diese fünf Unternehmen sind: Nippon Telegraph & Telephone mit 186 , die Industrial Bank of Japan mit 116 , die Fuji Bank mit 106 sowie die Fuji, die Mitsubishi und die Dai-Ichi Kangyo Bank mit über 100 Milliarden Mark Marktwert. Nur ein europäischer Konzern, die niederländische Royal Dutch/Shell Group kann sich unter diesen Riesen halten.
Nach den Jahresumsätzen gerechnet, kommen vor dem größten japanischen Konzern Toyota (65 Milliarden Dollar) vier amerikanische Multis und ein europäisches Unternehmen. Drei der amerikanischen Konzerne sind aber marode und angeschlagen: General Motors (125 Milliarden Dollar), Ford (98 Milliarden Dollar) und IBM (69 Milliarden Dollar). Nur die beiden Öl-Giganten Royal Dutch (107 Milliarden Dollar) und Exxon (106 Milliarden Dollar) haben (noch) keine Probleme. Unter den 25 Umsatzriesen haben je zehn ihren Sitz in den USA beziehungsweise in Westeuropa, vier in Japan und einer (Samsung) in Südkorea.
Das ganze ist allerdings insofern eine statistische Augenauswischerei, als eigentlich die Mitsubishi-Gruppe das größte Industriekonglomerat der Welt und wahrscheinlich auch der Weltgeschichte ist. Bis heute verbietet das japanische Gesetz dem Konzern, eine gemeinsame Holding seiner Tausenden Firmen zu bilden. Zählt man alle zusammen, ergibt sich ein typisches Bild der Superlative: Über eine Million Mitarbeiter erwirtschaften einen Umsatz, den wahrscheinlich nur ein paar Bosse in Japan schätzen können. Nur für die 160 führenden Mitsubishi-Unternehmen – Banken, Immobilien, Versicherungen, Schwerindustrie inklusive Waffen, Maschinenbau (von Nikkon-Kameras bis zu Atomkraftwerken), Zement usw. – haben Marktforscher 1985 einen Umsatz von 370 Milliarden Dollar errechnet.

[3] Deutschland kam nur auf eine positive Handelsbilanz von 1,7 Milliarden, die Niederlande und Schweden auf ein Plus von rund 3,5 Milliarden Dollar. Das größte Handelsbilanz-Defizit fuhren die USA mit über 35 Milliarden Dollar ein, gefolgt von Spanien mit einem Minus von 16, 5, Großbritannien von 15,1, Italien von 9,7 und Frankreich von 9,4 Milliarden Dollar. Österreich und die Schweiz weisen mit 4,9 beziehungsweise 3,5 Milliarden Dollar ebenfalls eine negative Handelsbilanz auf.

[4] Zum Vergleich: Für Spanien werden 3,6, für Westdeutschland 2,8, für Frankreich 2,7, für Italien 2,6, für Österreich 2,3, für die USA, Großbritannien und die Schweiz 2,2 und für Schweden 1,7% Wirtschaftswachstum geschätzt.

[5] In den USA sank die Autoproduktion von 9,8 auf 8,8 Millionen, in Deutschland von 5,2 auf 5 Millionen, in Frankreich von 3,8 auf 3,6 Millionen und in Italien von 2,1 auf 1,9 Millionen Fahrzeuge.
Natürlich sind die Japaner auch Weltmeister im Export von Autos. Mit 5,8 Millionen ausgeführten PKW und LKW lagen sie 1991 weit vor dem zweitplazierten Deutschland mit 2,4 Millionen Exportautos. Die USA kommen mit 0,9 Millionen Autos für den Weltmarkt erst an sechster Stelle. Jeder dritte PKW auf Amerikas Straßen kommt aus einer japanischen Fabrik, während der Anteil amerikanischer Autos in Japan unter 1% liegt.

[6] Die Japaner könnten einer „Selbstbeschränkung" bei den Autoexporten dennoch zustimmen, weil sie ihre Quote zu „europäischen Preisen", das heißt mit einem erklecklichen „windfall profit" in Milliardenhöhe, absetzen können. Heinz Blüthmann hat dazu im Wirtschaftsteil der *Zeit* notiert: „Das Nachsehen hat der Konsument, der in Brüssel keine Lobby hat . . . Mit den geplanten Handelsschranken gegen japanische Autos ist die EG auf dem falschen Weg. Nur Konkurrenz kann die Europäer retten . . . Eine ganze Branche, die nicht mehr wettbewerbsfähig ist, erhält unverdienten Schutz für viele Jahre . . . Die Kommission zementiert die Grenzen in Europa zu einem Zeitpunkt, wo sie eigentlich fallen sollen." So sieht es in Wahrheit aus mit der hochgelobten Konsumentenfreundlichkeit der EG und den „billigen Preisen".

[7] Die OECD (Organization for Economic Cooperation and Development) erwartet für die Jahre 1992 und 1993 für Japan ein insgesamt höheres Wirtschaftswachstum, wesentlich niedrigere Arbeitslosigkeit und Inflation und eine ungleich bessere Leistungsbilanz als für seine Konkurrenten Europa und USA. Sogar die Deutschen hatten 1991 ein Leistungsbilanzloch von über 34 Milliarden Mark. Amerikas Wirtschaftswachstum sank von 4,5% im Jahr 1988 kontinuierlich auf minus 0,7% im Jahr 1991 ab. 1992 wird nach den Prognosen zwar wieder ein Wachstum von 2,2% erwartet, aber dem steht ein lawinenartiges Anwachsen des Haushaltsdefizits von 321 auf 399 Milliarden Dollar gegenüber. Die Zinszahlungen für die Altschulden fressen bereits einen Großteil der neu aufgenommenen Kredite.

[8] Hauptziele der „lean production" sind null Fehler und Vielfalt der Produkte. Gefördert werden nicht monotone Fließbandarbeit, sondern von vornherein Gruppenarbeit, wie sie den Japanern so liegt, Fehlerbeseitigung schon im Vorfeld, Sparsamkeit bei zeitaufwendiger und kostspieliger Nachbesserung, kurze Entwicklungszeit. Laut Statistik brauchen die Japaner für ein Auto 16,8 Arbeitsstunden, die Amerikaner 25,1 und die Westeuropäer 36,2. Die Mitarbeiter machen ungleich mehr Verbesserungsvorschläge, sind nur halb so oft abwesend und bilden ihre Leute ungleich intensiver und besser aus. Eine große Rolle spielen die Roboter: Im Technikwunderland Japan sind heute etwa eine Viertelmillion davon im Einsatz. Auch die Roboter selbst werden von Automaten produziert. Das ist der Grund dafür, daß die Japaner um rund ein Viertel billigere Roboter anbieten als ihre Konkurrenten. Arbeitswelt auf japanisch: „Nur der unterbezahlte Roboter findet noch einen Job." (*Die Zeit)*

[9] Der Immobilienkonzern Recruit-Cosmos verscherbelte zwischen1984 und 1987 Aktienanteile an Politiker, bevor diese an der Börse notiert wurden. Der Schnitt war beträchtlich. Auch Premier Miyazawa ist unter den Angeklagten. Der Skandal war noch nicht vom Tisch, da folgte 1991 die Kyowa-Schmiergeld-Affäre: Die Stahlfirma Kyowa ließ Politikern für gewisse „Vorteile" Millionen zukommen. Mitte Februar 1992 wurde der Sagawa-Kyubin-Skandal aufgedeckt: Das Transportunternehmen soll umgerechnet neun Milliarden Schilling an Politiker und Parlamentarier gezahlt haben. Der Großteil wurde angeblich der regierenden Liberaldemokratische Partei LDP gespendet. Die Firma hat beste Kontakte zur Yakuza-Mafia, die sich stark im Immobilien- und Aktiengeschäft eingekauft hat. Der Filz zwischen Politik, Großunternehmen und Yakuza wird immer dichter. Polizeilich sind an die 90.000 Yakuza erfaßt. Die Jahreseinnahmen des organisierten Verbrechens in Japan liegen bei etwa 120 Milliarden Schilling.

[10] Allerdings setzen sich jetzt auch die Japaner immer mehr zur Wehr. Hunderte Angehörige von Karoshi-Opfern haben schon auf Schadenersatz geklagt. Die gesetztlichen Bestimmungen sind aber so restriktiv, daß nur ein paar Dutzend Fälle im Jahr anerkannt werden.
Umfragen zeigen, daß fast zwei Drittel aller Japaner heute weniger arbeiten wollen. Von den 15 Tagen Urlaub nahm der Durchschnittsjapaner bisher nur etwa die Hälfte. Jetzt will sogar die Regierung dem verstärkten Freizeitbedürfnis Rechnung tragen, die Jahresarbeitsstunden auf 1800 verkürzen und die Fünftagewoche einführen.

[11] Wieder sagen nüchterne Zahlen eine ganze Menge: Für Forschung haben die Japaner 84,4 Milliarden Dollar oder 2,9% ihres Bruttonationalprodukts ausgegeben. Die USA führen zwar nach der absoluten Summe, nicht aber prozentuell: Sie steckten 129 Milliarden Dollar in die Forschung. Das sind aber nur 2,5% ihres BNP.

These 4

[1] Die japanischen Investitionen in der EG haben den amerikanischen längst den Rang abgelaufen. 1986 bis 1989 haben die Japaner im EG-Raum 23.000 Arbeitsplätze geschaffen, 6000 mehr als die Amerikaner. 1987 bis 1991 erreichte das Investitionsvolumen 30 Milliarden Pfund. Auch an den Kapitalbewegungen ist erkennbar, daß kein anderes Land so viel auf ausländischen Märkten investierte wie Japan. 1980 bis 1984 betrug der Überschuß der die Kapitalimporte übersteigenden Exporte 5,9, 1985 bis 1990 gigantische 90,8 Milliarden Dollar. Deutschland kam von einem Defizit in der ersten Periode auf ein Plus von 16,3 Milliarden Dollar in der zweiten. England hält in beiden Perioden ein Plus von über 13, Frankreich fiel im Minus von 3,3 auf 6,2 und die USA gar von minus 19,9 auf minus 53,6 Milliarden Dollar. (Im Unterschied zu Österreich hat die Schweiz in die EG stark investiert. Schweizer Unternehmen beschäftigen in der „Gemeinschaft" 400.000 Mitarbeiter.)

[2] Die Dresdner Bank ist mit Hoechst, dem Münchner Versicherungsriesen Allianz, BMW, Bayer, Linde, RWE, Bayernhypo und anderen Versicherungen verflochten. Die Allianz liebt überhaupt das System der Schachteln und Unterschachteln. Außer an der Dresdner Bank ist sie an mehreren anderen Bankhäusern, an Thyssen, MAN, Heidelberger Druckmaschinen, Metallgesellschaft, Linde, Beiersdorf, Hapag-Lloyd, Lahmeyer und an der Mercedes-Automobilholding beteiligt. Die Deutsche Bank ist mit Daimler-Benz verflochten.

[3] Alex Brummer: Über Nacht wurden die devoten Bankiers zu Peinigern. *Die Weltwoche,* 21. 5. 1992; Immobiliengigant vor dem Konkurs. *Der Standard,* 16./17. 5. 1992

These 5

[1] Die Gewinnverluste der westdeutschen Vollerwerbsbauern lagen nach dem Agrarbericht 1992 im Wirtschaftsjahr 1990/1991 bei rund 16%. Anfang 1992 ließ Brüssel wissen, daß die Marktsituation sich 1991 infolge eines „Anwachsens der Lagerhaltung" verschlechtert habe. Die Einkommen der Landwirte seien nach vorläufigen Schätzungen trotz massiver Marktinterventionen der EG um real 4,8% geschrumpft.

[2] In Griechenland haben 89 von 100 Bauern unter 10 Hektar Wirtschaftsfläche, in Portugal 88, in Italien 85, in Spanien 72, in der Schweiz 52, in Österreich 51, in Deutschland (alte Bundesländer) 47, in Belgien 46, in den Niederlanden 43, in Schweden 36, in Irland 31, in Frankreich 30, in Großbritannien 26 und in Dänemark 18. In den USA bewirtschaften 3,4 Millionen Farmer 431 Millionen Hektar. In der EG müssen rund neun Millionen Bauern mit weniger als einem Drittel dieser Fläche auskommen: mit 127 Millionen Hektar.

[3] Fritz Vorholz: Wenige sahnen ab. *Zeit*-Gespräch mit Josef Jacobi. *Die Zeit*, 26. 10. 1990

[4] GATT = General Agreement on Tariffs and Trade = Allgemeines Zoll- und Handelsabkommen, 1947 in Zusammenarbeit mit den Vereinten Nationen in Genf abgeschlossen. Seither gab es unzählige Verhandlungsrunden. Die seit 1986 laufende Uruguay-Runde droht jetzt vollends zu scheitern.

[5] Der Anteil von Subventionen am bäuerlichen Einkommen, das sogenannte Producers Subsidy Equivalent, genauer das relative Netto-PSE, ergibt folgende Reihung (Stand 1990): Schweiz 78%, Norwegen 77%, Finnland 72%, Japan 68%, Schweden 59%. In der EG liegt der Durchschnitt bei 48%. In Österreich beträgt das Netto-PSE 46%, in Kanada 41%, in den USA 30%, in Australien 11% und in Neuseeland 5%.

[6] Inzwischen ist die französische Premierministerin Edith Cresson zurückgetreten. Die französische Landwirtschaft ist mit Abstand die größte in Europa. Mit Agrarexporten im Wert von rund 100 Milliarden Schilling im Jahr liegt Frankreich in der EG unangefochten vor Holland (80 Milliarden), Deutschland (70 Milliarden) und Großbritannien (60 Milliarden). Trotzdem liegt der Anteil der Landwirtschaft am BIP nur zwischen 1,4 (GB) und 4,2 (NL) Prozent (Stand 1988). In Frankreich gab es 1950 noch drei Millionen Betriebe, heute existieren nur mehr eine Million. 350.000 davon sind Großbetriebe, die am meisten von der Abnahmegarantie und den garantierten Mindestpreisen profitierten. Sie stellen 75% aller Agrarprodukte her, währen die 500.000 Kleinbauern nur 10% des Ertrages erwirtschaften.

[7] Sie steht in der Informationsbroschüre des Bundeskanzleramtes in Wien mit dem Titel „EWR-ABC".

[8] Die EG-Kommission hat zwar Richtlinien für den biologischen Landbau und seine Erzeugnisse verabschiedet, aber sie sind eine typische Eurokraten-Halbheit. So ist es beispielsweise möglich, unter „Bio" Produkte zu vermarkten, die nur zur Hälfte aus ökologischem Anbau stammen. Zwar darf auf die „Öko"-Bestandteile nur in der Zutatenliste hingewiesen werden, nicht auf dem Etikett. Aber die Zauberer der „ökosozialen Marktwirtschaft" werden sich schon was einfallen lassen, um auch halbe Sachen mit der Öko-Masche herauszuputzen.

These 7

[1] Robert Buchacher: Adresse: Autobahn. Die Transitroute Kufstein–Brenner, der „Auspuff Europas". *Profil*, 8. 5. 1989

These 8

[1] Kohlendioxid entsteht vor allem durch die Verbrennung der „fossilen Energieträger“ Erdöl, Erdgas und Kohle.

[2] Die am „Treibhauseffekt“ beteiligten Gase und ihre Anteile sind: Kohlendioxid = 50%, Methan = 19%, FCKW = 17%, bodennahes Ozon = 8%, Lachgas = 4%, sonstige Treibhausgase 2%.

[3] Europa ohne Grenzen. Alarm für die Umwelt. *Spiegel spezial* 1/1992

[4] In der EG darf die Summe aller Pestizide höchstens 0,5 Mikrogramm pro Liter betragen. Bei einzelnen Pestiziden liegt der Maximalwert bei 0,1 Mikrogramm pro Liter. Ab Januar 1993 gilt beim Atrazin in Österreich eine Obergrenze von 0,5 µg/l. Atrazin soll in Österreich aus dem Verkehr gezogen werden. Was nützt das nach einem EG-Beitritt?

These 9

[1] Die „Lega Nord“ ist drauf und dran, das Land in drei Teile zu zerschneiden, die übrigens fast deckungsgleich sind mit den alten Scheiben, die sich Habsburger, Bourbonen und Kirchenstaat vom italienischen Stiefel herunterschnitten. Umberto Bossi betont immer wieder, seine Partei sei nicht „rechts“, er selbst komme aus der „linken“ 68er-Bewegung. Offenbar ist Herr Bossi so wenig rechts wie Jörg Haider, Chef der „Freiheitlichen Partei“ in Österreich, der die Beschäftigungspolitik des „Dritten Reiches“ als besonders effizient lobte. Die Ausländerfeindlichkeit in seinen Reihen quittiert Umberto Bossi mit dem Hinweis, es sei eben schädlich für den sozialen Frieden, wenn unterschiedliche Kulturen aufeinanderprallen.
Der Mailänder Soziologe Renato Mannheimer sieht in einer 1991 zusammen mit einigen Kollegen vorgelegten Analyse die Lega mit ihren klar rassistischen Parolen in engem Zusammenhang mit dem Aufflackern des Populismus in ganz Europa, auch mit den „Bewegungen“ rund um Boris Jelzin, Lech Walesa und Jean-Marie Le Pen.

[2] Ganz Asien reagiert darauf mit Mißtrauen. Auf den Philippinen finden Demonstrationen gegen eine „zweite japanische Invasion“ statt. In Nordkorea sieht man eine „Tendenz zur japanischen Großmacht“ bestätigt. Auch die Chinesen wollen keine japanischen „Blauhelme“ in aller Welt sehen: Das Außenministerium lehnt ihre Beteiligung an UN-Missionen „aus historischen Gründen“ ab. China sitzt die Mandschurei noch immer in den Knochen, wo die Japaner in dem 1932 errichteten Protektorat Mandschukuo besonders schlimm gehaust hatten. Im zweiten Chinesisch-Japanischen Krieg von 1937 bis 1945 wurde von den Japanern ein Dutzend Städte mit „biologischen“ Waffen angegriffen: mit Milzbrand-, Pest- und Paratyphus-

bakterien. Inzwischen wurde Japans Blauhelmgesetz gegen den massiven Widerstand der Linksparteien beschlossen.

[3] Als Singapur den armen Heimatlosen Asyl anbietet – gegen cash natürlich –, geht ein Aufschrei durch die Staaten des südostasiatischen Paktes ASEAN (Association of South East Asian Nations). ASEAN-Partner Indonesien spricht von „gefährlichen Störungen des Gleichgewichts".

[4] Früher hat Amerika das im Krieg unterlegene Japan gönnerhaft mit Waffen aus den Altbeständen beliefert. Heute muß Washington sich um die Beteiligung an japanischen Superwaffen – wie dem Starfighter FSX – bemühen, um technologisch nicht hoffnungslos abgehängt zu werden. Bei Kampfflugzeugen, Panzern und Raketen verfügt Japan über autonome Fertigungskapazitäten auf höchstem Niveau. Militärexperten geraten in Verzückung, wenn sie über die neuen japanischen Panzer vom Typ T-90 oder über die neuen Abwehrraketen SSM-1B und SSM-1 fachsimpeln.

[5] Von 1985 bis 1989 exportierte die UdSSR um 66,2 Milliarden Dollar Waffen. Die USA erlösten aus dem Waffenhandel 52,9 Milliarden Dollar und lagen damit an zweiter Stelle der Weltrangliste. An dritter Stelle kommt Frankreich mit 15,8 Milliarden Dollar, gefolgt von Großbritannien mit 7,7, der Bundesrepublik mit 5, Italien mit 2,1 und Holland mit 1,8 Milliarden Dollar. Die ČSFR lag mit 2,7 Milliarden Dollar an siebenter Stelle (Quelle: SIPRI, 1991). Die Tschechoslowaken wollten nach der „sanften Revolution" aus der Waffenproduktion aussteigen, liefern aber immer noch Kriegsgerät in Massen, zuletzt unter anderem in Konfliktregionen wie Syrien und Nigeria. Militärexperten glauben, daß der Großteil der riesigen Nigeria-Lieferung nie auf dem Schwarzen Kontinent gelandet, sondern in Arsenalen des ehemaligen Jugoslawien verschwunden ist! Für die Umstellung fehlen den Tschechoslowaken Kapital, neue Produkte und Märkte.

[6] Josef Stalin hat den Deutschen schon vor 40 Jahren, unter Konrad Adenauer, die Wiedervereinigung angeboten – unter der Voraussetzung der bewaffneten Neutralität. Doch der Kanzler und die Westmächte ließen die Note vom 10. März 1952 in der Schublade verschwinden. Adenauers Meinung war, daß die „westdeutschen Wirtschaftskreise wenig Neigung hatten, sich in ihrem Wohlstand durch die Rückwirkungen stören zu lassen, welche die Durchführung der Wiedervereinigung für das westdeutsche Wirtschafts- und Sozialgefüge mit sich bringen müßten".
1986 hat der Historiker Josef Foschepoth aus dem Archiv des britischen Foreign Office ein Top-secret-Dokument ausgegraben, in dem Staatssekretär Sir Ivone Kirkpatrick über die ihm vertraulich von Adenauer mitgeteilten Motive berichtet: Der Kanzler sei gegen die Wiedervereinigung gewesen, weil er „kein Vertrauen in das deutsche Volk hatte". Adenauer sei äußerst besorgt gewesen, „daß sich eine künftige deutsche Regierung, wenn er von der politischen Bühne abgetreten sei, zu Lasten Deutschlands mit Rußland verständigen könnte". Folglich habe Adenauer die Meinung vertreten, „daß die

Integration Westdeutschlands in den Westen wichtiger als die Wiedervereinigung Deutschlands sei". (Klaus Naumann: „He is right". *Konkret*, 4/1992)

[7] Rolf-Dieter Müller: Rapallo – Karriere eines Reizwortes. *Die Zeit*, 10. 4. 1992

[8] Die befreundeten Staatschefs von Schweden und Indien, Rajiv Gandhi und Olof Palme, waren die zentralen Figuren in einem milliardenschweren Waffengeschäft mit vielen Schmiergeldmillionen – gezahlt von der schwedischen Waffenschmiede Bofors, unter anderen auch an Gandhi, um die indische Armee mit 410 Feldhaubitzen plus Munition im Wert von an die 16 Milliarden Schilling auszurüsten und die französische Konkurrenz auszustechen. Kommentar von *Dagens Nyheter:* „Zwei Premierminister, zwei moralisch inspirierte Politiker, die Initiatoren der Fünf-Kontinente-Initiative, in freundschaftlichem Gespräch über ein Waffengeschäft – der eine bestochen, der andere als Agent für die bestechende Firma. Um dieser Szene Gerechtigkeit widerfahren zu lassen, bedarf es eines Dramatikers des Absurden wie Eugène Ionesco – oder vielleicht Václav Havel." Bis heute besteht der dringende Verdacht, daß die Ermordung Olof Palmes mit dieser schmutzigen Affäre zusammenhängt. Sie hat fatale Ähnlichkeiten mit dem österreichischen Skandal um die „Noricum"-Kanonen.

[9] Setze sich die vor allem von den Deutschen und Franzosen betriebene Währungsunion nicht durch, so Helmut Schmidt, müsse man nicht nur mit einer „überragenden Stellung der DM", sondern auch „der gesamten in DM fakturierenden deutschen Industrie rechnen". Sieht der Altkanzler das wirklich als Problem? Er sieht: „Eine solche Entwicklung . . . könnte einer wiedererstarkenden deutschen Großmannssucht Vorschub leisten." Eine solche „monetäre und ökonomische Vormachtstellung der Deutschen", so Schmidt, „kann zum Alptraum für fast alle unsere Nachbarn werden. Er wirft schon heute seine Schatten voraus."
Ein Alptraum, der Schatten wirft? Ein Ex-Kanzler, der sich vor der Härte der eigenen Währung fürchtet? Was geht hier vor? Soll Deutschland sich kleiner machen, als es ist? Soll es seine Währung selber schwächen, nur damit die Nachbarn sich nicht fürchten? Helmut Schmidt – er war doch selbst einmal deutscher Verteidigungsminister – sollte sich in puncto „Großmannssucht" besser ans Militär halten als an Banken.

[10] „Größenwahn der Generäle". *Der Spiegel*, 15/1992

[11] „Europa – Großmacht oder Schlachtfeld" lautet der sinnige Titel eines Habsburg-Buches, ein anderer „Macht jenseits des Marktes. Europa 1992". Da heißt es: „Macht kann für das Gute wie für das Böse eingesetzt werden. Sie pauschal abzulehnen, ist auf alle Fälle gefährlich. Gerade wir in der Europäischen Gemeinschaft, die wir die erste Wirtschaftsmacht auf Erden sind, müßten die Bedrohlichkeit unserer Situtation erkennen, denn wir sind heute reich und schwach. Reichtum aber fordert den Neid heraus und

Schwäche den Aggressionstrieb. Wir gleichen Kaufleuten in der kaiserlosen Zeit der Raubritter, die von den Märkten mit vollen Taschen, aber ohne ausreichenden Schutz zurückkehren. Wir müssen uns schleunigst mit der Sicherheitsdimension Europas befassen, also mit dem, was Alfred Dregger ‚Europäische Sicherheitsunion' nennt."

[12] Interessant ist, daß Max Clauss „Europas neue Stärke" in der „zentral gesteuerten Kriegswirtschaft auf kontinentaler Basis" sieht. Mit seinen Erläuterungen dazu nimmt er bereits damals die „Philosophie" mancher multinationaler Konzerne gegenüber den „Gastarbeitern" von heute vorweg: Auch später, im Frieden, werde „der Vorteil der Zusammenarbeit" mit Millionen Arbeitern anderer Nationalität „nicht mehr preisgegeben". Daß das Zwangsarbeiter waren, erwähnt der Autor nicht.

[13] Ein linientreuer österreichischer Diplomkaufmann, Dr. Fritz Kiesel, spricht in seiner 1945 in Wien approbierten Dissertation von „voraussichtlich zwei Machtfaktoren am Ende dieses Krieges": von der „großostasiatischen Mächtegruppe, die Japan, China, die süd- und ostasiatische Inselwelt, Hinterindien als sichere Bestandteile" umfaßt, und vom „panamerikanischen Wirtschaftsreich" mit „Einschluß der Reste des Britischen Imperiums". Die UdSSR sei „kein Großraum, sondern eine indifferente und unentschiedene Masse, deren westlicher Teil sich immer mehr ergänzend zum kontinentaleuropäischen Raum neigt und bestimmt erscheint, vom Kernpunkt der europäischen Mitte aus betrachtet, etwa dieselbe Flügelstellung einzunehmen wie im Süden Afrika". Kiesel verweist auch auf einschlägige Literatur, z. B. auf E. Maurer, „Der Weg zur Kontinentalwirschaft", Leipzig, 1943, der forderte: „Europa eine Wirtschaftsgemeinschaft, Europa mit Afrika und Teilen Vorderasiens zusammen eine auf eigenen, tragfähigen Fundamenten ruhende geschlossene Großwirtschaftsregion!"

[14] R. N. Coudenhove-Kalergi: Europäertum als Paneuropa. In: Edgar Stern-Rubarth: Europa. Großmacht oder Kleinstaaterei, 1951.
Coudenhove-Kalergi beschreibt hier auch die historische Infiltration der reaktionären Paneuropa-Ideologie beim Kongreß von Interlaken im September 1947 und beim Haager Kongreß, „den Mr. Winston Churchill im Mai 1948 einberief". Vor allem Italien und Griechenland seien damals für den Bundesstaat Europa eingetreten: „Italiens Größe in der Geschichte war stets europäisch, nicht national: das Römische Imperium, die katholische Kirche . . . Griechenland . . . Sein Kampf gegen den Bolschewismus gilt nicht nur dem eigenen, sondern dem Wohl Europas . . ."
Der fanatische Antikommunismus der Paneuropäer erinnert heftig an den der Nationalsozialisten.

[15] Auch Vidosova Rogulic verwendet den Begriff „Großraumwirtschaft". Mit der Verschmelzung mehrerer Volkswirtschaften könne man „gewaltige Fruchtbarkeitsfortschritte erzielen", meint die Autorin. Napoleon sei es bis

1811 mit den Plänen einer „Föderation Europas" nicht ernst gewesen. Erst „in der Einsamkeit von St. Helena" seien diese Pläne „geboren worden". Europa habe aber die „mitunter fortschrittlichen Ideen" des Kaisers abgelehnt. Und: „Das heutige Europa hat ebenso das deutsche Europakonzept des Zweiten Weltkriegs abgelehnt."
Die Paneuropäer der fünfziger Jahre wußten eben noch nicht, daß diese Ideen eines Tages wieder fröhliche Urständ feiern würden. Dem Paneuropa-Programm Richard Coudenhove-Kalergis steht die heutige EG jedenfalls näher denn je: Er befürwortete einen Bundesstaat der europäischen Länder inklusive paneuropäischer Militärkonvention, planmäßige Erschließung der europäischen Wirtschaftskolonien in Westafrika (Französisch-Afrika, Libyen, Kongo, Angola), Zusammenarbeit mit Rußland unter Mitwirkung an seinem Aufbau und eine paneuropäische Währung.

[16] Manfred Brunner, Kabinettschef von EG-Vizepräsident Martin Bangemann, will Deutsch unbedingt zur Amtssprache machen. Hermann Unterstöger hat in der *Süddeutschen* (30. 3. 1992) ausgesprochen, was viele Deutsche denken: „Was nun die europäische Rolle des Deutschen angeht, so sehen nicht wenige Sprachfreunde einen Mißstand, insofern als die Deutschen in der EG den Zahlmeister spielen dürften, bei der sprachlichen Repräsentanz jedoch hinter den Franzosen und Briten zurückstehen müßten." Allerdings habe Sprache auch eine ökonomische Seite: Wer deutsch spricht, kauft auch deutsch.

[17] Josef Joffe: Amerika als Nummer eins. *Süddeutsche* Zeitung, 10. 3. 1992.
Das Strategiepapier des Pentagon wurde Ende Mai 1992 modifiziert veröffentlicht. Aufgrund der Proteste der übrigen Welt wurden die Passagen mit dem Anspruch der USA, die einzige Weltmacht zu sein, zurückgenommen. Es bleibt aber bei der Militärpräsenz in Europa und bei einer 1,6 Millionen Mann starken Armee, um imstande zu sein, gleichzeitig in zwei „regionalen Konflikten" einzugreifen. Da sind die Vereinigten Staaten wirklich Weltspitze: mit einem Militärbudget von über 300 Milliarden Dollar und mit drei Millionen Obdachlosen.

[18] Centesimus annus, der 100. Jahrestag, bezieht sich auf die erste Sozialenzyklika „Rerum novarum" von Papast Leo XIII.

[19] Dem pankaukasischen Fliegergeneral Dschochar Dudajew schwebt eine Vereinigung von Aserbeidschanern, Armeniern, Georgiern und den archaischen kaukasischen Bergvölkern der Tschetschenen und Inguschen (1,2 Millionen Menschen) in einem kaukausischen Großreich vor. Finanziert wird seine Privatarmee, die angeblich 600.000 Leute unter Waffen hat, von einem „Moskauer Syndikat" – der tschetschenischen Mafia. Dudajew ruft nach einem Bericht der Korrespondentin Marianne Sajdik („Tschetschenen streben nach Großkaukasien", *Der Standard*, 19. 5. 1992) zum Krieg gegen Rußland auf. Ein weiteres Pulverfaß im Osten.

Nicht zufällig schlossen sich die drei Gründerrepubliken Rußland, Ukraine und Weißrußland am 8. Dezember 1991 in Brest zu einem betont slawischen „Freundschaftsbund unabhängiger Staaten“ zusammen. Erst später kamen die fünf asiatischen Republiken Kasachstan, Usbekistan, Turkmenien, Tadschikistan und Kirgisien, die beiden kaukasischen Republiken Armenien und Aserbeidschan sowie das romanische Moldawien dazu. Die drei baltischen Länder Litauen, Lettland und Estland blieben ebenso draußen wie Georgien. Auch hier spielen alte Rechnungen eine Rolle: Die Unabhängigkeitserklärung Georgiens 1918 wurde drei Jahre später durch den Einmarsch der Roten Armee aufgehoben. Die Annexion erfolgte auf Befehl des Georgiers Josef Stalin. 1989 forderte der Einsatz sowjetischen Militärs gegen Demonstranten in Tiflis 19 Todesopfer. Ob der sowjetische Ex-Außenminister und ehemalige KP-beziehungsweise Geheimdienstchef Georgiens, Eduard Schewardnadse, seiner Heimat eine friedliche Entwicklung bringt, wird die Zukunft zeigen.

[20] Die Russen sind in Moldawien eine Minderheit unter den rumänisch sprechenden Moldawiern und befürchten einen „Anschluß“ an Rumänien. Der moldawische Präsident Mircea Snegur sagte Anfang April 1992: „Der Konflikt mit dem Dnjestr-Gebiet muß gewaltsam gelöst werden.“ Und Ende Juni: „Wir haben Krieg mit Rußland.“ Das ruft wieder die Großrussen auf den Plan, die ihre Minderheit in Moldawien auch militärisch schützen wollen. Sogar die Kosaken reiten wieder. Auf der Krim raufen mittlerweile Ukrainer und Russen um die atomar bestückte Schwarzmeerflotte. Die Gründung eines von beiden unabhängigen Staates wird von der Mehrheit der Bevölkerung unterstützt.

[21] Weißrußland hat sich das großrussische Reich schon im 18. Jahrhundert, Tadschikistan im 19. Jahrhundert einverleibt. Diese Tradition haben Lenin und Stalin nahtlos fortgesetzt. Die Ukraine und Weißrußland wurden nach kurzer Selbständigkeit im Gefolge des Ersten Weltkriegs 1922 von der Roten Armee „heim ins Reich“ geholt. Im gleichen Jahr begann die Eroberung von Kasachstan. Durch das geheime Zusatzabkommen zum Hitler-Stalin-Pakt wurden 1940 die baltischen Republiken und Moldawien annektiert.
Nach dem Scheitern des „Prager Frühlings“ 1968 wußten es plötzlich auch die roten Ideologen: Der sowjetische Kommunismus war nur eine Maske der Großmachtpolitik, des „großrussischen Chauvinismus“, wie es der österreichische Kommunist und Theoretiker Ernst Fischer 1969 in einem *Spiegel*-Interview formulierte. Ernst Fischer sah auch die Kontinuität der russischen Großmachtpolitik von den Zaren bis zu den neuen Kremlherren: „Wir sehen mit Besorgnis, wie in der Sowjetunion das schreckliche Erbe des Zarismus allmählich das Vermächtnis der Oktoberrevolution überwuchert.“
Das hat auch der charismatische Studentenführer Rudi Dutschke in seinem viel zu wenig beachteten, 1974 erschienenen Buch „Versuch, Lenin auf die Füße zu stellen“ so gesehen: „Die vorkapitalistischen, im westeuropäischen Verständnis, im wahrsten Sinne asiatisch-staatskapitalistischen Verkehrsformen der herrschenden Klasse dominierten weiter. Der westeuropäische Konkurrenzkapitalismus blieb in Rußland völlig an der Oberfläche.“

Schon Lenin hat die russische Staatsform als „asiatischen Despotismus" bezeichnet. Dutschke nennt es „orientalische Staats-Sklaverei". In diesem System könne sich der westeuropäische Kapitalismus nie entfalten. Der russische Kulturphilosoph Felix Philip Ingold, der heute an der Wirtschaftshochschule St.Gallen lehrt, schreibt in einem Aufsatz, in Rußland würden „die Erfolgreichen den Kriminellen zugewiesen und entsprechend behandelt". In der russischen Mentalität habe es „eine akzeptierte Unternehmerschaft nie gegeben". Daher seien auch „die neuen Macher" bei den Russen nicht beliebt.

[22] Es gibt allerdings Experten, etwa den St. Petersburger Soziologen Viktor M. Voronkov oder Rainer Münz, den Leiter des Instituts für Demographie an der Akadamie der Wissenschaften in Wien, die nicht mit großen Flüchtlingsströmen oder einer neuen Völkerwanderung aus dem Osten rechnen (Inge Santner: „Malt doch keine neue Völkerwanderung an die Wand". Gespräch mit Rainer Münz. *Die Weltwoche,* 16. 4. 1992; „Nur noch wenige wollen weg". Gespräch mit Viktor M. Voronkov. *Die Zeit,* 17. 4. 1992). Weltweit sind derzeit 15 bis 18 Millionen Menschen auf der Flucht.

[23] Die neuen Mitglieder im Nuklearklub, die über Atomwaffen aller Gattungen (Kurz- und Langstreckenwaffen) verfügen – die Ukraine, Kasachstan und Beloroußland –, lieferten ihr taktisches Arsenal (Kurzstreckenwaffen) äußerst zögerlich bei den Russen ab, ebenso alle anderen Republiken, die nur über taktische Atomwaffen verfügen: Moldawien, Georgien, Armenien, Aserbeidschan, Turkmenien, Usbekistan, Tadschikistan und Kirgisien. Zunächst machten die Ukrainer quasi als Tauschobjekt gegenüber Rußland Gebietsansprüche auf der Krim geltend. Dann hieß es wieder, die Vernichtung der Atomwaffen in Rußland sei nicht garantiert. Vor allem die atomar bestückte Schwarzmeerflotte will die Ukraine nicht aus der Hand geben. Sie soll jetzt aufgeteilt werden.
Von den 2,5 Millionen Einwohnern der Krim sind 1,7 Millionen Russen. Die Schwarzmeer-Halbinsel ist in der Wasser- und Energieversorgung von der Ukraine abhängig. Anfang Mai 1992 erklärte deren Präsident, Leonid Krawtschuk: „Niemand kann garantieren, daß die Ereignisse auf der Krim nicht außer Kontrolle geraten und zu Blutvergießen führen." Der Konflikt um die Krim ist ebenfalls eine Altlast des Sowjetimperiums: Bis 1954 hatte die Krim zur russischen Föderation gehört. Dann verfügte Partei- und Regierungschef Nikita Chruschtschow, ein Ukrainer, den Anschluß an sein Herkunftsland.
Gefährliche Manöver von allen Seiten sind nicht auszuschließen – und brisante Transaktionen. Ein russischer Offizier berichtete dem amerikanischen Geheimdienst, daß drei „taktische" Atombomben von Kasachstan in den Iran geschmuggelt wurden. Was mit den „weitreichenden Kernwaffen" geschieht, ist noch völlig ungewiß.

[24] Der Anteil von Russen in den einzelnen Republiken liegt bei 21% in der Ukraine, 12% in Weißrußland, 28% in Estland, 33% in Lettland, 8% in

Aserbeidschan, 13% in Turkmenien, 41% in Kasachstan, 11% in Usbekistan, 10% in Tadschikistan, 13% in Moldawien und 7% in Georgien.

[25] Peter Sartorius: Des Kaisers Sohn auf dem Schachbrett des Todes. *Süddeutsche Zeitung*, 19./20. 10. 1991

[26] Andreas Unterberger: „Das kann nur Frankreich". Außenminister Alois Mock im *Presse*-Gespräch über eine Bosnien-Friedenszone. *Die Presse*, 21. 5. 1992

[27] „Volle Teilnahme an einem Sicherheitssystem der EG. ÖVP auf Berner Linie." *Der Standard*, 22. 5. 1992. Die „klaren Worte" fand Vizekanzler Busek von der Österreichischen Volkspartei erst nach dem Schweizer Entschluß, die EG-Mitgliedschaft ohne Neutralitätsvorbehalt anzustreben. Motto: Sicherheit vor Neutralität. Wie der *Standard* in Erfahrung bringen konnte, haben „die Schweizer den Neutralitätspassus auch auf Anraten von Außenminister Alois Mock und Busek ausgeklammert". Busek habe das weder bestätigt noch dementiert. Der sozialistische Nationalratspräsident Heinz Fischer erklärte dazu, man solle die „unendlich wertvolle Neutralität" nicht degradieren und alle Optionen offenhalten.

These 10

[1] *Die Presse*, 6. 12. 1991

[2] *Kurier*, 21. 2. 1992

[3] *Profil*, 29. 7. 1991

[4] *Oberösterreichische Nachrichten*, 9. 3. 1992

[5] *Süddeutsche Zeitung*, 31. 7. 1991

[6] *Wochenpresse*, 2. 12. 1988

[7] *Weltwoche*, 23. 3. 1989

[8] Werner Stanzl: Kindesweglegung für den EWR. Außenminister Mock: „Wenn es ihn nicht gibt, stürzt die Welt auch nicht ein." *Der Standard*, 9./10. 5. 1992

[9] Günther Nenning: Wieso Neutralität wichtiger ist denn je. Plädoyer für die Kleinheit und die nationale Souveränität in einer Welt des Größenwahns. *Die Weltwoche*, 18. 10. 1990

[1] Aus dem platonischen Gespräch ergibt sich detailgenau, wie dieser neue Staat auszusehen hat: Die Hauptstadt ist „achtzig Stadien von der See entfernt". Die Gegend ist, wie ganz Kreta, „bergig". An Erzeugnissen entbehrt sie „beinahe keines". Das Gebilde ist aber kein Binnenstaat, sondern ist „mit Häfen versehen". Da wird's schon problematisch. Ein Athener wirft ein: „Das Meer ist zwar für das tägliche Bedürfnis eine angenehme, in der Tat aber gewiß herbe und bittere Nachbarschaft. Indem es nämlich hier den Handel und vermittels des Kleinverkehrs den Gelderwerb gedeihen läßt und in den Seelen eine veränderliche und unzuverlässige Gesinnung erzeugt, macht es die Bürger unzuverlässig und lieblos gegeneinander sowie desgleichen auch gegen andere Menschen."
Schiffsbauholz? Kleinias: „Tannen sowie auch Fichten gibt es nicht viel, desgleichen wenige Zypressen. Einige Föhren und Platanen finden sich wohl, die den Schiffsbauern zur Anfertigung der inneren Teile des Schiffes bei jedem Baue unentbehrlich sind."
Woher kommen die Ansiedler? Kleinias: „Natürlich werden sie aus der ganzen Kreta sich versammeln. Von den übrigen Hellenen werden sie offenbar vor allen die aus dem Peloponnes als Mitansiedler aufnehmen."
Verfassung? Ein gewisser Megillos schlägt als Modell Lakedaimon vor, eine Mischung aus Gewalt- und Volksherrschaft. Der Athener: Staatswürden nicht nach Besitz, Kraft, Körpergröße oder edler Herkunft verleihen, sondern dem, der den bestehenden Gesetzen „den willigsten Gehorsam leistet".
Nachdem Religion, Gesundheitswesen, Soziales usw. abgehandelt wurden, kommt die Rede auf die „angemessene Zahl der Bürger": „Fünftausendundvierzig nun seien es, um eine passende Zahl anzugeben", erklärt der Athener, „welche Grundbesitzer sind und das Land verteidigen. In ebenso viele Teile werden die Ländereien und Wohnungen geteilt . . ." Sie sollten nicht als „Gemeingut bebaut werden, da eine solche Forderung etwas Größeres ist, als es dem jetzigen Geschlechte, der jetzigen Erziehung und Ausbildung entspricht . . ." Man müsse dafür Sorge tragen, daß die Anzahl der verteilten Wohnstätten „stets dieselbe bleibe. Das habe die „Obrigkeit" zu steuern, wenn es sein müsse auch durch „Hemmen oder Förderung der Fortpflanzung".
Das alles erinnert intensiv an die heutige Realität in China, die Beschränkung auf die Ein-Kind-Ehe, um das Bevölkerungswachstum zu drosseln. Eine Hintertür hat sich auch Platon offengelassen, wenn es dennoch zu „maßüberschreitendem Überfluß an Bürgern kommt", dann ist „die Aussendung von Kolonien, in Freundschaft von Befreundeten" erlaubt. Wer arm und wer reich ist in diesem Staat, bestimmt das Los. Höchstens das Vierfache dessen, womit er begonnen hat, darf einer erwerben. Alles, was darüber hinausgeht, muß er dem Staat und den „über ihn waltenden Göttern", also an die Priesterschaft abgeben: „Mißachtet nicht die Größe und den Umfang der Habe, wie ihr sie anfangs in rechtem Maße unter euch verteilet, durch ein wechselseitiges Kaufen und Verkaufen . . . Ist doch großer Gelderwerb mit einer solchen Einrichtung unvereinbar, vielmehr geht aus derselben hervor, daß niemand nötig hat, auf unedlem Wege sich zu bereichern."

[2] Der Text aus dem Tao-Te-King von Laotse ist der Übersetzung von Richard Wilhelm entnommen, die 1957 im Eugen Diederichs Verlag erschien.

[3] Makedorumänen in Serbien, Makedonien, Griechenland und Albanien.

[4] Slawische Wenden in der ehemaligen DDR.

[5] Von einer Million im Kaukasus wanderten nach dem Einmarsch im 19. Jahrhundert 80% in die Türkei, nach Syrien, Jordanien und Israel aus.

[6] Finnischer Volksstamm, auch in Rußland.

[7] Südlicher Zweig der Ostseefinnen, der größtenteils in Letten und Esten aufging.

[8] Finnisch-ugrischer Stamm.

[9] Rentierzüchter im Norden Rußlands.

[10] Turkvolk in Rußland, Rumänien und Bulgarien (Schwarzmeer).

[11] *Standard*, 3. 1. 1992

Literatur

. . . bereit für Österreich. Hrsg. v. Bundesmin. f. Landesverteidigung. Wien.

Adler, Adam, *Mackwitz,* Hanswerner: Ökotricks und Bioschwindel. Wien, Frankfurt, Bern, 1990

Amsturz, Peter: Schweizer Preise weit über EG-Niveau. *Die Presse,* 6. 11. 1991

Augstein, Rudolf : Der gefesselte Gulliver. *Der Spiegel,* 51/1991

Augstein, Rudolf: Ecu oder ECU oder Mark? *Der Spiegel,* 7/1992

Augstein, Rudolf: Europa ohne Schminke. *Der Spiegel,* 3/1992

Backfisch, Michael: Wider die tödliche Überstunde. Japans Arbeitnehmer besinnen sich auf den Wert der Freizeit. *Die Zeit,* 10. 4. 1992

Becker, Helmut, *Blüthmann,* Heinz: Daimler – Mitsubishi. Der lange Abschied. *Die Zeit,* 18. 10. 1991

Blume, Georg: Asien hat Angst. Nippons Rückkehr zum Militarismus bedroht den Fernen Osten. *Profil,* 16. 12. 1991

Blume, Georg: Ein Schattenkönig entscheidet über Japans Politik. *Die Weltwoche,* 24. 10. 1991

Breitschopf, Peter: Klein, aber fein. *Wirtschaftswoche,* 1. 4. 1992

Breuss, Fritz, *Stankowsky,* Jan: Österreich und der EG-Binnenmarkt. Wien, 1988

Brugger, Oktavia: Gefördertes Olivenöl von schlechter Qualität. *Die Presse,* 30. 10. 1990

Brunner, Manfred: Die Europäische Gemeinschaft darf sich einer Öffnung nach Osten nicht verschließen. *Die Presse,* 26. 2. 1991

Brüser, Elke: Weniger Fett durch Fettersatz? *Süddeutsche Zeitung,* 7. 3. 1991

Buchacher, Robert: Adresse: Autobahn. Die Transitroute Kufstein–Brenner, der „Auspuff Europas". *Profil,* 8. 5. 1989

Burckhardt, Jacob: Die Kultur der Renaissance in Italien. Reutlingen, 1952

Burckhardt, Jacob: Weltgeschichtliche Betrachtungen. Stuttgart, 1955

Burger, Rudolf : Die falsche Wärme der Kultur. Fußnote zu einem neuen Bedürfnis. *Forum,* Dezember 1991

Canetti, Elias: Masse und Macht. Hildesheim, 1960

Chevènement, Jean-Pierre: Maastricht – Schritt in die falsche Richtung. *Die Presse,* 14. 5. 1992

Chimelli, Rudolph: Wut, die aus der Enttäuschung kommt. Türkei: Land in der Sackgasse. *Süddeutsche Zeitung,* 23. 4. 1992

Cieslak, Werner: Gegen die Macht der „Multis". Zusammenarbeit der Gewerkschaften in Europa. Frankfurt/Main, 1976

de Gaulle, Charles: Memoiren der Hoffnung. Die Wiedergeburt 1958–1962. Wien, München, Zürich, 1971

Demokratie. Hrsg. v. d. Europainitiative d. österr. Bundesregierung 1992

Der Spiegel 15/1992: Wir sind doch nicht blind. *Spiegel*-Interview mit Kartellamts-Präsident Wolfgang Kartte über strategische und andere Allianzen.

Der Spiegel, 50/1987: Das Hochpäppeln der Großen muß aufhören. Spiegel-Gespräch mit dem Agrarwissenschafter Professor Onno Poppinga.
Der Spiegel, 9. 3. 1992: Der Chip-Krieg. Japan überrollt den Westen.
Der Spiegel, 10/1992: Aufbruch ins Schlaraffenland!
Der Spiegel, 15/1992: Der Mensch braucht das Risiko. Der amerikanische Philosoph Francis Fukuyama über seine These vom „Ende der Geschichte". Spiegel-Gespräch.
Der Spiegel, 44/1991: Angst vor der Mistgabel. Bauerndemonstration in Lübeck.
Der Spiegel, 9. 12. 1991: Angst um die Mark.
Die künftige Entwicklung der gemeinsamen Agrarpolitik. Mitteilung der Kommission an den Rat und das Europäische Parlament. Brüssel, 12. 7. 1991
Dohnanyi, Johannes von: Japan – die militärische Pazifik-Supermacht auf Abruf. *Die Weltwoche,* 23. 1. 1992
Dönhoff, Marion Gräfin: Wenn der Wille zum Handeln fehlt. *Die Zeit,* 17. 4. 1992
Dutschke, Rudi: Versuch, Lenin auf die Füße zu stellen. Über den halbasiatischen und den westeuropäischen Weg zum Sozialismus. Lenin, Lucács und die Dritte Internationale. Berlin, 1974
Ecker, Gerold, *Gratzer,* Georg, *Klien,* Thomas (Hrsg.): EG. Verkaufte Umwelt – Verkaufter Friede. Umwelt- und sicherheitspolitische Aspekte einer EG-Annäherung. Wien, 1989
EG-Transit-Terror. Greenpeace. Zürich, 1991
Eglau, Hans Otto: Vermachtet und verschachtelt. *Die Zeit,* 16. 8. 1991
Engelbrecht, Uwe: Moskaus hochgesteckte Erwartungen in die NATO. *Die Presse,* 27. 2. 1992
Engeler, Urs Paul, *Heumann,* Pierre: Ein EG-Beitritt kostet uns zwei bis drei Milliarden Franken. *Die Weltwoche,* 13. 6. 1991
Engeler, Urs Paul: Die Säulen des Staates rütteln an Säulen des Staates. *Die Weltwoche,* 21. 11. 1991
Enzensberger, Hans Magnus: Ach Europa! Wahrnehmungen aus sieben Ländern. Mit einem Epilog aus dem Jahre 2006. Frankfurt/Main, 1987
Ernst, A., *Langbein,* K., *Weiss,* H.: Giftgrün. Köln, 1986
Fisch, Jörg: Von der UdSSR zur GUS: Wie stabil ist der Zerfall? *Die Weltwoche,* 13. 2. 1992
Fischler, Franz: Lebensmittel – Mittel zum Leben. *Agrarische Rundschau,* 3/1991
Föderalismus. Hrsg. v. d. Europainitiative d. österr. Bundesregierung. 1992
Freeman, Kathleen: Greek City-States. New York, 1950
Fukuyama, Francis: Das Ende der Geschichte. München, 1992
Gebhardt, Gerhard: Europas Wirtschaftsfreiheit. Essen, 1940
Grass, Günter: Chodowiecki zum Beispiel. *Die Zeit,* 14. 6. 1991
Greenpeace-Studie: Siemens Atomheizreaktor für Pilsen. Hamburg, 1992
Greunke, G., *Heimbrecht,* J.: Der Tod, der von den Feldern kam. Die spanische Giftkatastrophe. Pahl-Rugenstein Verlag, Köln, 1988
Gschwind, Alexander: Ein Stilwirrwarr aus allen Kulturen und Epochen. Expo '92. *Die Weltwoche,* 9. 4. 1992

Gschwind, Alexander: Eine Landreform entwickelt sich langsam zum Skandal. *Die Weltwoche*, 2. 5. 1991

Gschwind, Alexander: Fast ein Boom im Armenhaus. *Die Weltwoche*, 19. 3. 1992

Habsburg, Otto: Damals begann unsere Zukunft. Wien, 1971

Habsburg, Otto: Macht jenseits des Marktes. Europa 1992. Wien, München, 1989

Hallstein, Walter: Europäische Wirtschaft und europäische Politik. Rede auf dem Wirtschaftstag der CDU/CSU 1965 in Düsseldorf. Manuskript

Haltmeier, Hans: Pflanzenzucht mit Genbomben. *Süddeutsche Zeitung*, 27. 10. 1988

Hanke, Thomas, *Lütge*, Gunhild, *Vorholz*, Fritz: Der Preis der Harmonie. Das Abenteuer Binnenmarkt bringt unkalkulierbare Risiken. *Die Zeit*, 10. 2. 1989

Hanke, Thomas: Sozialpolitik in der EG. Die Schwachen werden schwächer. *Die Zeit*, 9. 9. 1988

Hauch-Fleck, Marie-Luise: Ein dreister Coup. Die Konzerne Thomson und Philips wurden in letzter Minute gebremst. *Die Zeit*, 18. 10. 1991

Heer, Friedrich: Europa Unser. Braunschweig, 1977

Heinrich, H. G., *Andrushchenko*, E.: Die Angst vor der Mafia aus dem Osten. Die Schreckensbilder von kommenden Massen. *Die Zeit*, 24. 4. 1992

Hennerbichler, Ferdinand, *Siegert*, Michael: Österreichs Armee wird eingebettet in die europäische. Interview mit Italiens Außenminister Gianni De Michelis. *Profil*, 29. 7. 1991

Hetzel, Helmut: Griechisches Gift für den Geist der EG. Handelskrieg um Mazedonien eskaliert. *Die Presse*, 3. 3. 1992

Heumann, Pierre: Wie die Eurokraten ihr Europa verhindern. *Die Weltwoche*, 19. 3. 1992

Hingst, Wolfgang: Fünf Jahre Tschernobyl. Dokumente einer Verdrängung. Hrsg. v. d. Österr. Hochschülerschaft. Wien, 1991

Hingst, Wolfgang: Zeitbombe Gentechnik. Wien, 1988

Hingst, Wolfgang: Zeitbombe Radioaktivität. Wien, 1987

Hoffmann-Ostenhof, Georg: Angst vor dem Unbekannten. *Profil*, 3. 2. 1992

Holzinger, Lutz: Das Ende der Neutralität? Salto, 19. 6. 1992

Horvath, Elisabeth: Welt der Stachelschweine. Interview mit Altkanzler Bruno Kreisky. *Wochenpresse*, 10. 3. 1989

Informationen zur umfassenden Landesverteidigung. Hrsg. v. Bundeskanzleramt, Wien, 1986

Ingold, Felix Philip: Eine akzeptierte Unternehmerschaft hat es nie gegeben. Interview in der *Weltwoche*, 19. 3. 1992

Joffe, Josef: Amerika als Nr. 1. *Süddeutsche Zeitung*, 10. 3. 1992

Joffe, Josef: Bonn und Paris – wer zieht wen über den Tisch? *Süddeutsche Zeitung*, 29. 5. 1992

Jung, Carl Gustav: Symbolik des Geistes. Zürich, 1958

Kartte, Wolfgang: Ein Rollfeld für Multis? *Der Spiegel*, 23/1989

Kassebeer, Friedrich: Im Profil – Alessandra Mussolini. *Süddeutsche Zeitung*, 9. 4. 1992

Keiser, Marcel H., *Heller,* Andreas: Der Druck des Auslandes baut sich zunehmend auf. Interview mit Bundesrat René Felber. *Die Weltwoche,* 23. 3. 1989

Kiesel, Fritz: Die geistigen Grundlagen eines neuen Schriftleitergesetzes der europäischen Staaten im Rahmen der neuen Ordnungsidee einer europäischen Wirtschaftsgemeinschaft. Diss., Wien, April 1945

Köhler, Angela: Bestechungsaffären statt Reformen. Japans Rechtsextreme nutzen die Krise. *Die Presse,* 26. 3. 1992

Kohr, Leopold: Einigung durch Teilung. *Die Zeit,* 18. 10. 1991

Koppe, Fritz: Strahlend billig? *Solidarität,* 1991

Kotanko, Christoph: Im Gespräch mit Leopold Kohr: Große Sünden bringen uns um. *Kurier,* 1. 12. 1989

Kratz, Wilfried: John Majors Wettbewerb mit dem Schraubenzieher. *Die Weltwoche,* 19. 12. 1991

Kraus, Doris: Briten melden in Brüssel Führungsanspruch an. *Die Presse,* 5. 5. 1992

Kreisky, Bruno: Im Strom der Politik. Der Memoiren zweiter Teil. Wien, 1988

Krejci , Herbert u. a.: Neutralität – Mythos und Wirklichkeit. Wien, 1992

Kuntner, General Wilhlem: Ist Europa noch zu retten? Die Visionen eines optimistischen Realisten. Wien, 1983

Kurbjuweit, Dirk: Arm im reichen Land. *Die Zeit,* 24. 4. 1992

Lahodynsky, Otmar: Britisches Veto verhinderte „Sozialkapitel". *Die Presse,* 12. 12. 1991

Lahodynsky, Otmar: Delors flüchtet nach vorne. *Die Presse,* 12. 3. 1991

Lahodynsky, Otmar: Golfsand im EG-Getriebe, *Die Presse,* 5. 2. 1991

Laotse: Tao-Te-King. Aus dem Chinesischen übersetzt von Richard Wilhelm. Düsseldorf–Köln, 1957

Lenhardt, Helmut: Warum der Fernsehschirm breiter wird. Von Chips, Milliarden und wirklich Mächtigen. Das große Zittern vor den Japanern. *Die Presse,* 3./4. 8. 1991

Lindlau, Dagobert: Der Mob. Recherchen zum organisierten Verbrechen. Hamburg, 1987

Löbsack, Theo: Das unheimliche Heer – Insekten erobern die Erde. Frankfurt, 1989

Lukacs, John: Die Entmachtung Europas. Der letzte europäische Krieg 1939–1941, Stuttgart, 1978

Lütkehaus, Ludger: Ich irre, also bin ich. Über Günter Anders. *Die Zeit,* 6. 3. 1992

Marschall, Gerhard: Tote Söhne. Die Frauen üben die heftigste Kritik an einer politischen Union der EG. *Profil,* 1. 6. 1992

Meissner-Blau, Freda: Wie man in den Wald hineinruft . . . Akutproblem Treibhauseffekt. *Der Standard,* 13. 3. 1992

Mettler, Peter H. (Hrsg.): Wohin expandieren multinationale Konzerne? Arnoldsteiner Schriften zur Interdisziplinären Ökonomie, Band 10, Frankfurt/M., 1985

Meyer, Fritjof (Hrsg.): Die Katastrophe des Kommunismus – von Marx bis Gorbatschow. *Spiegel-spezial*, Nr. 4/1991

Meysels, Lucian O.: Neutralität ist ex. Interview mit Joao Deus Pinheiro. *Wirtschaftswoche,* 25. 3. 1992
Mittendorfer, Rudolf : Robert Schuman – Architekt des neuen Europa. Hildesheim, Zürich, New York, 1983
Molden, Otto: Die Europäische Nation. Die neue Supermacht vom Atlantik bis zur Ukraine. München, 1990
Müller, Felix: Die Welt wird nie mehr ohne Atomwaffen sein. Interview mit Paul Nitze. *Die Weltwoche,* 5. 3. 1992
Müller, Felix: Ein ignoranter Ausdruck des japanischen Rassismus. *Die Weltwoche,* 27. 2. 1992
Müller, Rolf-Dieter: Rapallo – Karriere eines Reizwortes. *Die Zeit,* 10. 4. 1992
Müller, Felix: Nachrichten von den Hütern des europäischen Grals. *Die Weltwoche,* 2. 4. 1992
Münster, Winfried: Große Angst vor dem Beitritt trojanischer Pferde. SZ-Interview mit Peter Schmidhuber. *Süddeutsche Zeitung,* 31. 7. 1991
Münster, Winfried: Wir standen vor der Quadratur des Kreises. SZ-Gespräch mit Peter Schmidhuber. *Süddeutsche Zeitung,* 1. 3. 1992
Naumann, Klaus: „He is right". *Konkret,* 4/1992
Nenning, Günther: Selber schuld. Gespräch mit Erwin Scheuch über die Ursachen des europäischen Rechtsrucks. *Profil,* 13. 4. 1992
Ortner, Christian S.: Europa, ein neuer Weichspüler? *Wirtschaftswoche,* 12. 12. 1991
Paulus, Jochen: Warum Schweine durch Europa reisen. *Öko-Test-Magazin,* 9/1991
Piper, Nikolaus: Alma mater im Aufstand. *Die Zeit,* 22. 5. 1992
Platon: Sämtliche Werke. Übers. v. Friedrich Schleiermacher. Hrsg. v. W. F. Otto, E. Grassi, G. Plamböck. Hamburg, 1957
Politische Union. Hrsg. v. d. Europainitiative d. österr. Bundesregierung 1992
Rausch, Hans: Maastricht-Blues. Die EG in einer veritablen Identitätskrise. *Wirtschaftswoche* Nr. 17/1992
Reuter, Edzard: Sündenbock Japan. *Die Zeit,* 3. 10. 1991
Riepe, Manfred: HDTV gerät zusehends zum Politikum. *Film- und TV-Kameramann* 11/1991
Rogulic, Vidosava: Die Geschichte Paneuropas von Napoleon bis ins 20. Jahrhundert. Diss., Wien, April 1959
Rosenberg, Alfred: Neugeburt Europas als werdende Geschichte. Halle/Saale, 1939
Sartorius, Peter: Des Kaisers Sohn auf dem Schachbrett des Todes. *Süddeutsche Zeitung,* 19./20. 10. 1992
Schaffroth, Thomas: Eine zweite chinesische Mauer. *Die Presse,* 6. 4. 1992
Scharang, Michael, *Turrini,* Peter: Die Demolierung Österreichs oder Der Weg in den demokratischen Faschismus. *Der Streit,* Wien, 1987
Scharang, Michael: Das Wunder Österreich oder Wie es in einem Land immer besser und dabei immer schlechter wird. Wien, 1989
Schiller, Karl: Deutschland ohne DM? Plädoyer gegen die schnelle Verwirklichung einer europäischen Währung. *Der Spiegel,* 50/1991

Schlie, Ulrich: Auf Schritt und Tritt von Hitlers Schatten verfolgt. *Die Weltwoche,* 23. 4. 1992
Schmid, Klaus-Peter: Chauvi spitzt seine Zunge. *Die Zeit,* 26. 7. 1991
Schmid, Silvana: Wer nicht weiß, welches Volk er ist, wählt die Lega. *Die Weltwoche,* 9. 4. 1992
Schmid, Klaus-Peter : Knallharter Streit. *Die Zeit,* 31. 1. 1992
Schmidt, Helmut: Eine großartige Chance für Europa. *Die Zeit,* 31. 1. 1992
Schneider, Markus: Schmidheiny läßt die Zementsäcke tanzen. *Die Weltwoche,* 19. 3. 1992
Schneider, Matthias: Österreichs Weinmarkt und Möglichkeiten zu seiner Stabilisierung. Österr. Inst. f. Wirtschaftsforschung, Wien, 1991
Schnell, Hannelore: Der Nummernsalat. *Natur,* 12/1987
Schödel, Helmut: This is the end, my beautiful friend . . . Frankfurt – Quito – Frankfurt: Flug in die Anden, eine Depression. *Die Presse,* 9./10. 11. 1991
Schröder, Dieter, *Riedmiller,* Josef: Interview mit Michail Gorbatschow. *Süddeutsche Zeitung,* 10. 3. 1992
Singer, Ladislaus: Alle litten an Größenwahn. Von Woodrow Wilson bis Mao Tse-tung. Stuttgart, 1966
Smonig, Reinhold : Frankreichs Bauern proben den Aufstand. *Agrarische Rundschau,* 6/1991
Sobtschak, Anatoli: Mit der IWF-Schlinge um den Hals. New Perspectives Quarterly, 1992 (*Die Presse,* 17. 6. 1992)
Steger, Gerhard (Hrsg.): Bauernopfer? Die Auswirkungen eines EG-Beitritts auf die österreichische Landwirtschaft. Wien, 1988
Stehle, Hansjakob: Das Erdbeben vom Tiber. *Die Zeit,* 10. 4. 1992
Steiert, Robert: Multinationale Unternehmen – bleibende Herausforderung für die Gewerkschaften. In T. Klebe, S. Roth (Hrsg.): Informationen ohne Grenzen, 1987
Stern-Rubarth, Edgar: Europa. Großmacht oder Kleinstaaterei. Wien, 1951
Steuer, Helmut: In Schweden wächst der EG-Widerstand. *Tiroler Tageszeitung,* 10. 1. 1992
Strehle, Res: Unser Problem ist: Uns geht es besser als Europa. Interview mit Kurt Schiltknecht. *Die Weltwoche,* 6. 2. 1992
Sütterlin, Sabine: Sie wollen ihren alten Kaiser Wilhelm wiederhaben. *Die Weltwoche,* 16. 4. 1992
Tannenbaum, Frank: Eine Philosophie der Arbeit. Nürnberg, 1954
Thiele, Michael: Step by Step zum neuen Fernsehen. *Funkschau* 1/1992
Timmermann, Kenneth R.: Der Westen gab Hussein die Bombe. *Die Zeit,* 22. 11. 1991
Tolba, Mostapha: Wer zahlt für die Umwelt? *Der Standard,* 3. 1. 1992
Toynbee, Arnold J.: Die Zukunft des Westens. München, 1964
Unterberger, Andreas: Das kann nur Frankreich. Außenminister Mock im „Presse"-Gespräch über eine Bosnien-Friedenszone. *Die Presse,* 21. 5. 1992
Vorholz, Fritz: Wenige sahnen ab. Zeit-Gespräch mit Josef Jacobi. *Die Zeit,* 26. 10. 1990

Vorholz, Fritz: Der taugt nichts. Zeit-Gespräch mit Sicco Mansholt, dem früheren Agrarkommissar in Europa. *Die Zeit,* 19. 6. 1991
Weidmann, Klaus: Hier Bauernnot – dort Hungertod? *Die Zeit,* 9. 11. 1990
Weinstock, Ulrich (Hrsg.): Neun für Europa. Die EWG als Motor europäischer Integration. Düsseldorf, Köln, 1973
Werres, Thomas: Multinationale Konzerne: Gemischte Gefühle. *Die Zeit,* 22. 3. 1991
Yamamoto, Chikako, *Blume,* Georg: Roboter statt Ausländer. *Profil,* 7. 1. 1992
Zank, Wolfgang: Ein Fall für Ionesco. *Die Zeit,* 6. 3. 1992
Zöllner, Otto: Probleme der Integration. Wien, 1963

Stichwortverzeichnis